Dicionário
VISUAL
3 em 1

Blucher

Dicionário VISUAL 3 em 1

London, New York, Melbourne, Munich, Delhi
Dorling Kindersley Book
www.dk.com

Original title: Bilingual visual dictionary:
italian/english
Copyright ©: 2005
Dorling Kindersley Limited, London

Text copyright ©: 2005
Dorling Kindersley Limited, London

Segundo Novo Acordo Ortográfico,
conforme 5. ed. do *Vocabulário
ortográfico da língua portuguesa*.
Academia Brasileira de Letras,
março de 2009.

EDITORA EDGARD BLÜCHER LTDA.
Rua Pedroso Alvarenga, 1.245 – 4º andar
São Paulo, SP – Brasil – 04531-012
Tel: (55 11) 3078-5366
e-mail: editora@blucher.com.br
site: www.blucher.com.br

FICHA CATALOGRÁFICA

Dicionário visual 3 em 1 / Dorling Kindersley Limited;
[versão brasileira da editora]. São Paulo: Blucher, 2011.

Título original: Bilingual visual dictionary
ISBN 978-85-212-0618-7

1. Dicionários ilustrados 2. Inglês – Dicionários –
Italiano 3. Inglês – Dicionários – Português I. Dorling
Kindersley Limited.

11-05895   CDD-413.1

Índices para catálogo sistemático:
1. Dicionários ilustrados: inglês, italiano, português:
Linguística   413.1

contents
sommario
conteúdo

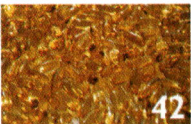

CONTENTS • SOMMARIO • CONTEÚDO

english • italiano • português

CONTENTS • SOMMARIO • CONTEÚDO

english • italiano • *português*

about the dictionary

The use of pictures is proven to aid understanding and the retention of information. Working on this principle, this highly-illustrated threelingual dictionary presents a large range of useful current vocabulary in three languages – English, Italian and Portuguese.

The dictionary is divided thematically and covers most aspects of the everyday world in detail, from the restaurant to the gym, the home to the workplace, outer space to the animal kingdom. You will also find additional words and phrases for conversational use and for extending your vocabulary.

This is an essential reference tool for anyone interested in languages – practical, stimulating and easy-to-use.

A few things to note

The languages are always presented in the same order – English, Italian and Portuguese.

In Italian, nouns are given with their definite articles reflecting the gender (masculine or feminine) and number (singular or plural), for example:

seed	almonds
il seme	le mandorle
semente	amêndoas

Verbs are indicated by a (v) after the English, for example:

swim (v) – nuotare – nadar

Each language also has its own index at the back of the book. Here you can look up a word in either of the three languages and be referred to the page number(s) where it appears. The gender is shown using the following abbreviations:

m = masculine
f = feminine

informazioni sul dizionario

È dimostrato che l'uso di immagini aiuta a capire e memorizzare le informazioni. Applicando tale principio, abbiamo realizzato questo dizionario trilingue, corredato da numerosissime illustrazioni, che presenta un ampio ventaglio di vocaboli utili in tre lingue.

Il dizionario è diviso in vari argomenti ed esamina dettagliatamente molti aspetti del mondo moderno, dal ristorante alla palestra, dalla casa all'ufficio, dallo spazio al regno animale. L'opera contiene inoltre frasi e vocaboli utili per conversare e per estendere il proprio vocabolario.

È un'opera di consultazione essenziale per tutti gli appassionati delle lingue – pratica, stimolante e facile da usare.

Indicazioni

Le tre lingue vengono presentate sempre nello stesso ordine: inglese, italiano e portoghese.

In italiano, i sostantivi vengono riportati con il relativo articolo determinativo, che indica il genere (maschile o femminile) e il numero (singolare o plurale), come ad esempio:

seed	almonds
il seme	le mandorle
semente	amêndoas

I verbi sono contraddistinti da una (v) dopo il vocabolo inglese, come ad esempio:

swim (v) – nuotare – nadar

Alla fine del libro ogni lingua ha inoltre il proprio indice, che consente di cercare un vocabolo in una delle due lingue e di trovare il rimando alla pagina che gli corrisponde. Il genere è indicato dalle seguenti abbreviazioni:

m = maschile
f = femminile

sobre o dicionário

Está provado que o uso de fotos e desenhos ajuda o entendimento e a retenção da informação. Trabalhando com esse princípio, este dicionário trilíngue, fartamente ilustrado, apresenta um vocabulário útil e atual disponível em três línguas – inglês, italiano e português.

O dicionário é dividido em temas e aborda a maioria dos aspectos do dia a dia com detalhes, desde o restaurante até a academia de ginástica, do lar até o local de trabalho, do espaço externo até o reino animal. Você também pode encontrar palavras adicionais e frases de cunho coloquial para enriquecer seu vocabulário.

Esta é, para qualquer pessoa interessada em línguas, uma ferramenta de referência especial – prática, estimulante e fácil de usar.

Algumas observações

As línguas são apresentadas sempre na mesma ordem – inglês, italiano e português.

Em italiano, os substantivos são dados com seus artigos definidos, indicando o gênero (masculino ou feminino) e o número (singular ou plural):

seed	almonds
il seme	le mandorle
semente	amêndoas

Os verbos são indicados com (v) logo após o temo em inglês:

swim (v) – nuotare – nadar

No final do livro, há um índice em inglês, italiano e português, no qual podem ser consultadas as palavras e os números das páginas em que aparecem.

how to use this book

Whether you are learning a new language for business, pleasure, or in preparation for a holiday abroad, or are hoping to extend your vocabulary in an already familiar language, this dictionary is a valuable learning tool which you can use in a number of different ways.

When learning a new language, look out for cognates (words that are alike in different languages) and false friends (words that look alike but carry significantly different meanings). You can also see where the languages have influenced each other. For example, English has imported many terms for food from other languages but, in turn, exported terms used in technology and popular culture.

Practical learning activities

• As you move about your home, workplace, or college, try looking at the pages which cover that setting. You could then close the book, look around you and see how many of the objects and features you can name.
• Challenge yourself to write a story, letter, or dialogue using as many of the terms on a particular page as possible. This will help you retain the vocabulary and remember the spelling. If you want to build up to writing a longer text, start with sentences incorporating 2–3 words.
• If you have a very visual memory, try drawing or tracing items from the book onto a piece of paper, then close the book and fill in the words below the picture.
• Once you are more confident, pick out words in a foreign-language index and see if you know what they mean before turning to the relevant page to check if you were right.

come usare questo libro

Che stiate imparando una lingua nuova a scopo di lavoro, per diletto o in preparazione per una vacanza all'estero, o desideriate estendere il vostro vocabolario in una lingua che vi è già familiare, questo dizionario è uno strumento di apprendimento prezioso che potete usare in vari modi diversi.

Quando imparate una lingua nuova, cercate le parole affini per origine (che sono quindi simili nelle varie lingue) ma occhio alle false analogie (vocaboli che sembrano uguali ma hanno significati molto diversi). Questo dizionario mostra inoltre come le lingue hanno influito l'una sull'altra. L'inglese, per esempio, ha importato dalle altre lingue europee molti vocaboli relativi agli alimenti ma ne ha esportati molti altri relativi alla tecnologia e alla cultura popolare.

Attività pratiche di apprendimento

• Girando per casa, in ufficio, a scuola, guardate le pagine relative all'ambiente in cui vi trovate, poi chiudete il libro, guardatevi attorno e cercate di ricordare il nome del maggior numero possibile di oggetti e strutture.
• Provate a scrivere un racconto, una lettera o un dialogo usando il maggior numero possibile dei vocaboli riportati su di una pagina in particolare. Vi aiuterà a memorizzare i vocaboli e a ricordare come si scrivono. Se volete scrivere testi più lunghi, cominciate con delle frasi che comprendano 2 o 3 delle parole.
• Se avete una memoria molto visiva, prendete un foglio di carta e disegnatevi o ricopiatevi le immagini che appaiono nel libro, quindi chiudete il libro e scrivete le parole sotto alle immagini.
• Quando vi sentite più sicuri, scegliete dei vocaboli dall'indice di una lingua straniera e cercate di ricordarne i significati, trovando poi le pagine corrispondenti per verificare che siano giusti.

como utilizar este livro

Se você quer aprender uma nova língua para utilizar em negócios, para lazer – como preparação para férias no exterior – ou para aumentar o vocabulário de um idioma que já conhece, este dicionário é uma valiosa ferramenta, que pode ser utilizada de diversas maneiras.

Ao estudar um novo idioma, fique atento a palavras semelhantes nas diversas línguas e a outras que pareçam semelhantes, mas que possuem significados totalmente diferentes. Também observe que as línguas influenciam-se mutuamente. Por exemplo, o inglês importou de outras línguas muitos termos utilizados para definir certos alimentos, ao mesmo tempo em que exportou termos usados na tecnologia e na cultura popular.

Atividades práticas de aprendizagem

• Quando estiver em casa, indo para o trabalho ou para o colégio, tente ver as páginas que se refiram a esses lugares. Em seguida, feche o livro e olhe ao seu redor, verificando quais objetos e figuras você consegue nomear.
• Enfrente o desafio de escrever uma história, carta ou diálogo usando o máximo de termos de determinada página. Isso ajudará você a reter o vocabulário e lembrar a ortografia. Se você quiser avançar, redigindo um texto mais longo, comece com frases que contenham duas ou três palavras.
• Se você tem boa memória visual, tente desenhar ou traçar itens do livro em um pedaço de papel; em seguida, feche o livro e escreva as palavras correspondentes aos desenhos.
• Quando sentir mais segurança, escolha palavras do índice de um dos idiomas e verifique se já sabe o que elas significam, antes de consultar as páginas correspondentes.

people
le persone
pessoas

body • il corpo • *corpo*

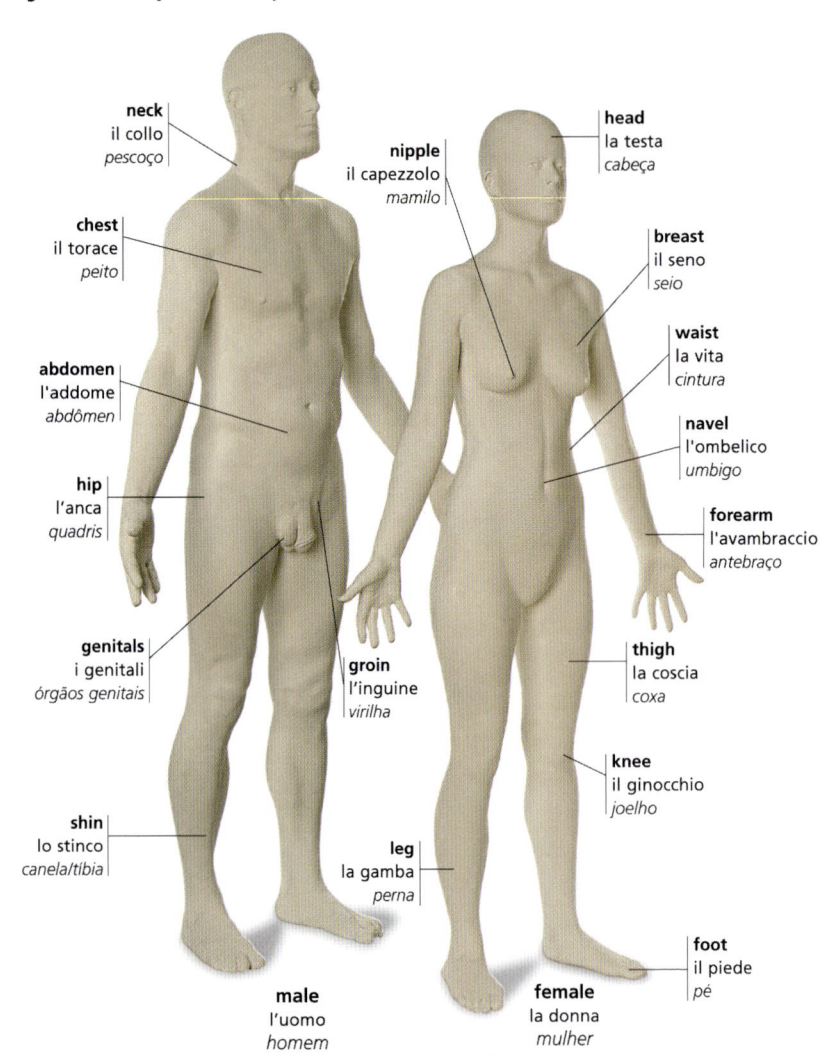

neck
il collo
pescoço

head
la testa
cabeça

nipple
il capezzolo
mamilo

chest
il torace
peito

breast
il seno
seio

waist
la vita
cintura

abdomen
l'addome
abdômen

navel
l'ombelico
umbigo

hip
l'anca
quadris

forearm
l'avambraccio
antebraço

genitals
i genitali
órgãos genitais

groin
l'inguine
virilha

thigh
la coscia
coxa

knee
il ginocchio
joelho

shin
lo stinco
canela/tíbia

leg
la gamba
perna

foot
il piede
pé

male
l'uomo
homem

female
la donna
mulher

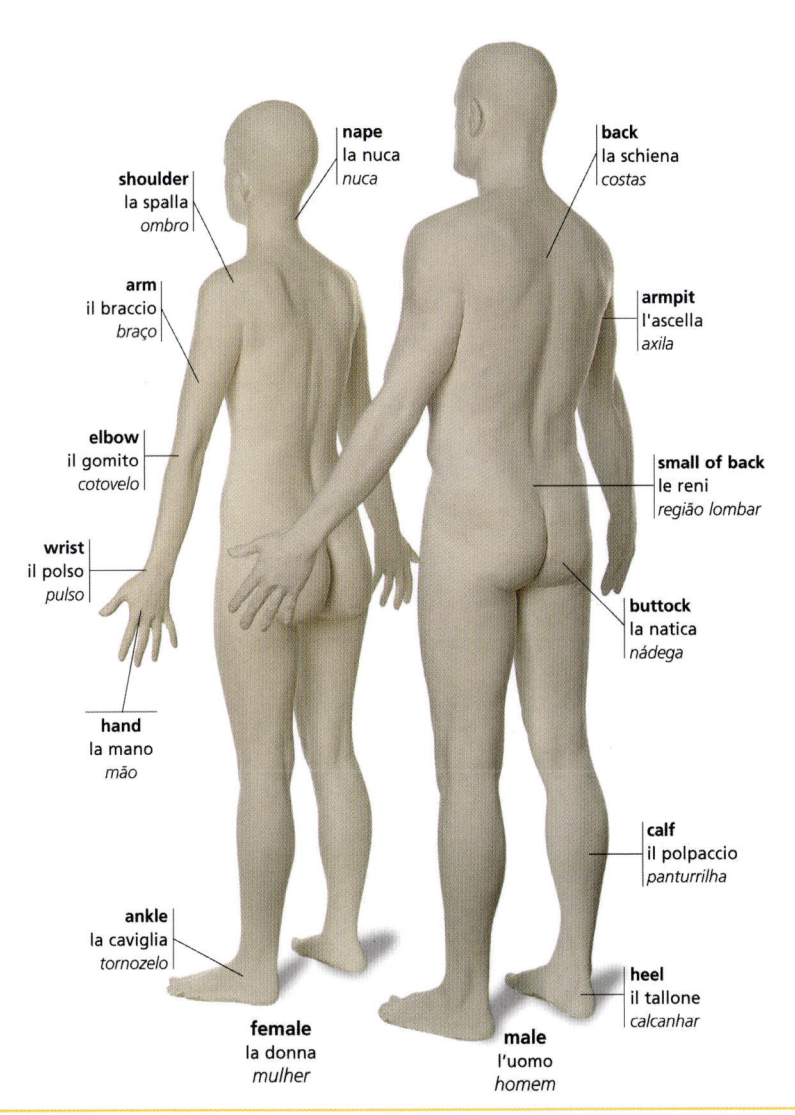

nape
la nuca
nuca

shoulder
la spalla
ombro

arm
il braccio
braço

elbow
il gomito
cotovelo

wrist
il polso
pulso

hand
la mano
mão

ankle
la caviglia
tornozelo

back
la schiena
costas

armpit
l'ascella
axila

small of back
le reni
região lombar

buttock
la natica
nádega

calf
il polpaccio
panturrilha

heel
il tallone
calcanhar

female
la donna
mulher

male
l'uomo
homem

face • la faccia • *rosto*

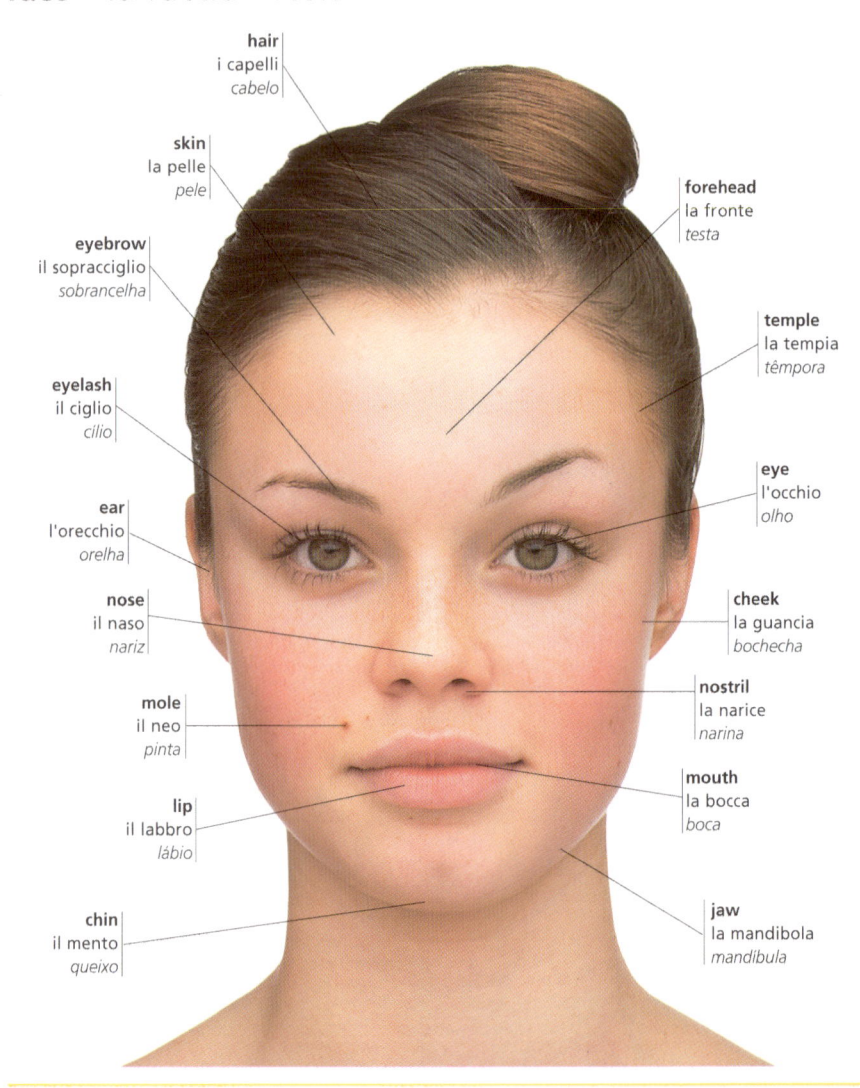

hair
i capelli
cabelo

skin
la pelle
pele

eyebrow
il sopracciglio
sobrancelha

eyelash
il ciglio
cilio

ear
l'orecchio
orelha

nose
il naso
nariz

mole
il neo
pinta

lip
il labbro
lábio

chin
il mento
queixo

forehead
la fronte
testa

temple
la tempia
têmpora

eye
l'occhio
olho

cheek
la guancia
bochecha

nostril
la narice
narina

mouth
la bocca
boca

jaw
la mandibola
mandíbula

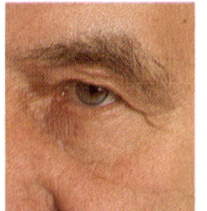

wrinkle
la ruga
ruga

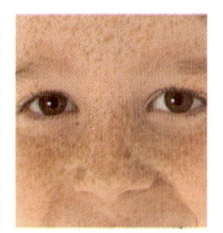

freckle
la lentiggine
sarda

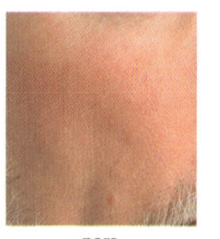

pore
il poro
poro

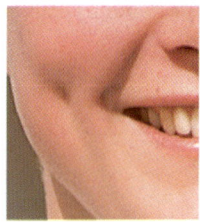

dimple
la fossetta
covinha

hand • la mano • *mão*

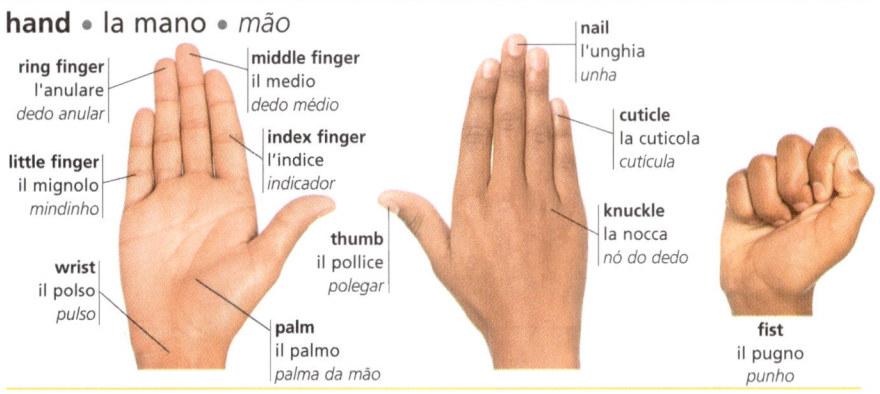

ring finger
l'anulare
dedo anular

middle finger
il medio
dedo médio

nail
l'unghia
unha

index finger
l'indice
indicador

cuticle
la cuticola
cutícula

little finger
il mignolo
mindinho

knuckle
la nocca
nó do dedo

thumb
il pollice
polegar

wrist
il polso
pulso

palm
il palmo
palma da mão

fist
il pugno
punho

foot • il piede • *pé*

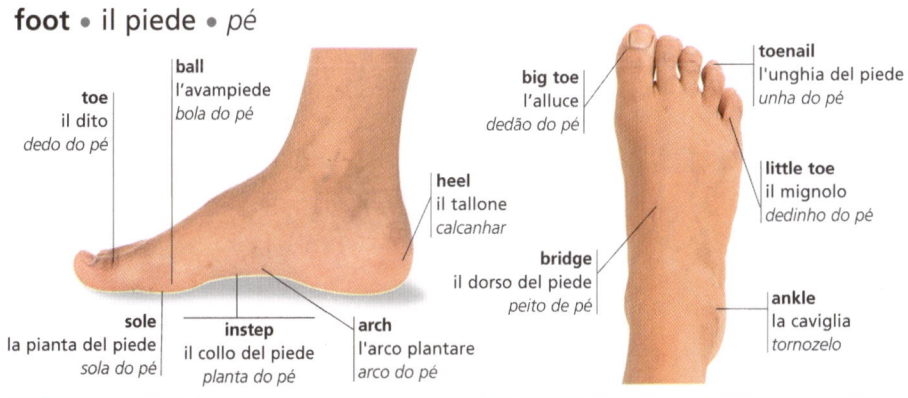

ball
l'avampiede
bola do pé

toe
il dito
dedo do pé

big toe
l'alluce
dedão do pé

toenail
l'unghia del piede
unha do pé

heel
il tallone
calcanhar

little toe
il mignolo
dedinho do pé

bridge
il dorso del piede
peito de pé

ankle
la caviglia
tornozelo

sole
la pianta del piede
sola do pé

instep
il collo del piede
planta do pé

arch
l'arco plantare
arco do pé

muscles • i muscoli • *músculos*

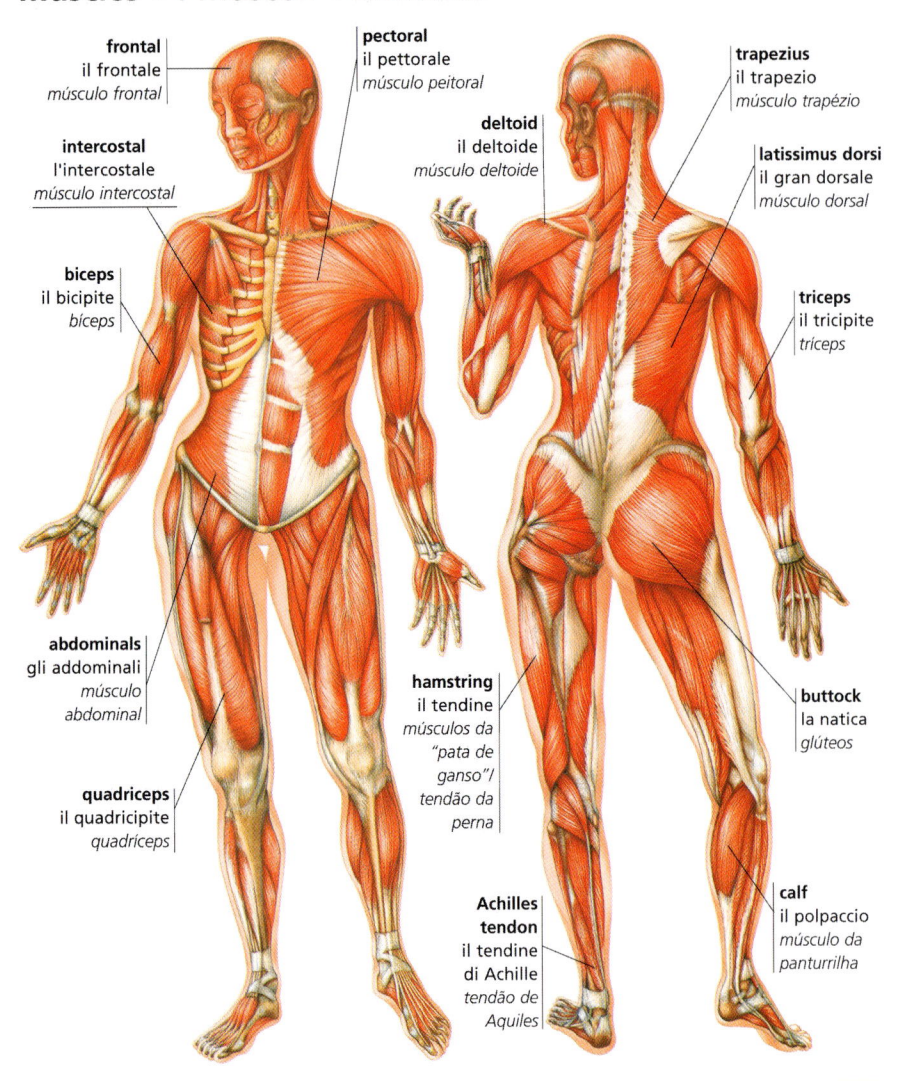

frontal
il frontale
músculo frontal

pectoral
il pettorale
músculo peitoral

trapezius
il trapezio
músculo trapézio

intercostal
l'intercostale
músculo intercostal

deltoid
il deltoide
músculo deltoide

latissimus dorsi
il gran dorsale
músculo dorsal

biceps
il bicipite
bíceps

triceps
il tricipite
triceps

abdominals
gli addominali
músculo abdominal

hamstring
il tendine
*músculos da
"pata de
ganso"/
tendão da
perna*

buttock
la natica
glúteos

quadriceps
il quadricipite
quadriceps

Achilles tendon
il tendine
di Achille
*tendão de
Aquiles*

calf
il polpaccio
*músculo da
panturrilha*

skeleton • lo scheletro • *esqueleto*

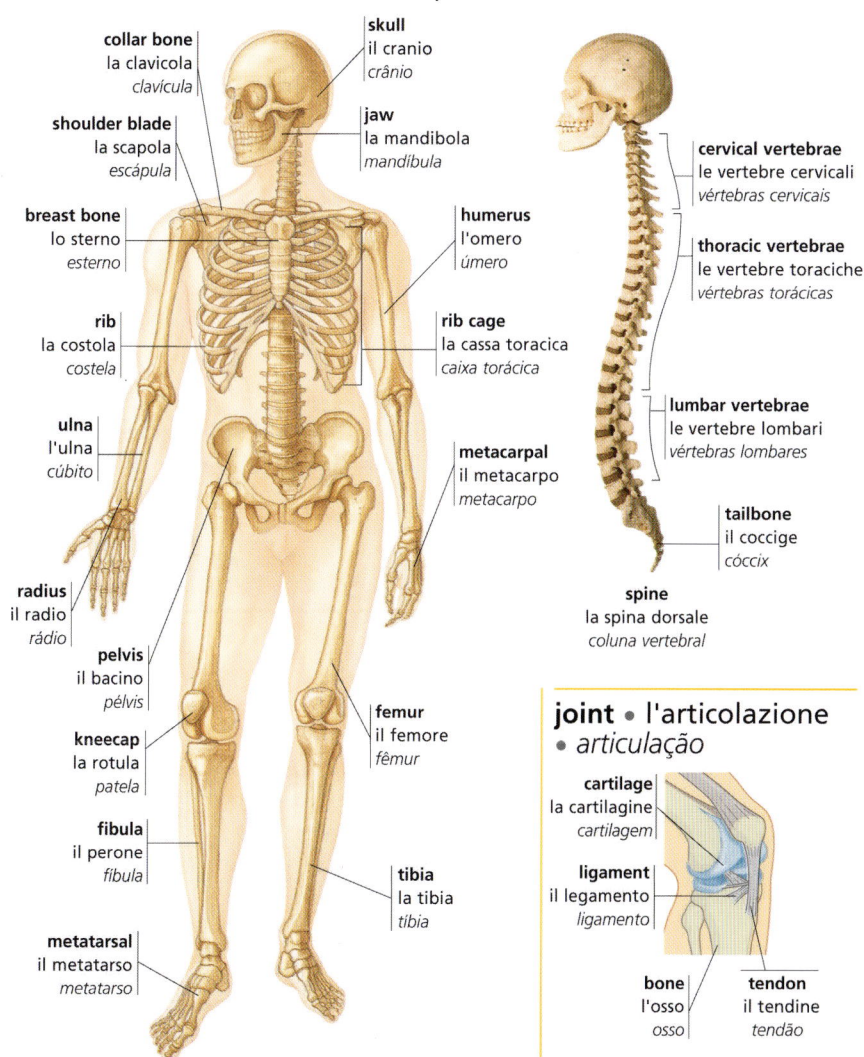

collar bone
la clavicola
clavícula

skull
il cranio
crânio

shoulder blade
la scapola
escápula

jaw
la mandibola
mandíbula

breast bone
lo sterno
esterno

humerus
l'omero
úmero

rib
la costola
costela

rib cage
la cassa toracica
caixa torácica

ulna
l'ulna
cúbito

metacarpal
il metacarpo
metacarpo

radius
il radio
rádio

pelvis
il bacino
pélvis

femur
il femore
fêmur

kneecap
la rotula
patela

fibula
il perone
fibula

tibia
la tibia
tíbia

metatarsal
il metatarso
metatarso

cervical vertebrae
le vertebre cervicali
vértebras cervicais

thoracic vertebrae
le vertebre toraciche
vértebras torácicas

lumbar vertebrae
le vertebre lombari
vértebras lombares

tailbone
il coccige
cóccix

spine
la spina dorsale
coluna vertebral

joint • l'articolazione • *articulação*

cartilage
la cartilagine
cartilagem

ligament
il legamento
ligamento

bone
l'osso
osso

tendon
il tendine
tendão

internal organs • gli organi interni • *órgãos internos*

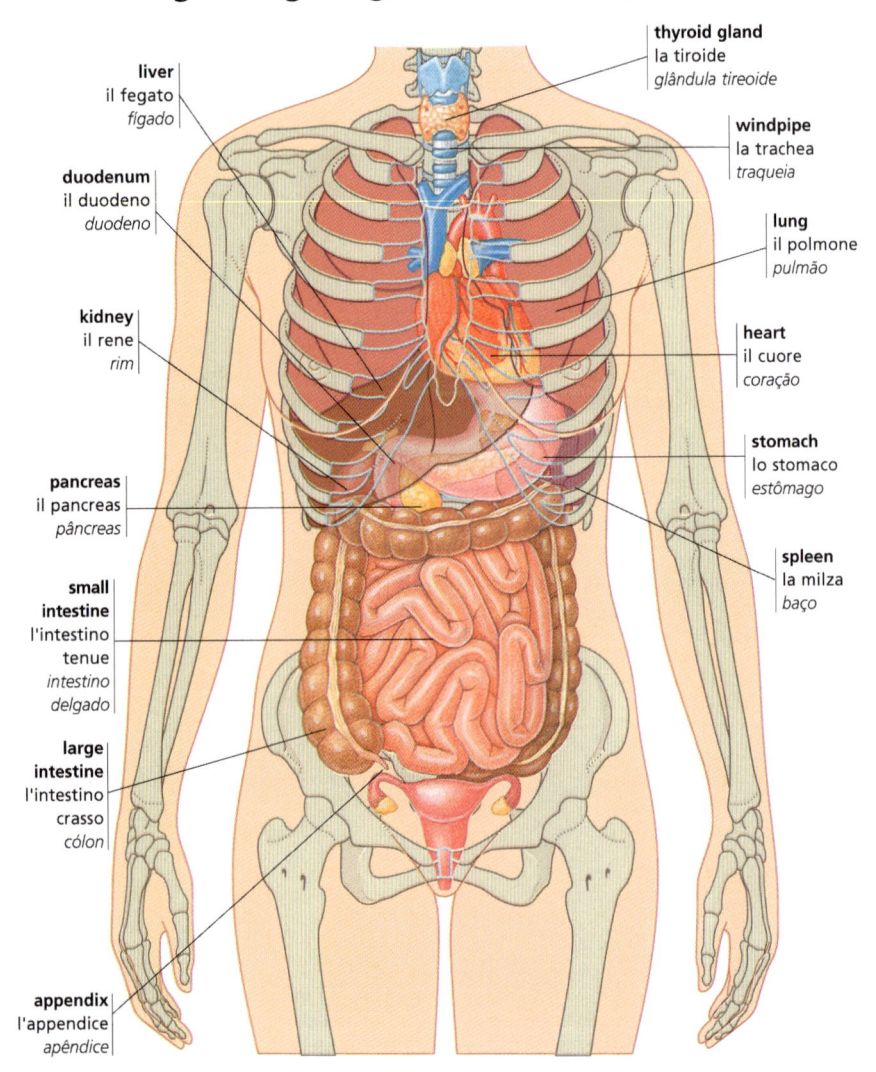

thyroid gland
la tiroide
glândula tireoide

liver
il fegato
fígado

windpipe
la trachea
traqueia

duodenum
il duodeno
duodeno

lung
il polmone
pulmão

kidney
il rene
rim

heart
il cuore
coração

stomach
lo stomaco
estômago

pancreas
il pancreas
pâncreas

spleen
la milza
baço

**small
intestine**
l'intestino
tenue
*intestino
delgado*

**large
intestine**
l'intestino
crasso
cólon

appendix
l'appendice
apêndice

head • la testa • *cabeça*

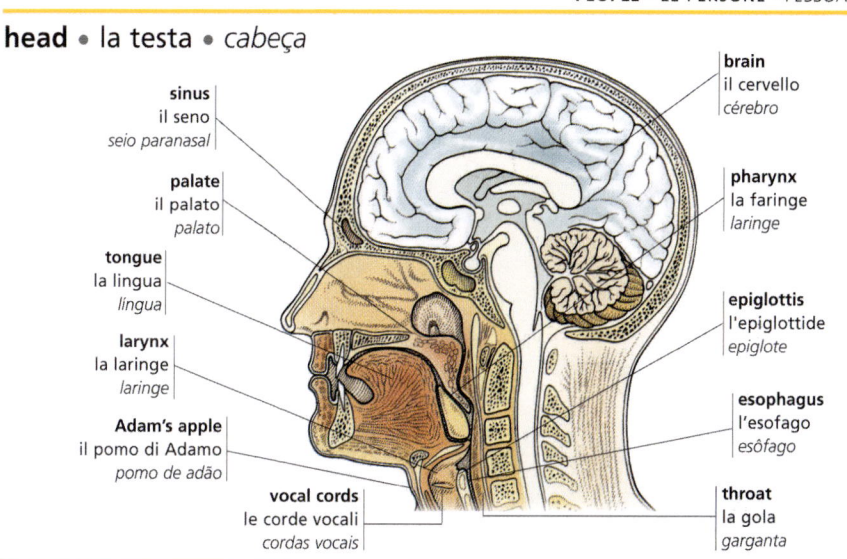

sinus
il seno
seio paranasal

palate
il palato
palato

tongue
la lingua
língua

larynx
la laringe
laringe

Adam's apple
il pomo di Adamo
pomo de adão

vocal cords
le corde vocali
cordas vocais

brain
il cervello
cérebro

pharynx
la faringe
laringe

epiglottis
l'epiglottide
epiglote

esophagus
l'esofago
esôfago

throat
la gola
garganta

body systems • i sistemi organici • *sistemas corporais*

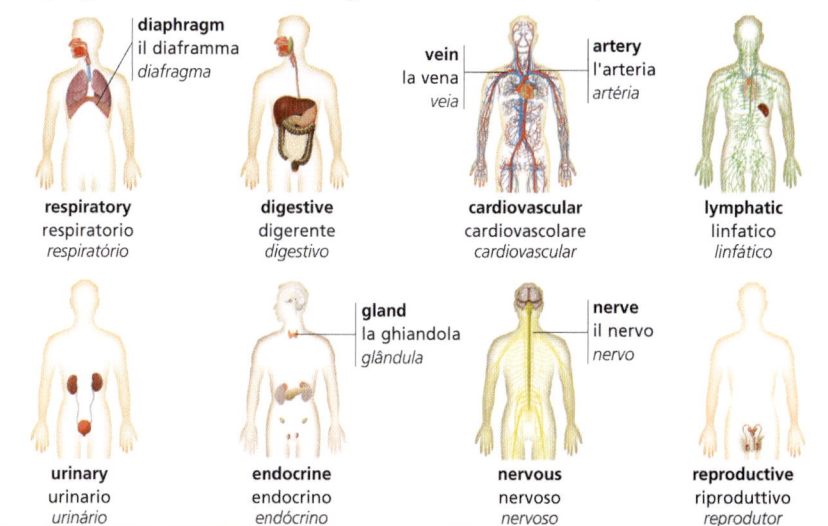

diaphragm
il diaframma
diafragma

vein
la vena
veia

artery
l'arteria
artéria

respiratory
respiratorio
respiratório

digestive
digerente
digestivo

cardiovascular
cardiovascolare
cardiovascular

lymphatic
linfatico
linfático

gland
la ghiandola
glândula

nerve
il nervo
nervo

urinary
urinario
urinário

endocrine
endocrino
endócrino

nervous
nervoso
nervoso

reproductive
riproduttivo
reprodutor

reproductive organs • gli organi riproduttivi
• *órgãos reprodutores*

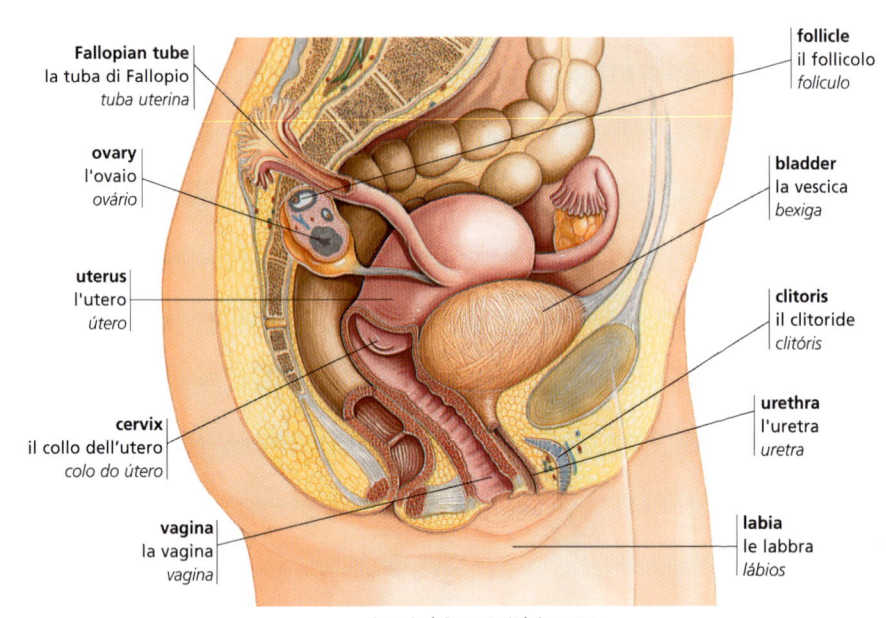

Fallopian tube
la tuba di Fallopio
tuba uterina

follicle
il follicolo
folículo

ovary
l'ovaio
ovário

bladder
la vescica
bexiga

uterus
l'utero
útero

clitoris
il clitoride
clitóris

cervix
il collo dell'utero
colo do útero

urethra
l'uretra
uretra

vagina
la vagina
vagina

labia
le labbra
lábios

female | femminili | *feminino*

reproduction • la riproduzione
• *reprodução*

sperm
lo sperma
esperma

egg
l'ovulo
óvulo

fertilization | la fecondazione | *fertilização*

vocabulary • vocabolario • *vocabulário*

hormone	**impotent**	**menstruation**
l'ormone	impotente	la mestruazione
hormônio	*impotente*	*menstruação*
ovulation	**fertile**	**intercourse**
l'ovulazione	fecondo	il coito
ovulação	*fértil*	*ato sexual/coito*
infertile	**conceive**	**sexually transmitted disease**
sterile	concepire	la malattia sessualmente
estéril	*conceber*	trasmessa
		doença sexualmente transmissível

english • italiano • *português*

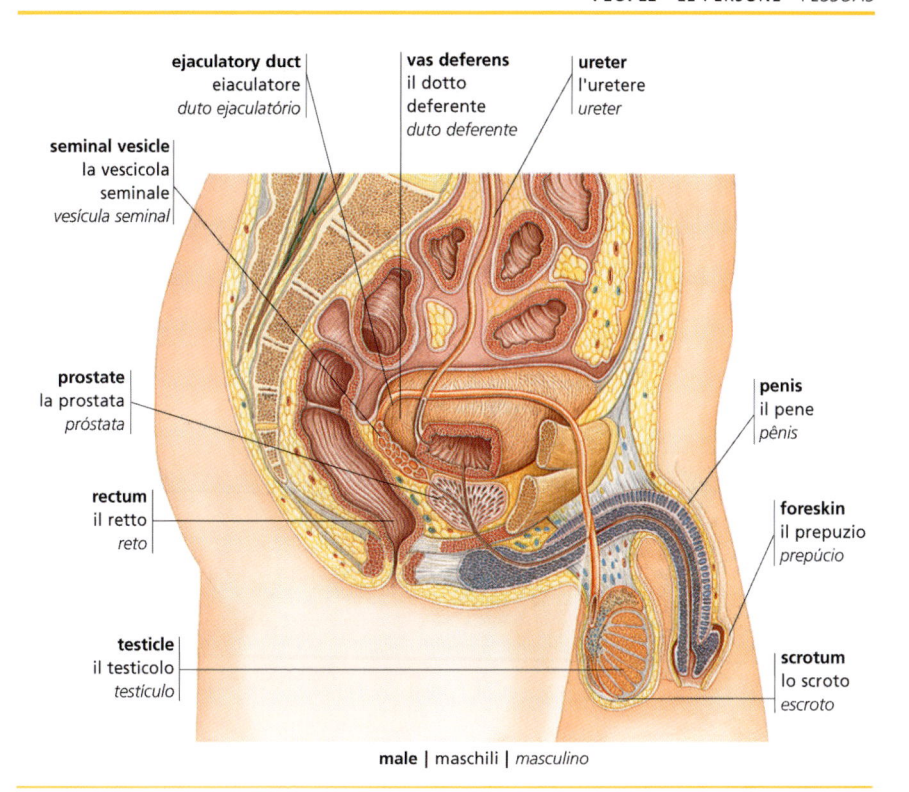

ejaculatory duct
eiaculatore
duto ejaculatório

vas deferens
il dotto
deferente
duto deferente

ureter
l'uretere
ureter

seminal vesicle
la vescicola
seminale
vesícula seminal

prostate
la prostata
próstata

penis
il pene
pênis

rectum
il retto
reto

foreskin
il prepuzio
prepúcio

testicle
il testicolo
testículo

scrotum
lo scroto
escroto

male | maschili | *masculino*

contraception • la contraccezione
• *contracepção*

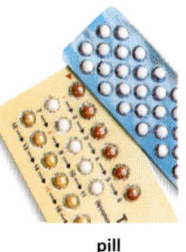

cap
il cappuccio
cervicale
tampão

diaphragm
il diaframma
diafragma

condom
il preservativo
preservativo/camisinha

IUD
il dispositivo intrauterino
dispositivo intrauterino (DIU)

pill
la pillola
pílula

family • la famiglia • *família*

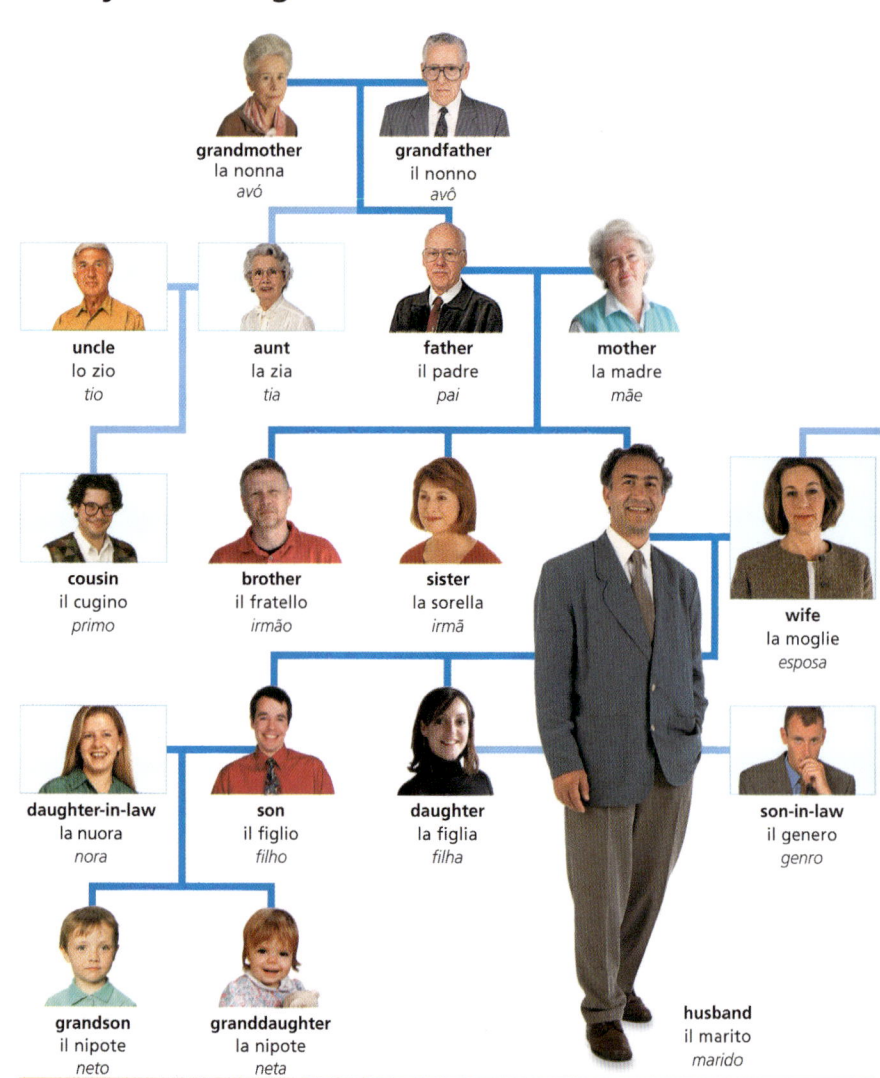

grandmother
la nonna
avó

grandfather
il nonno
avô

uncle
lo zio
tio

aunt
la zia
tia

father
il padre
pai

mother
la madre
mãe

cousin
il cugino
primo

brother
il fratello
irmão

sister
la sorella
irmã

wife
la moglie
esposa

daughter-in-law
la nuora
nora

son
il figlio
filho

daughter
la figlia
filha

son-in-law
il genero
genro

grandson
il nipote
neto

granddaughter
la nipote
neta

husband
il marito
marido

vocabulary • vocabolario • *vocabulário*

relatives i parenti *parentes*	**parents** i genitori *pais*	**grandchildren** i nipoti *netos*	**stepmother** la matrigna *madastra*	**stepson** il figliastro *enteado*	**generation** la generazione *geração*
grandparents i nonni *avós*	**children** i bambini *crianças*	**stepfather** il patrigno *padrasto*	**stepdaughter** la figliastra *enteada*	**partner** il/la compagno/-a *parceiro/parceira*	**twins** i gemelli *gêmeos/gêmeas*

mother-in-law
la suocera
sogra

father-in-law
il suocero
sogro

brother-in-law
il cognato
cunhado

sister-in-law
la cognata
cunhada

niece
la nipote
sobrinha

nephew
il nipote
sobrinho

titles • gli appellativi • *tratamentos*

Miss
Signorina
Senhorita

Mr.
Signore
Senhor

Mrs.
Signora
Senhora

stages • le fasi • *estágios*

baby
il bimbo
bebê

child
il bambino
criança

boy
il ragazzo
menino

girl
la ragazza
menina

teenager
l'adolescente
adolescente

adult
l'adulto
adulto

man
l'uomo
homem

woman
la donna
mulher

relationships • i rapporti • *relacionamenti*

manager
il capo
chefe

assistant
l'assistente
assistente

business partner
il partner di affari
sócia

employer
il datore di
lavoro
empresária

employee
il dipendente
empregado

colleague
il collega
colega

office | l'ufficio | *escritório*

neighbour
il vicino
vizinho

friend
l'amico
amigo

acquaintance
il conoscente
conhecido

penfriend
l'amico di penna
amigo por correspondência

boyfriend
il ragazzo
namorado

girlfriend
la ragazza
namorada

fiancé
il fidanzato
noivo

fiancée
la fidanzata
noiva

couple | la coppia | *casal*

engaged couple | i fidanzati | *casal de noivos*

emotions • le emozioni • *emoções*

smile
il sorriso
sorriso

happy
felice
feliz

sad
triste
triste

excited
eccitato
excitado/animado

bored
annoiato
aborrecido

surprise
sorpreso
surpreso

scared
spaventato
assustado/chocado

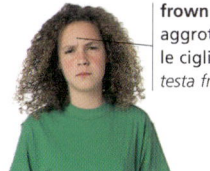

frown
aggrottare
le ciglia
testa franzida

angry
arrabbiato
zangado

confused
confuso
confuso

worried
preoccupato
preocupado

nervous
nervoso
nervoso

proud
fiero
orgulhoso

confident
fiducioso
confiante

embarrassed
imbarazzato
envergonhado

shy
timido
tímido

vocabulary • vocabolario • *vocabulário*

upset	**laugh (v)**	**sigh (v)**	**shout (v)**
sbadigliare	ridere	sospirare	turbato
triste	*rir*	*suspirar*	*gritar*
shocked	**cry (v)**	**faint (v)**	**yawn (v)**
gridare	svenire	piangere	scioccato
chocado	*chorar*	*desmaiar*	*bocejar*

life events • gli avvenimenti della vita
• *eventos da vida*

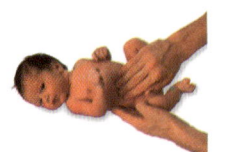

be born (v)
nascere
nascer

start school (v)
iniziare la scuola
entrar na escola

make friends (v)
fare amicizia
fazer amigos

graduate (v)
laurearsi
formar-se

get a job (v)
trovare un lavoro
conseguir um trabalho

fall in love (v)
innamorarsi
apaixonar-se

get married (v)
sposarsi
casar-se

have a baby (v)
avere un bambino
ter um filho

wedding | il matrimonio | *casamento*

divorce
il divorzio
divórcio

funeral
il funerale
funeral

vocabulary • vocabolario • *vocabulário*

christening il battesimo *batismo*	**die (v)** morire *morrer*
bar mitzvah il bar mitzvah *bar mitzvah*	**make a will (v)** fare testamento *fazer testamento*
anniversary l'anniverario *aniversário*	**birth certificate** il ricevimento nuziale *certidão de nascimento*
emigrate (v) emigrare *emigrar*	**wedding reception** il ricevimento nuziale *festa de casamento*
retire (v) andare in pensione *aposentar*	**honeymoon** il viaggio di nozze *lua de mel*

celebrations • le celebrazioni • *celebrazões*

birthday party
la festa di compleanno
festa de aniversário

card
il biglietto d'auguri
cartão

present
il regalo
presente

birthday
il compleanno
aniversário

Christmas
il Natale
Natal

Passover
la Pasqua ebraica
Páscoa judia

New Year
il Capodanno
Ano-Novo

carnival
il carnevale
carnaval

procession
la processione
desfile

Ramadan
il Ramadan
Ramadã

ribbon
il nastro
fita

Thanksgiving
il Giorno del Ringraziamento
dia de Ação de Graças

Easter
la Pasqua
Páscoa

Halloween
la Festa di Halloween
dia de Halloween

Diwali
il Diwali
Diwali

appearance
l'aspetto
aparência

children's clothing • gli abiti per il bambino
• *roupas infantis*
baby • il bimbo • *bebê*

snowsuit
la tutina da neve
roupa de neve

vest
la canottiera
body

popper
il bottone
botão
de pressão

babygro
la tutina
macacão com pés

sleepsuit
il pigiamino
pijama

romper suit
il pagliaccetto
macacão sem pés

bib
il bavaglino
babador

mittens
i guanti
luvas de bebê

booties
le scarpette
sapatinhos

terry nappy
il pannolino
di spugna
fralda de pano

disposable nappy
il pannolino
usa e getta
fralda descartável

plastic pants
le mutande
di plastica
calça plástica

toddler • il bambino piccolo • *criança pequena*

dungarees
la salopette
macacão

t-shirt
la maglietta
camiseta

sunhat
il cappello per il sole
chapéu de sol

shorts
i pantaloncini
shorts

skirt
la gonna
saia

apron
il grembiulino
aventral

child • il bambino • *criança*

dress
il vestito
vestido

hood
il cappuccio
capuz

sandals
i sandali
sandálias

summer
l'estate
verão

raincoat
l'impermeabile
capa de chuva

jeans
i jeans
jeans

backpack
lo zaino
mochila

autumn
l'autunno
outono

toggle
l'olivetta
fecho

duffel coat
il montgomery
japona com capuz

scarf
la sciarpa
cachecol

anorak
l'eskimo
jaquetão

wellington boots
le galosce
botas de borracha

winter
l'inverno
inverno

dressing gown
la vestaglia
robe

logo
il distintivo
logotipo

trainers
le scarpe da ginnastica
tênis esportivo

nightie
la camicia da notte
camisola

slippers
le pantofole
pantufa

nightwear | gli indumenti per la notte
roupa de dormir

football strip
la tenuta da calcio
uniforme do time

tracksuit
la tuta
agasalho

leggings
il pantacollant
roupa de malha

vocabulary • vocabolario • *vocabulário*

natural fibre la fibra naturale *fibra natural*	**Is it machine washable?** È lavabile in lavatrice? *Pode lavar na máquina?*
synthetic sintetico *sintético*	**Will this fit a two-year-old?** È la taglia giusta per un bambino di due anni? *Isto servirá para uma criança de dois anos?*

men's clothing • l'abbigliamento da uomo
• *roupas masculinas*

collar
il colletto
colarinho

tie
la cravatta
gravata

belt
la cintura
cinto

lapel
il risvolto
lapela

buttonhole
l'asolach
casa de botão

cuff
il polsino
punho

pocket
la tasca
bolso

jacket
la giacca
paletó

button
il bottone
botão

trousers
i pantaloni
calças

lining
la fodera
forro

**leather
shoes**
le scarpe di
cuoio
*sapatos de
couro*

business suit
l'abito
terno

coat
l'impermeabile
casaco

---

vocabulary • vocabolario • *vocabulário*

shirt	**dressing gown**	**tracksuit**	**long**
la camicia	la vestaglia	la tuta da sport	lungo
camisa	*robe*	*agasalho*	*longo*
cardigan	**underwear**	**raincoat**	**short**
il cardigan	la biancheria intima	der Regenmantel	corto
casaco de lã	*roupa íntima*	*capa de chuva*	*curto*

Do you have this in a larger/smaller size?
Ha una taglia più grande/più piccola?
Você tem isto em um tamanho maior/menor?

May I try this on?
Posso provarlo?
Posso provar?

blazer
il blazer
jaqueta/blazer

sports jacket
la giacca sportiva
paletó esporte

waistcoat
il gilet
colete

v-neck
il collo a V
decote em v

round neck
il girocollo
decote redondo

t-shirt
la maglietta
camiseta

anorak
il giaccone
jaquetão

sweatshirt
la felpa
blusa de moletom

windcheater
la giacca a vento
jaqueta esportiva

sweatpants
i pantaloni di felpa
calça de moletom

sweater
il maglione
suéter

pyjamas
il pigiama
pijama

vest
la canottiera
camiseta regata

casual wear
il casual
roupa esporte

shorts
i calzoncini
bermuda/shorts

briefs
lo slip
cueca

boxer shorts
i boxer
calção

socks
i calzini
meias

women's clothing • l'abbigliamento da donna
• *roupas femininas*

neckline
la scollatura
decote

jacket
la giacca
jaqueta

seam
la cucitura
costura

sleeve
la manica
manga

ankle length
alla caviglia
vestido longo

skirt
la gonna
saia

knee-length
al ginocchio
até os joelhos

hem
l'orlo
bainha

tights
il collant
meias

shoes
le scarpe
sapatos

strapless
senza spalline
sem alças

sleeveless
senza
maniche
sem mangas

evening dress
l'abito da sera
vestido de noite

dress
il vestito
vestido

blouse
la camicetta
blusa

trousers
i pantaloni
calças

casual
casual
traje casual

lingerie • la biancheria intima • *lingerie*

wedding • il matrimonio • *casamento*

strap
la spallina
alça

negligée
il négligé
penhoar

slip
la sottoveste
combinação

camisole
il corpetto
corpete

veil
il velo
véu

lace
il pizzo
renda

bouquet
il bouquet
buquê

train
lo strascico
cauda

wedding dress
l'abito da sposa
vestido de noiva

suspenders
il reggicalze
ligas

basque
la guêpière
corpete com ligas

stockings
le calze
meias de liga

tights
il collant
meia-calça

vest
la canottiera
camisete

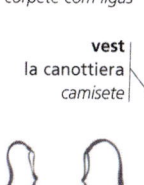

bra
il reggiseno
sutiã

knickers
lo slip
calcinha

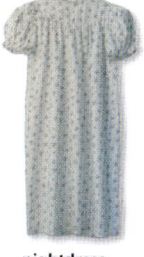

nightdress
la camicia
da notte
camisola

vocabulary • vocabolario • *vocabulário*

corset il busto *corselete*	**tailored** attillato *sob medida*
garter la giarrettiera *liga*	**halter neck** scollo all'Americana *frente única*
shoulder pad la spallina *ombreira*	**underwired** con armatura *com aros*
waistband il girovita *cinta elástica*	**sports bra** il reggiseno sportivo *sutiã esportivo*

accessories • gli accessori • *acessórios*

cap
il berretto
boné

hat
il cappello
chapéu

scarf
il foulard
lenço

buckle
la fibbia
fivela

belt
la cintura
cinto

handle
il manico
cabo

tip
la punta
ponta

handkerchief
il fazzoletto
lenço

bow tie
la farfalla
gravata borboleta

tie-pin
il fermacravatta
prendedor de gravata

gloves
i guanti
luvas

umbrella
l'ombrello
guarda-chuva

jewellery • i gioielli • *joias*

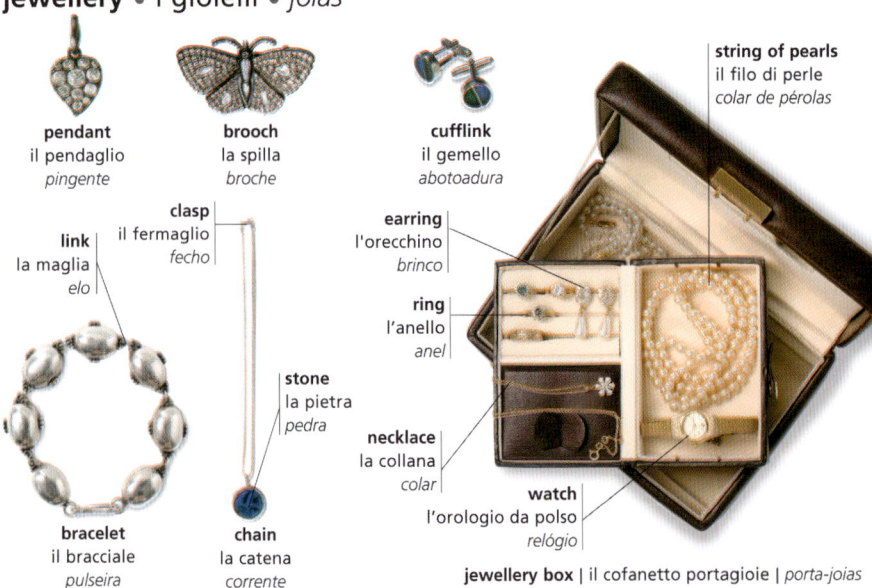

pendant
il pendaglio
pingente

brooch
la spilla
broche

cufflink
il gemello
abotoadura

string of pearls
il filo di perle
colar de pérolas

link
la maglia
elo

clasp
il fermaglio
fecho

earring
l'orecchino
brinco

ring
l'anello
anel

stone
la pietra
pedra

necklace
la collana
colar

bracelet
il bracciale
pulseira

chain
la catena
corrente

watch
l'orologio da polso
relógio

jewellery box | il cofanetto portagioie | *porta-joias*

bags • le borse • *bolsas*

fastening
la cinghia
fecho

shoulder strap
la bretella
alça

handles
i manici
alças

wallet
il portafoglio
carteira

purse
il portamonete
porta-moedas

shoulder bag
la borsa a tracolla
bolsa

holdall
la sacca da viaggio
bolsa de viagem

briefcase
la valigetta
pasta executiva

handbag
la borsetta
bolsa de mão

backpack
lo zainetto
mochila

shoes • le scarpe • *sapatos*

tongue
la lingua
língua

lace
il laccio
cadarço

eyelet
l'occhiello
cadarço

sole
la suola
sola

heel
il tacco
salto

lace-up
la scarpa con i lacci
sapato de cadarço

walking boot
la scarpa da
trekking
botina de trilha

trainer
la scarpa da
ginnastica
tênis

leather shoe
la scarpa di cuoio
sapato de couro

flip-flop
l'infradito
chinelo de dedo

high heel shoe
la scarpa
con il tacco alto
salto alto

platform shoe
lo zatterone
sapato plataforma

sandal
il sandalo
sandália

slip-on
il mocassino
mocassim

brogue
la scarpa da uomo
sapato social

hair • i capelli • *cabelo*

comb
il pettine
pente

comb (v) | pettinare | *pentear*

brush
la spazzola
escova

brush (v) | spazzolare | *escovar*

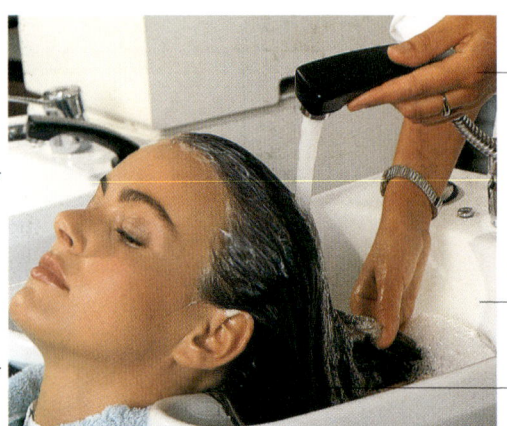

hairdresser
la parrucchiera
cabeleireira

sink
il lavandino
pia

client
la cliente
cliente

wash (v) | lavare | *lavar*

rinse (v)
sciacquare
enxaguar

cut (v)
tagliare
cortar

robe
il grembiule
avental

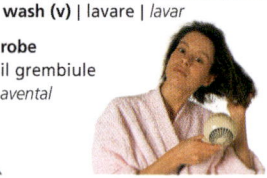

blow dry (v)
asciugare con il phon
secar com secador

set (v)
mettere in piega
fazer um penteado

accessories • gli accessori • *acessórios*

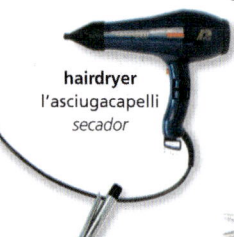

hairdryer
l'asciugacapelli
secador

shampoo
lo shampoo
xampu

conditioner
il balsamo
condicionador

gel
il gel
gel

hairspray
la lacca
laquê

curling tongs
l'arricciacape
baby liss

scissors
le forbici
tesoura

hairband
il cerchietto
tiara

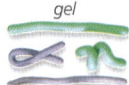

curler
il bigodino
bigudi

hairpin
la forcina
grampo

styles • le acconciature • *estilos*

ponytail
la coda di cavallo
rabo de cavalo

ribbon
il nastro
fita/laço

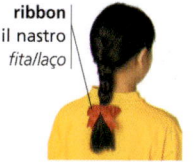

plait
la treccia
trança

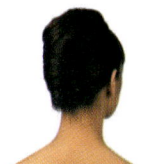

french pleat
la piega alla francese
coque francês

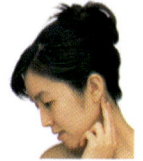

bun
la crocchia
coque

pigtails
i codini
maria-chiquinha

bob
il caschetto
corte chanel

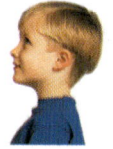

crop
la sfumatura alta
cabelo curto

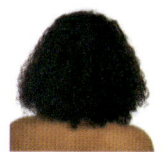

curly
ricci
crespo

perm
la permanente
permanente

straight
lisci
liso

roots
le radici
raízes

highlights
i colpi di sole
reflexos

bald
calvo
careca

wig
la parrucca
peruca

vocabulary • vocabolario • *vocabulário*

trim (v) spuntare *cortar as pontas*	**greasy** grassi *oleoso*
straighten (v) lisciare *alisar*	**dry** secchi *seco*
barber il barbiere *barbeiro*	**normal** normali *normal*
dandruff la forfora *caspa*	**scalp** il cuoio capelluto *couro cabeludo*
split ends le doppie punte *pontas duplas*	**hairtie** l'elastico *elástico de* *cabelo*

colours • i colori • *cores*

blonde
biondo
loiro

brunette
bruno
castanho

auburn
castano
castanho-avermelhado

ginger
rosso
ruivo

black
nero
preto

grey
grigio
cinza/grisalho

white
bianco
branco

dyed
tinto
tingido

beauty • la bellezza • *beleza*

hair dye
la tintura per capelli
tintura para o cabelo

eye shadow
l'ombretto
sombra para os olhos

mascara
il mascara
rímel

eyeliner
la matita
per gli occhi
delineador de olhos

blusher
il fard
blush

foundation
il fondotinta
base

lipstick
il rossetto
batom

make-up • il trucco
• *maquiagem*

eyebrow pencil
la matita per le sopracciglia
lápis de sobrancelha

eyebrow brush
la spazzolina per
pente de sobrancelha

tweezers
le pinzette
pinça

lip gloss
il lucidlabbra
gloss

lip brush
il pennello per le labbra
pincel de lábios

lip liner
la matita per le labbra
delineador de lábios

brush
il pennello
pincel

concealer
il correttore
corretivo

mirror
lo specchio
espelho

face powder
la cipria
pó facial

powder puff
il piumino
esponja

compact | il portacipria | *pó compacto*

beauty treatments •
i trattamenti di bellezza
• *tratamentos de beleza*

face pack
la maschera di bellezza
máscara

sunbed
il lettino solare
cama de bronzeamento

facial
il trattamento per il viso
limpeza de pele

exfoliate (v)
esfoliare
esfoliar

wax
la ceretta
depilação à cera

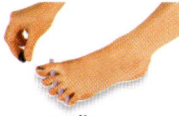

pedicure
la pedicure
pedicure

toiletries • gli articoli da
toilette • *artigos de higiene*

cleanser
il latte
detergente
leite de limpeza

toner
la lozione
tonificante
tônico

moisturizer
la crema
idratante
creme hidratante

self-tanning cream
la crema
autoabbronzante
*creme
autobronzeador*

perfume
il profumo
perfume

eau de toilette
l'acqua di colonia
água-de-colônia

manicure • la manicure
• *manicure*

nail file
la limetta
lixa de unhas

**nail varnish
remover**
l'acetone
acetona

nail varnish
lo smalto per unghie
esmalte de unhas

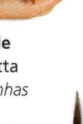

nail scissors
le forbicine
per le unghie
*tesoura
de unhas*

nail clippers
il tagliaunghie
cortador de unhas

vocabulary • vocabolario • *vocabulário*		
complexion la carnagione *face*	**oily** grasso *oleoso*	**tattoo** il tatuaggio *tatuagem*
fair chiaro *claro*	**sensitive** sensibile *sensível*	**anti-wrinkle** antirughe *antirrugas*
dark scuro *moreno*	**hypoallergenic** ipoallergenico *hipoalérgico*	**cotton balls** i batuffoli di ovatta *bolas de algodão*
dry secco *seco*	**shade** la tonalità *tônus*	**tan** l'abbronzatura *bronzeado*

health
la salute
saúde

illness • la malattia • *doença*

fever | la febbre | *febre*

headache
il mal di testa
dor de cabeça

nosebleed
l'emorragia nasale
sangramento nasal

cough
la tosse
tosse

sneeze
lo starnuto
espirro

cold
il raffreddore
resfriado

flu
l'influenza
gripe

inhaler
l'inalatore
*inalador/
"bombinha"*

asthma
l'asma
asma

cramps
i crampi
cólicas

nausea
la nausea
náusea

chickenpox
la varicella
catapora

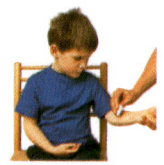

rash
lo sfogo
erupção cutânea

---

vocabulary • vocabolario • *vocabulário*

stroke l'ictus *derrame cerebral*	**diabetes** il diabete *diabetes*	**eczema** l'eczema *eczema*	**chill** l'infreddatura *calafrios*	**vomit (v)** vomitare *vomitar*	**diarrhoea** la diarrea *diarreia*
blood pressure la pressione sanguigna *pressão arterial*	**allergy** l'allergia *alergia*	**infection** l'infezione *infecção*	**stomach ache** il mal di stomaco *dor de estômago*	**epilepsy** l'epilessia *epilepsia*	**measles** il morbillo *sarampo*
heart attack l'infarto *infarto do miocárdio*	**hayfever** la febbre da fieno *febre do feno*	**virus** il virus *vírus*	**faint (v)** svenire *desmaiar*	**migraine** l'emicrania *enxaqueca*	**mumps** gli orecchioni *caxumba*

---

doctor • il medico • *médico*
consultation • la visita • *consulta*

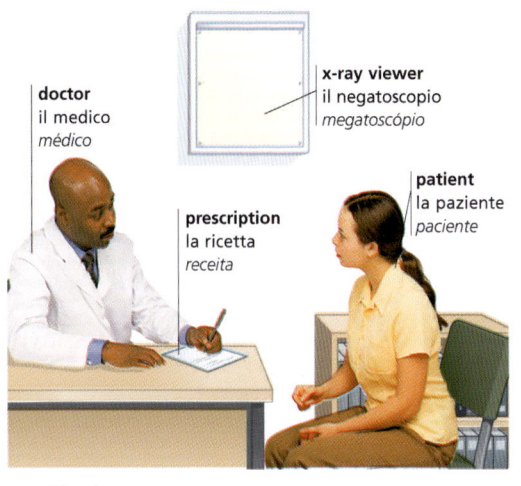

doctor
il medico
médico

x-ray viewer
il negatoscopio
megatoscópio

prescription
la ricetta
receita

patient
la paziente
paciente

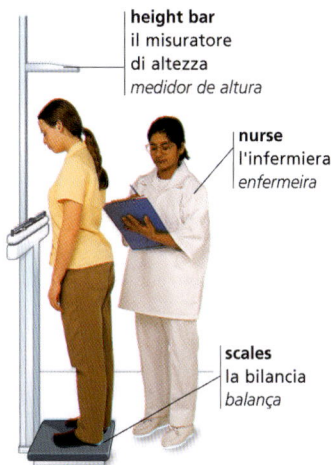

height bar
il misuratore
di altezza
medidor de altura

nurse
l'infermiera
enfermeira

scales
la bilancia
balança

blood pressure gauge
il misuratore di pressione
medidor de pressão

stethoscope
lo stetoscopio
estetoscópio

cuff
il manicotto
pressão

vocabulary • vocabolario • *vocabulário*

appointment	**inoculation**
l'appuntamento	l'inoculazione
consulta	*injeção*
surgery	**thermometer**
l'ambulatorio	il termometro
cirurgia	*termômetro*
waiting room	**medical**
la sala d'attesa	**examination**
sala de espera	la visita medica
	exame médico

I need to see a doctor.
Ho bisogno di vedere un medico.
Preciso consultar um médico.

It hurts here.
Ho un dolore qui.
Dói-me aqui.

injury • la ferita • *lesão*

sprain | la slogatura | *torção*

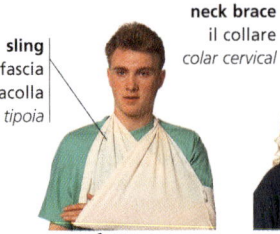

sling
la fascia
a tracolla
tipoia

fracture
la frattura
fratura

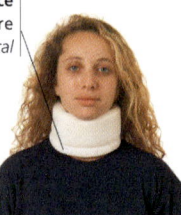

neck brace
il collare
colar cervical

whiplash
il colpo di frusta
torcicolo

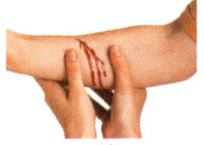

cut
il taglio
corte

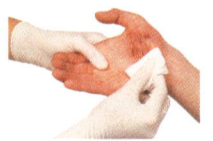

graze
la sbucciatura
esfolado

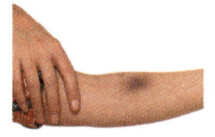

bruise
il livido
hematoma

splinter
la scheggia
farpa/estilhaço

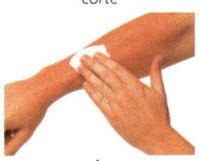

sunburn
la scottatura
queimadura de sol

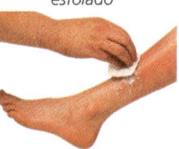

burn
l'ustione
queimadura

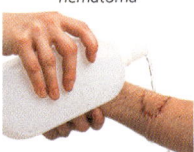

bite
il morso
mordida

sting
la puntura
picada

---

vocabulary • vocabolario • *vocabulário*

accident l'incidente *acidente*	**haemorrhage** l'emorragia *hemorragia*	**poisoning** l'avvelenamento *envenenamento*	**Will he/she be all right?** Si rimetterà? *Ele/ela ficará bem?*
emergency l'emergenza *emergência*	**blister** la vescica *ampola*	**electric shock** la scossa elettrica *choque elétrico*	**Please call an ambulance.** Chiami un'ambulanza, per favore *Por favor, chame uma ambulância.*
wound la ferita *ferida*	**concussion** la commozione cerebrale *lesão na cabeça*	**head injury** la ferita alla testa *traumatismo craniano*	**Where does it hurt?** Dove le fa male? *Onde dói?*

first aid • il pronto soccorso • *primeiros socorros*

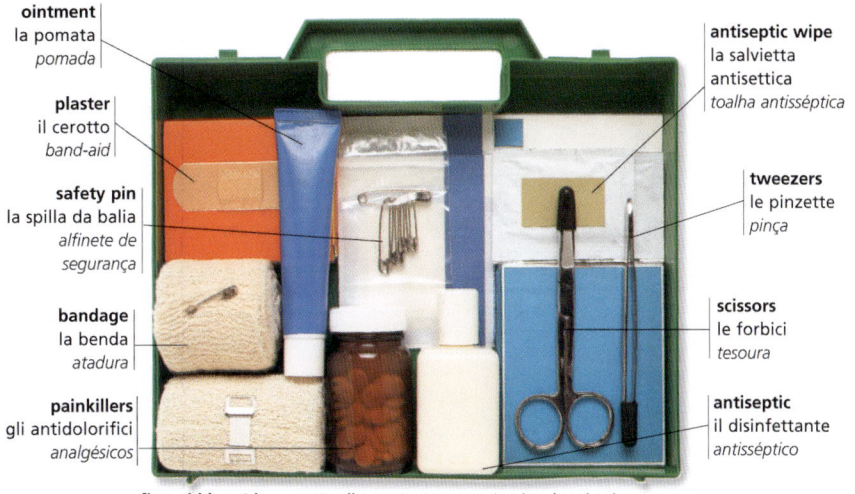

ointment
la pomata
pomada

plaster
il cerotto
band-aid

safety pin
la spilla da balia
alfinete de
segurança

bandage
la benda
atadura

painkillers
gli antidolorifici
analgésici

antiseptic wipe
la salvietta
antisettica
toalha antisséptica

tweezers
le pinzette
pinça

scissors
le forbici
tesoura

antiseptic
il disinfettante
antisséptico

first aid box | la cassetta di pronto soccorso | *caixa de primeiros socorros*

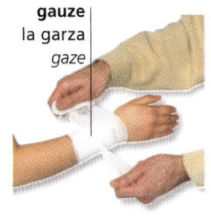

gauze
la garza
gaze

dressing
la bendatura
curativo

splint | la stecca | *tala*

adhesive tape
il nastro adesivo
esparadrapo

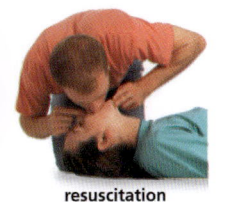

resuscitation
la rianimazione
reanimação

vocabulary • vocabolario • *vocabulário*			
shock	**pulse**	**choke (v)**	**Can you help?**
lo shock	le pulsazioni	soffocare	Può aiutarmi?
choque	*pulso*	*engasgar*	*Você pode me ajudar?*
unconscious	**breathing**	**sterile**	**Do you know first aid?**
privo di sensi	la respirazione	sterile	Sa dare pronto soccorso?
inconsciente	*respiração*	*estéril*	*Você conhece os primeiros socorros?*

hospital • l'ospedale • *hospital*

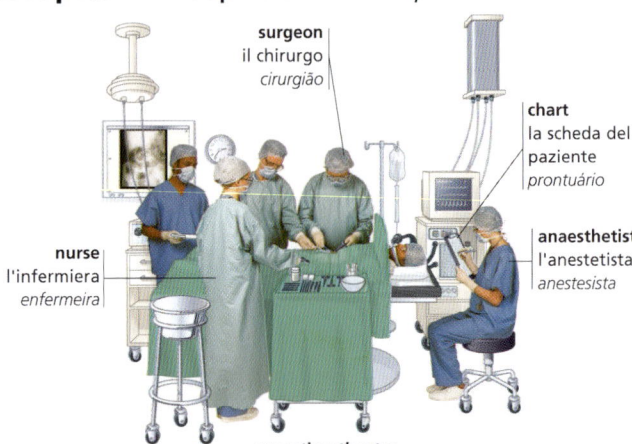

surgeon
il chirurgo
cirurgião

chart
la scheda del paziente
prontuário

blood test
l'analisi del sangue
exame de sangue

nurse
l'infermiera
enfermeira

anaesthetist
l'anestetista
anestesista

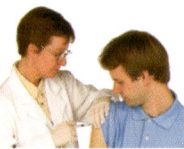

injection
l'iniezione
injeção

trolley
la lettiga
maca

operating theatre
la sala operatoria
sala de cirurgia

call button
il pulsante di chiamata
campainha

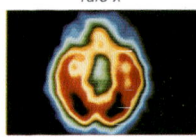

x-ray
la radiografia
raio x

emergency room
la sala emergenze
sala de emergência

ward
il reparto
enfermaria

wheelchair
la sedia a rotelle
cadeira de rodas

scan
l'ecografia
imagem

---

vocabulary • vocabolario • *vocabulário*

operation	discharged	visiting hours	children's ward	intensive care unit
l'operazione	dimesso	l'orario delle visite	il reparto maternità	il reparto di cura intensiva
cirurgia	*alta médica*	*horário de visita*	*ala pediátrica*	*unidade de terapia intensiva*
admitted	**clinic**	**maternity ward**	**private room**	**outpatient**
ricoverato	la clinica	il reparto pediatrico	la camera privata	il paziente esterno
internado	*clínica*	*ala obstétrica*	*quarto privado*	*paciente externo*

departments • i reparti • *especialidades*

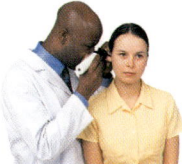

ENT
l'otorinolaringologia
otorrinolaringologia

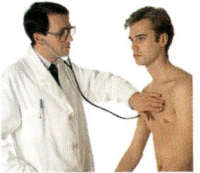

cardiology
la cardiologia
cardiologia

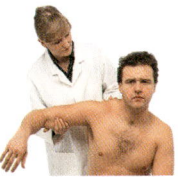

orthopaedy
l'ortopedia
ortopedia

gynaecology
la ginecologia
ginecologia

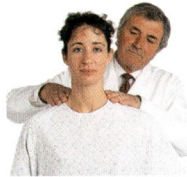

physiotherapy
la fisioterapia
fisioterapia

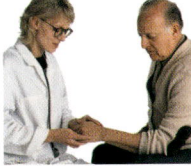

dermatology
la dermatologia
dermatologia

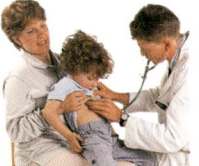

paediatrics
la pediatria
pediatria

radiology
la radiologia
radiologia

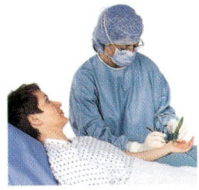

surgery
la chirurgia
cirurgia

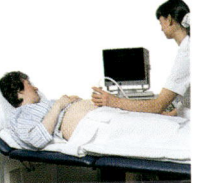

maternity
la maternità
obstetricia

psychiatry
la psichiatria
psiquiatria

ophthalmology
l'oftalmologia
oftalmologia

vocabulary • vocabolario • *vocabulário*

neurology la neurologia *neurologia*	**urology** l'urologia *urologia*	**endocrinology** l'endocrinologia *endocrinologia*	**pathology** la patologia *patologia*	**result** il risultato *resultado*
oncology l'oncologia *oncologia*	**plastic surgery** la chirurgia plastica *cirurgia plástica*	**referral** mandare da uno specialista *encaminhamento*	**test** l'analisi *exame*	**consultant** lo specialista *especialista*

dentist • il dentista • *dentista*

tooth • il dente • *dente*

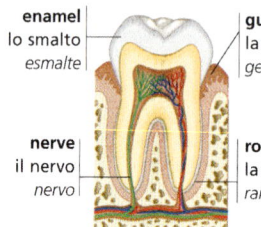

enamel
lo smalto
esmalte

gum
la gengiva
gengiva

nerve
il nervo
nervo

root
la radice
raiz

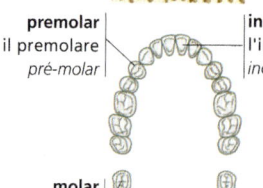

premolar
il premolare
pré-molar

incisor
l'incisivo
incisivo

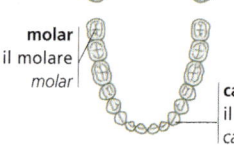

molar
il molare
molar

canine
il canino
canino

---

vocabulary • vocabolario • *vocabulário*

toothache
il mal di denti
dor de dente

drill
il trapano
broca

plaque
la placca
placa bacteriana

dental floss
il filo dentale
fio dental

decay
la carie
cárie

extraction
l'estrazione
extração

filling
l'otturazione
restauração

crown
la capsula
coroa

check-up • il controllo • *consulta*

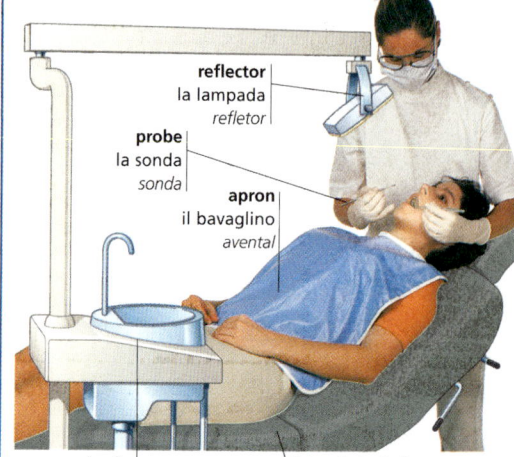

reflector
la lampada
refletor

probe
la sonda
sonda

apron
il bavaglino
avental

basin
la sputacchiera
cuspideira

dentist's chair
la poltrona da dentista
cadeira de dentista

floss (v)
usare il filo dentale
usar o fio dental

brush (v)
spazzolare
escovar os dentes

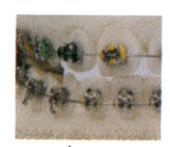

brace
l'apparecchio
correttore
aparelho dentário

dental x-ray
la radiografia
dentale
raio x dos dentes

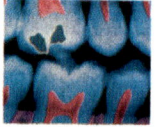

x-ray film
la pellicola
radiografica
radiografia

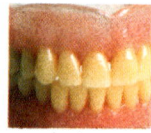

dentures
la dentiera
dentadura

optician • l'oculista • *oculista*

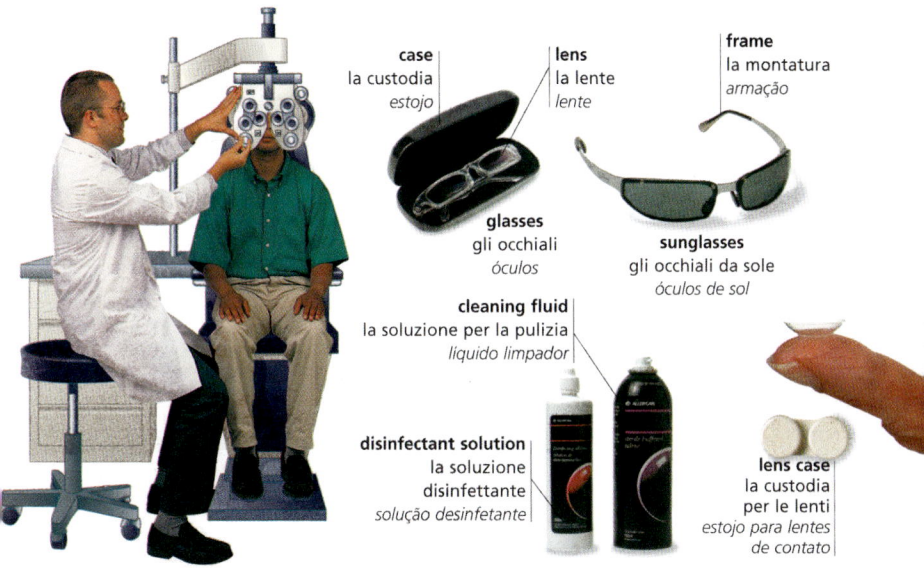

case
la custodia
estojo

lens
la lente
lente

frame
la montatura
armação

glasses
gli occhiali
óculos

sunglasses
gli occhiali da sole
óculos de sol

cleaning fluid
la soluzione per la pulizia
liquido limpador

disinfectant solution
la soluzione
disinfettante
solução desinfetante

lens case
la custodia
per le lenti
*estojo para lentes
de contato*

eye test | l'esame della vista | *exame de vista*   **contact lenses** | le lenti a contatto | *lentes de contato*

eye • l'occhio • *olho*

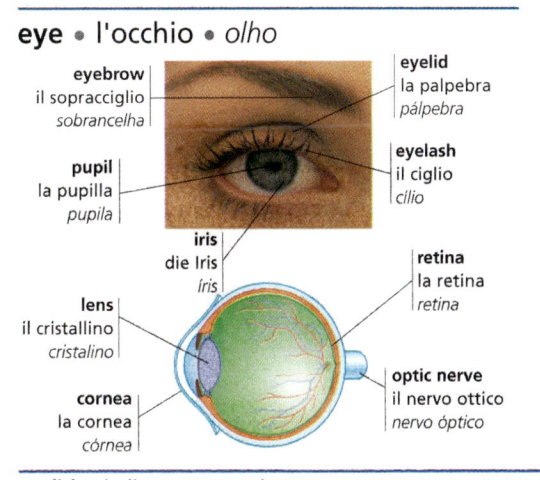

eyebrow
il sopracciglio
sobrancelha

eyelid
la palpebra
pálpebra

pupil
la pupilla
pupila

eyelash
il ciglio
cílio

iris
die Iris
íris

lens
il cristallino
cristalino

cornea
la cornea
córnea

retina
la retina
retina

optic nerve
il nervo ottico
nervo óptico

vocabulary • vocabolario • *vocabulário*

vision
la vista
vista

astigmatism
l'astigmatismo
astigmatismo

diopter
la diottria
dioptria

long sight
la presbiopia
hipermetropia

tear
la lacrima
lágrima

short sight
la miopia
miopia

cataract
la cataratta
catarata

bifocal
bifocale
bifocal

pregnancy • la gravidanza • *gravidez*

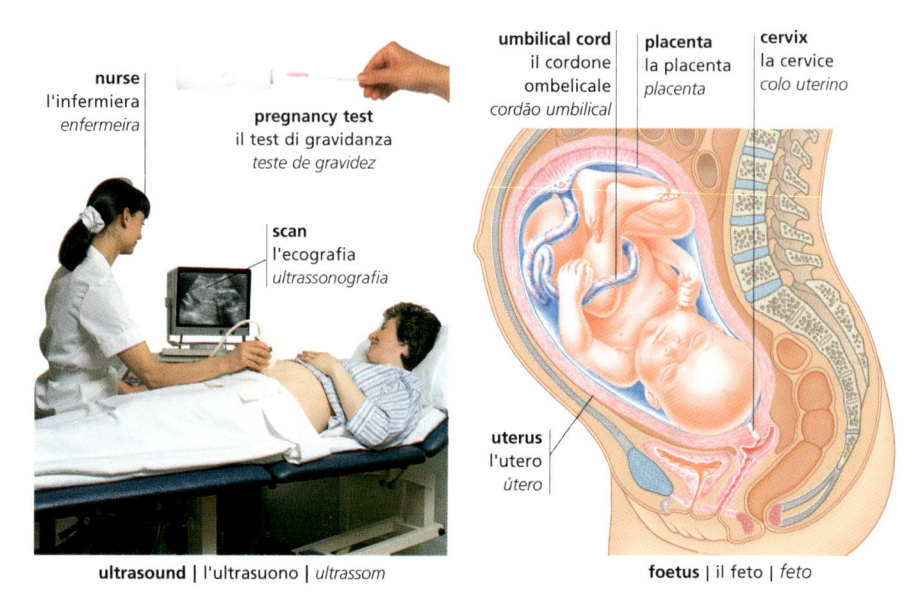

nurse
l'infermiera
enfermeira

pregnancy test
il test di gravidanza
teste de gravidez

scan
l'ecografia
ultrassonografia

umbilical cord
il cordone
ombelicale
cordão umbilical

placenta
la placenta
placenta

cervix
la cervice
colo uterino

uterus
l'utero
útero

ultrasound | l'ultrasuono | *ultrassom*

foetus | il feto | *feto*

vocabulary • vocabolario • *vocabulário*

ovulation l'ovulazione *ovulação*	**antenatal** prenatale *pré-natal*	**amniocentesis** l'amniocentesi *amniocêntese*	**dilation** la dilatazione *dilatação*	**delivery** il parto *parto*	**breech** podalico *de cócoras*
conception il concepimento *concepção*	**embryo** l'embrione *embrião*	**contraction** la contrazione *contração*	**epidural** l'epidurale *peridural*	**birth** la nascita *nascimento*	**premature** prematuro *prematuro*
pregnant incinta *grávida*	**womb** l'utero *útero*	**break waters (v)** rompere le acque *romper a bolsa*	**episiotomy** l'episiotomia *episiotomia*	**miscarriage** l'aborto spontaneo *aborto* *espontâneo*	**gynaecologist** il ginecologo *ginecologista*
expectant in stato interessante *gestante*	**trimester** il trimestre *trimestre*	**amniotic fluid** il liquido amniotico *líquido amniótico*	**caesarean** **section** il taglio cesareo *cesárea*	**stitches** i punti *pontos*	**obstetrician** l'ostetrico *obstetra*

childbirth • il parto • *parto*

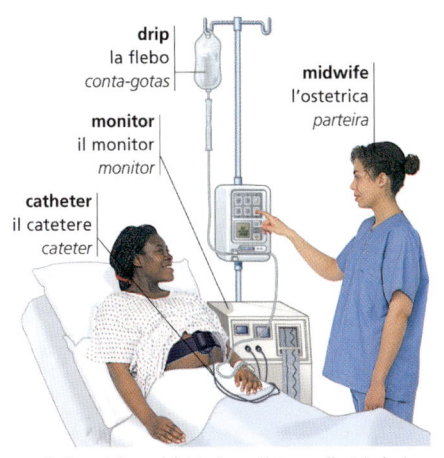

drip
la flebo
conta-gotas

monitor
il monitor
monitor

catheter
il catetere
cateter

midwife
l'ostetrica
parteira

induce labour (v) | indurre il travaglio | *induzir o parto*

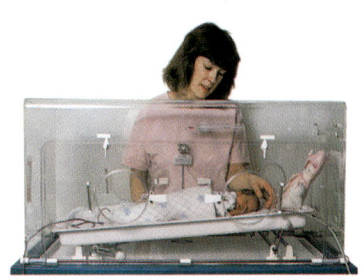

incubator | l'incubatrice | *incubadora*

scales
la bilancia
balança

birth weight | il peso alla nascita
peso do recém-nascido

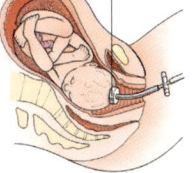

forceps
il forcipe
fórceps

ventouse cup
la ventosa
ventosa

assisted delivery | il parto assistito
parto assistido

identity tag
la targhetta d'identità
pulseira de identificação

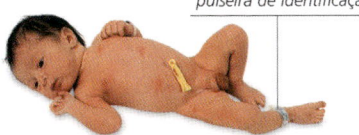

newborn baby | il neonato | *recém-nascido*

nursing • l'allattamento • *amamentação*

breast pump
la pompa tiralatte
bombinha de leite

nursing bra
il reggiseno da
allattamento
sutiã de amamentação

breastfeed (v)
allattare al seno
amamentar

pads
le coppe
protetores

alternative therapy • le terapie alternative
• *terapias alternativas*

teacher
l'allenatore
professor

massage
il massaggio
massagem

shiatsu
lo shiatsu
shiatsu

meditation
la meditazione
meditação

yoga | lo yoga | *ioga*

mat
il tappetino
esteira

chiropractic
la chiropratica
quiropraxia

osteopathy
l'osteopatia
osteopatia

reflexology
la riflessologia
reflexologia

english • italiano • *português*

counsellor
l'assistent
terapeuta

group therapy
la terapia di gruppo
terapia de grupo

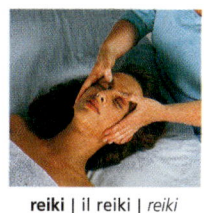

reiki | il reiki | *reiki*

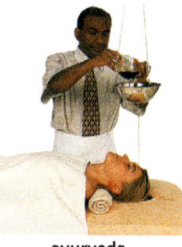

ayurveda
la medicina aiurvedica
aiurveda

acupuncture
l'agopuntura
acupuntura

herbalism
l'erbalismo
fitoterapia

essential oils
gli oli essenziali
óleos essenciais

aromatherapy
l'aromaterapia
aromaterapia

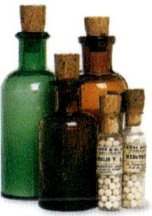

homeopathy
l'omeopatia
homeopatia

hypnotherapy
l'ipnoterapia
hipnoterapia

acupressure
l'agopressione
acupressão

therapist
a terapista
terapeuta

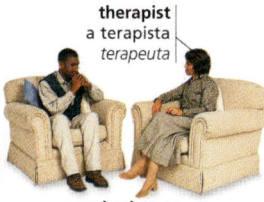

psychotherapy
la psicoterapia
psicoterapia

vocabulary • vocabolario • *vocabulário*			
hydrotherapy l'idroterapia *hidroterapia*	**naturopathy** la naturopatia *naturopatia*	**relaxation** il rilassamento *relaxamento*	**herb** l'erba *erva*
supplement l'integratore *suplemento*	**feng shui** il feng shui *feng shui*	**stress** lo stress *estresse*	**crystal healing** la cristalloterapia *cristaloterapia*

home
la casa
casa

house • la casa • *casa*

chimney
il camino
chaminé

dormer window
l'abbaino
janela do sótão

roof
il tetto
telhado

gutter
la grondaia
calha

wall
il muro
parede

tile
la tegola
telha

eaves
la gronda
beiral

shutter
la persiana
persiana

porch
il portico
varanda

window
la finestra
janela

extension
l'annesso
anexo

path
il viottolo
caminho

front door
il portone
porta de entrada

vocabulary • vocabolario • *vocabulário*

detached	**tenant**	**garage**	**letterbox**	**burglar alarm**	**rent (v)**
unifamiliare	l'inquilino	il garage	la cassetta per le	l'allarme antifurto	affittare
isolada	*inquilino*	*garagem*	lettere	*alarme antirroubo*	*alugar*
			caixa de correspondência		
semidetached	**bungalow**	**attic**		**courtyard**	**rent**
bifamiliare	il bungalow	l'attico	**porch light**	il cortile	l'affitto
semigeminada	*bangalô*	*sótão*	la luce del	*quintal*	*aluguel*
			portico		
townhouse	**basement**	**room**	*luz da varanda*	**floor**	**terraced**
la casa di città	il seminterrato	la stanza		il piano	a schiera
casa urbana	*porão*	*quarto*	**landlord**	*piso*	*geminada*
			il padrone di casa		
			proprietário		

entrance • l'ingresso • *entrada*

flat • l'appartamento
• *apartamento*

hand rail
il corrimano
corrimão

landing
il pianerottolo
patamar

banister
la ringhiera
balaústre

staircase
le scale
escada

hallway | l'entrata | *corredor*

balcony
il balcone
sacada

block of flats
il palazzo
edifício

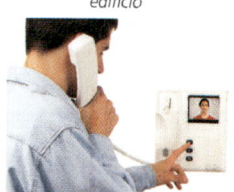

intercom
il citofono
interfone

lift
l'ascensore
elevador

doorbell
il campanello
campainha

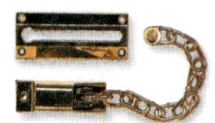

doormat
lo zerbino
capacho

door knocker
il battente
aldraba

key
la chiave
chave

door chain
la catenella
corrente

lock
la serratura
fechadura

bolt
il chiavistello
ferrolho

internal systems • i sistemi interni • *sistemi interni*

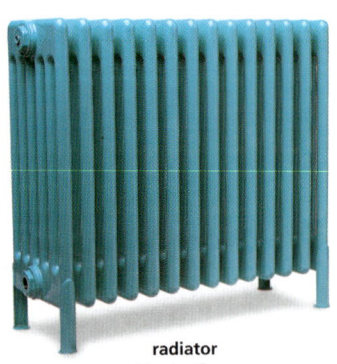

blade
la pala
paleta

fan
il ventilatore
ventilador

radiator
il calorifero
aquecedor a óleo/radiador

heater
la stufa
aquecedor

convector heater
la stufa a convezione
aquecedor por convecção

electricity • l'elettricità • *eletricidade*

filament
il filamento
filamento

bayonet fitting
l'attacco a
baionetta
baioneta

light bulb
la lampadina
lâmpada

earthing
la messa
a terra
fio terra

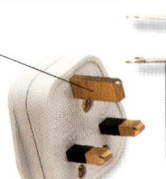

pin
il piedino
pino

plug
la spina
tomada

neutral
neutro
neutro

live
in tensione
com corrente

wires
i fili
cabos

---

vocabulary • vocabolario • *vocabulário*

voltage la tensione *voltagem*	**fuse** il fusibile *fusível*	**socket** la presa *soquete*	**direct current** la corrente continua *corrente contínua*	**power cut** l'interruzione di corrente *corte de luz*
amp l'ampere *ampère*	**fuse box** la valvoliera *caixa de fusíveis*	**switch** l'interruttore *interruptor*	**transformer** il trasformatore *transformador*	**mains supply** l'alimentazione di rete *rede de distribuição elétrica*
power l'elettricità *corrente elétrica*	**generator** il generatore *gerador*	**alternating current** la corrente alternata *corrente alternada*	**electricity meter** il contatore di corrente *medidor de eletricidade*	

---

english • italiano • *português*

plumbing • l'impianto idraulico • *encanamento*

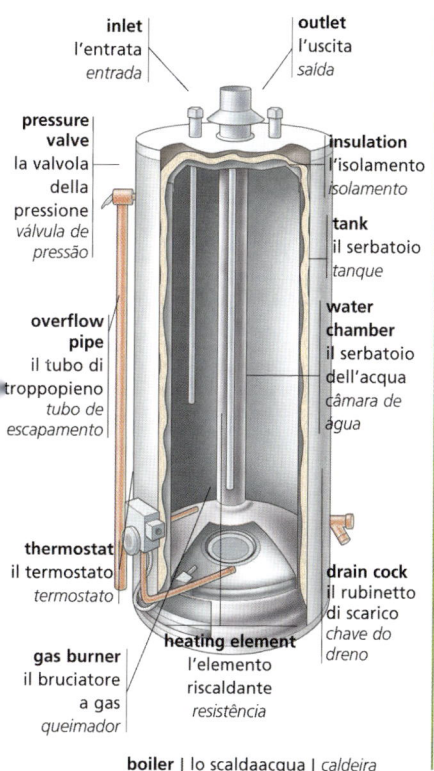

inlet / l'entrata / *entrada*

outlet / l'uscita / *saída*

pressure valve / la valvola della pressione / *válvula de pressão*

insulation / l'isolamento / *isolamento*

tank / il serbatoio / *tanque*

water chamber / il serbatoio dell'acqua / *câmara de água*

overflow pipe / il tubo di troppopieno / *tubo de escapamento*

thermostat / il termostato / *termostato*

gas burner / il bruciatore a gas / *queimador*

heating element / l'elemento riscaldante / *resistência*

drain cock / il rubinetto di scarico / *chave do dreno*

boiler | lo scaldaacqua | *caldeira*

sink • l'acquaio • *lavabo*

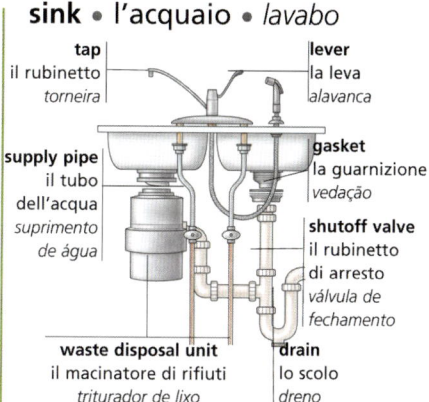

tap / il rubinetto / *torneira*

lever / la leva / *alavanca*

supply pipe / il tubo dell'acqua / *suprimento de água*

gasket / la guarnizione / *vedação*

shutoff valve / il rubinetto di arresto / *válvula de fechamento*

waste disposal unit / il macinatore di rifiuti / *triturador de lixo*

drain / lo scolo / *dreno*

water closet • il water • *vaso sanitário*

float ball / il galleggiante / *boia*

cistern / la cassetta / *caixa d'água*

seat / il sedile / *assento*

bowl / la tazza / *bacia*

waste pipe / il tubo di scolo / *cano de esgoto*

waste disposal • lo smaltimento dei rifiuti • *recipiente de lixo*

recycling bin / il contenitore di riciclaggio / *cesto de reciclagem*

bottle / la bottiglia / *garrafa*

lid / il coperchio / *tampa*

pedal / il pedale / *pedal*

rubbish bin / la pattumiera / *recipiente de lixo*

sorting unit / l'unità di smistamento / *armário para separar o lixo*

organic waste / i rifiuti organici / *resíduos orgânicos*

living room • il salotto • *sala de estar*

painting
il quadro
quadro

frame
la cornice
moldura

lamp
la lampada
abajur

wall light
l'applique
*luminária de
parede*

clock
l'orologio
relógio

ceiling
il soffitto
teto

cabinet
l'armadietto
armário

sofa
il divano
sofá

cushion
il cuscino
almofada

coffee table
il tavolino
mesa de centro

floor
il pavimento
piso

mirror
lo specchio
espelho

vase
il vaso
vaso

mantelpiece
la mensola
del caminetto
console da lareira

fireplace
il caminetto
lareira

screen
il parafuoco
biombo

candle
la candela
vela

curtain
la tenda
cortina

net curtain
la tendina
cortina de filó

venetian blind
la veneziana
veneziana com lâminas

roller blind
l'avvolgibile
veneziana de enrolar

moulding
la cornice
moldura

armchair
la poltrona
poltrona

bookshelf
la libreria
estante

sofabed
il divano letto
sofá-cama

rug
il tappeto
tapete

study I lo studio I *escritório*

dining room • la sala da pranzo • *sala de jantar*

pepper
il pepe
pimenta

salt
il sale
sal

table
il tavolo
mesa

crockery
i piatti
louça

chair
la sedia
cadeira

back
lo schienale
encosto

seat
il sedile
assento

cutlery
le posate
talheres

leg
la gamba
perna

vocabulary • vocabolario • *vocabulário*

lay the table (v) apparecchiare *pôr a mesa*	**hungry** affamato *faminto*	**lunch** il pranzo *almoço*	**full** sazio *cheio*	**host** il padrone di casa *anfitrião*	**Can I have some more,** **please?** Posso averne ancora, per favore? *Posso repetir, por favor?*
serve (v) servire *servir*	**tablecloth** la tovaglia *toalha*	**dinner** la cena *jantar*	**portion** la porzione *porção*	**hostess** la padrona di casa *anfitriã*	**I've had enough, thank you.** Sono sazio, grazie. *Estou satisfeito, obrigado(a).*
eat (v) mangiare *comer*	**breakfast** la colazione *café da* *manhã*	**place mat** il sottopiatto *jogo* *americano*	**meal** il pasto *comida*	**guest** l'ospite *convidado*	**That was delicious.** Era squisito. *Estava delicioso.*

crockery and cutlery • le stoviglie e le posate • *louça e talheres*

mug
la tazza
caneca

coffee cup
la tazzina da caffè
xícara de café

teacup
la tazza da tè
xícara de chá

teaspoon
il cucchiaino
colher de chá

plate
il piatto
prato

bowl
la ciotola
tigela

cafetière
la caffettiera
cafeteira

teapot
la teiera
chaleira

jug
la brocca
jarra

egg cup
il portauovo
suporte para ovos

wine glass
il calice da vino
taça de vinho

tumbler
il bicchiere
copo

glassware
la cristalleria
cristais

napkin ring
portatovagliolo
orta- guardanapo

side plate
il piattino
prato de sobremesa

dinner plate
il piatto piano
prato raso

soup bowl
il piatto
fondo
prato de sopa

soup spoon
il cucchiaio da
minestra
colher de sopa

napkin
il tovagliolo
guardanapo

fork
la forchetta
garfo

spoon
il cucchiaio
colher

knife
il coltello
faca

place setting | il coperto | *jogo de talheres*

kitchen • la cucina • *cozinha*

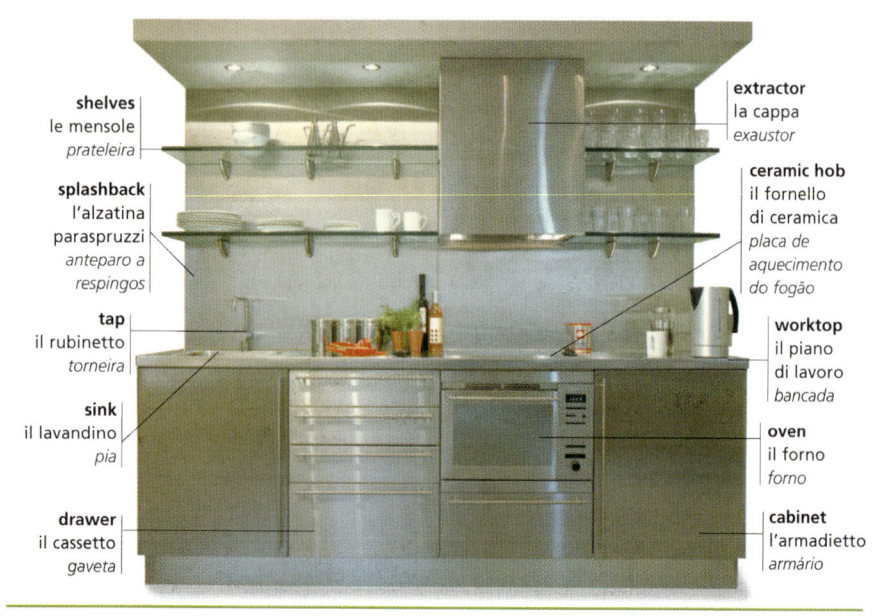

shelves
le mensole
prateleira

splashback
l'alzatina
paraspruzzi
*anteparo a
respingos*

tap
il rubinetto
torneira

sink
il lavandino
pia

drawer
il cassetto
gaveta

extractor
la cappa
exaustor

ceramic hob
il fornello
di ceramica
*placa de
aquecimento
do fogão*

worktop
il piano
di lavoro
bancada

oven
il forno
forno

cabinet
l'armadietto
armário

appliances • gli elettrodomestici • *eletrodomésticos*

mixing bowl
il recipiente
copo misturador

lid
il coperchio
tampa

blade
la lama
lâmina

microwave oven
il forno a microonde
forno de micro-ondas

kettle
il bollitore
chaleira elétrica

toaster
il tostapane
torradeira

food processor
il tritatutto
processador

blender
il frullatore
liquidificador

dishwasher
la lavastoviglie
lava-louças

ice maker
il fabbrica-ghiaccio
fazedor de gelo

refrigerator
il frigorifero
refrigerador

shelf
la mensola
prateleira

freezer
il
congelatore
congelador

crisper
il cassetto
per la verdura
*gaveta de
verduras*

fridge-freezer I il frigocongel I *refrigerador com freezer*

vocabulary • vocabolario • *vocabulário*

draining board	**freeze (v)**
lo scolapiatti	congelare
escorredor	*congelar*
burner	**defrost (v)**
il fornello	scongelare
queimador	*descongelar*
hob	**steam (v)**
il piano di	cuocere al
cottura	vapore
placa de fogão	*cozer ao*
	banho-maria
rubbish bin	
la pattumiera	**sauté (v)**
recipiente	saltare in padella
de lixo	*dourar*

cooking • cucinare • *cozinhar*

peel (v)
sbucciare
descascar

slice (v)
affettare
cortar

grate (v)
grattugiare
ralar

pour (v)
versare
despejar

mix (v)
mescolare
misturar

whisk (v)
sbattere
bater

boil (v)
bollire
ferver

fry (v)
friggere
fritar

roll (v)
spianare
abrir com rolo

stir (v)
rimestare
mexer

simmer (v)
cuocere a fuoco lento
cozer em fogo baixo

poach (v)
affogare
escaldar

bake (v)
cuocere al forno
cozer ao forno

roast (v)
arrostire
assar

grill (v)
cuocere alla griglia
assar na grelha

kitchenware • gli utensili da cucina
• *utensílios de cozinha*

bread knife
il coltello da pane
faca de serra

chopping board
il tagliere
tábua

kitchen knife
il coltello da cucina
faca de cozinha

cleaver
la mannaia
cutelo

knife sharpener
l'affilacoltelli
afiador de faca

meat tenderizer
il martello
batedor de carne

 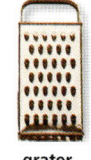  

skewer
lo spiedino
espeto

pestle
il pestello
*moedor
do pilão*

peeler
il pelapatate
descascador

apple corer
il cavatorsoli
descaroçador

grater
la grattugia
ralador

mortar
il mortaio
pilão

masher
lo schiacciapatate
amassador

can opener
l'apriscatole
abridor de lata

bottle opener
l'apribottiglie
abridor de garrafa

garlic press
lo spremiaglio
prensador de alho

serving spoon
il cucchiaio da
portata
colher de servir

fish slice
la paletta forata
escumadeira para peix

colander
lo scolapasta
escorredor

spatula
la spatola
espátula

wooden spoon
der il cucchiaio di legno
colher de pau

slotted spoon
la schiumarola
escumadeira

ladle
il mestolo
concha

carving fork
il forchettone
garfo para destrinchar

scoop
il cucchiaio dosatore
colher para sorvete

whisk
la frusta
batedor de claras

sieve
il colino
coador

lid
il coperchio
tampa

non-stick
antiaderente
antiaderente

frying pan
la padella
frigideira

saucepan
la pentola
panela com cabo

grill pan
la padella per grigliare
assadeira

wok
il wok
wok

earthenware dish
la casseruola di terracotta
caçarola de barro

glass
di vetro
de vidro

ovenproof
pirofilo
resistente ao forno

mixing bowl
la scodella
tigela

soufflé dish
lo stampo per soufflé
fôrma para suflê

gratin dish
il piatto da gratin
vasilha para gratinar

ramekin
lo stampo
porção individual

casserole dish
la casseruola
caçarola

baking cakes • la cottura dei dolci • *confeitaria*

scales
la bilancia
balança de cozinha

measuring jug
il bricco misuratore
jarra com medidas

cake tin
lo stampo per dolci
fôrma de bolo

pie tin
lo stampo per torte
fôrma para torta

flan tin
lo stampo per flan
fôrma de pudim

pastry brush
il pennello da cucina
pincel de cozinha

rolling pin
il matterello
rolo de cozinha

piping bag
la tasca da pasticciere
bico de confeiteiro

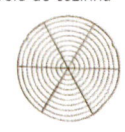

muffin tray
la teglia per pasticcini
fôrma para muffins

baking tray
la placcada forno
bandeja de forno

cooling rack
la gratella
descanso de panela

oven glove
il guanto da forno
luva de cozinha

apron
il grembiule
avental

english • italiano • *português*

bedroom • la camera da letto • *dormitório*

wardrobe
l'armadio
guarda-roupa

bedside lamp
l'abatjour
luz de cabeceira

headboard
la testata
cabeceira

bedside table
il comodino
criado-mudo

chest of drawers
il cassettone
cômoda

drawer
il cassetto
gaveta

bed
il letto
cama

mattress
il materasso
colchão

bedspread
il copriletto
colcha

pillow
il guanciale
travesseiro

hot-water bottle
la borsa calda
*bolsa de água
quente*

clock radio
la radiosveglia
rádio despertador

alarm clock
la sveglia
*relógio
despertador*

box of tissues
la scatola di
fazzolettini
caixa de lenço de papel

coat hanger
la gruccia
cabide

bed linen • la biancheria da letto
• *roupa de cama*

pillowcase
la federa
fronha

sheet
il lenzuolo
lençol

valance
la balza
sanefa

mirror
lo specchio
espelho

dressing table
la toeletta
penteadeira

duvet
il piumone
edredom

quilt
la trapunta
colcha

floor
il pavimento
piso

blanket
la coperta
cobertor

---

vocabulary • vocabolario • *vocabulário*

single bed il letto singolo *cama de solteiro*	**footboard** la pedana del letto *pé da cama*	**insomnia** l'insonnia *insônia*	**wake up (v)** svegliarsi *acordar*	**set the alarm (v)** mettere la sveglia *ajustar o despertador*
double bed il letto matrimoniale *cama de casal*	**spring** la molla *mola*	**go to bed (v)** andare a letto *deitar-se*	**get up (v)** alzarsi *levantar-se*	**snore (v)** russare *roncar*
electric blanket la termocoperta *cobertor elétrico*	**carpet** il tappeto *carpete*	**go to sleep (v)** addormentarsi *ir dormir*	**make the bed (v)** fare il letto *arrumar a cama*	**built-in wardrobe** l'armadio a muro *armário embutido*

---

bathroom • la stanza da bagno • *banheiro*

towel rail
il portasciugamani
toalheiro

shower door
la porta della doccia
porta do chuveiro

cold tap
il rubinetto
dell'acqua fredda
torneira de água fria

hot tap
il rubinetto
dell'acqua calda
torneira de água quente

shower head
il soffione
della doccia
cabeça do chuveiro

washbasin
il lavandino
pia

plug
il tappo
tampão

shower
la doccia
chuveiro

drain
lo scolo
ralo

toilet seat
il sedile
tampa do vaso

toilet
il water
vaso sanitário

toilet brush
la spazzola
da water
*escova do
vaso sanitário*

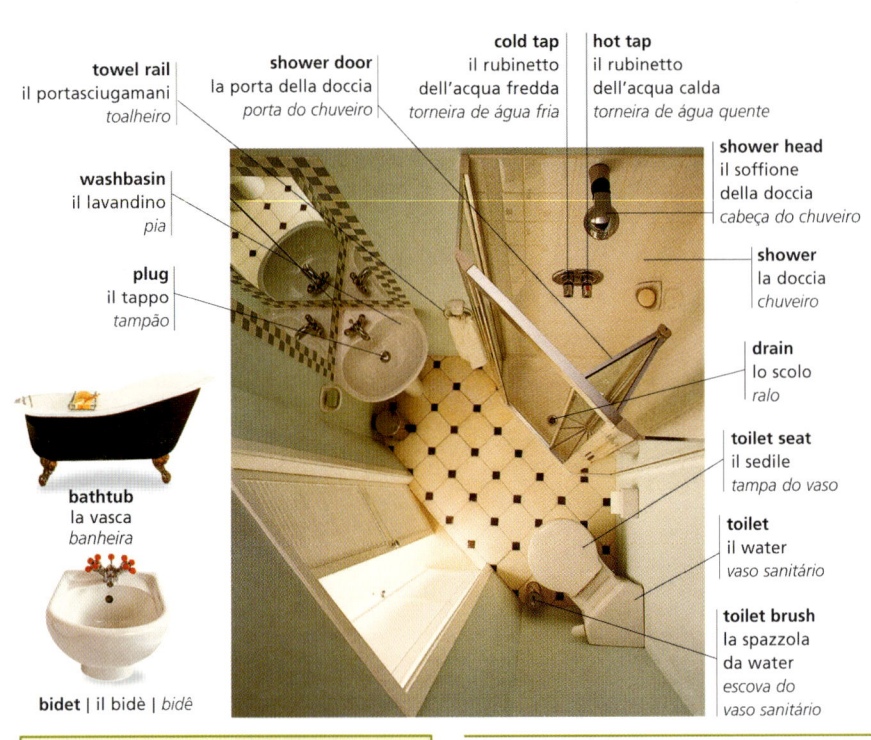

bathtub
la vasca
banheira

bidet | il bidè | *bidê*

vocabulary • vocabolario • *vocabulário*

medicine cabinet
l'armadietto dei medicinali
armário de remédios

bath mat
lo scendibagno
tapete de chuveiro

toilet roll
la carta igienica
rolo de papel higiênico

shower curtain
la tenda da doccia
cortina do chuveiro

take a shower (v)
farsi la doccia
tomar uma ducha

take a bath (v)
farsi il bagno
tomar um banho

dental hygiene • l'igiene dentale • *higiene dental*

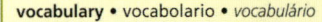

toothbrush
lo spazzolino da denti
escova de dentes

dental floss
il filo
interdentale
fio dental

toothpaste
il dentifricio
pasta de dentes

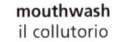

mouthwash
il collutorio
antisséptico bucal

loofah
la luffa
esponja de lufa

sponge
der Schwamm
esponja

pumice stone
la pomice
pedra-pomes

back brush
la spazzola
escova dorsal

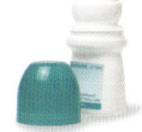

deodorant
il deodorante
desodorante

soap dish
il portasapone
saboneteira

shower gel
il gel per doccia
sabonete líquido

soap
il sapone
sabonete

face cream
la crema per il viso
creme de rosto

bubble bath
il bagnoschiuma
espuma de banho

hand towel
l'asciugamano piccolo
toalha de mão

bath towel
l'asciugamano grande
toalha de banho

towels
gli asciugamani
toalhas

body lotion
la lozione per il corpo
loção corporal

talcum powder
il talco
talco

bathrobe
l'accappatoio
roupão de banho

shaving • la rasatura • *barbear*

electric razor
il rasoio elettrico
barbeador elétrico

razor blade
la lametta
lâmina de barbear

shaving foam
la schiuma da barba
espuma de barbear

disposable razor
il rasoio monouso
aparelho de barbear descartável

aftershave
il dopobarba
pós-barba

nursery • la camera dei bambi • *quarto do bebê*

baby care • l'igiene del neonato
• *cuidados com o bebê*

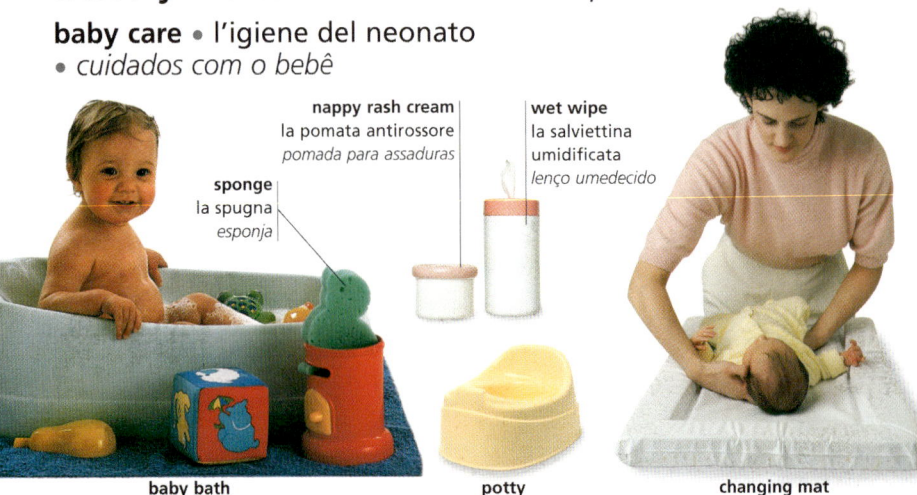

nappy rash cream
la pomata antirossore
pomada para assaduras

wet wipe
la salviettina
umidificata
lenço umedecido

sponge
la spugna
esponja

baby bath
la vaschetta
banheira de plástico

potty
il vasino
penico

changing mat
il materassino
trocador

sleeping • dormire • *hora de dormir*

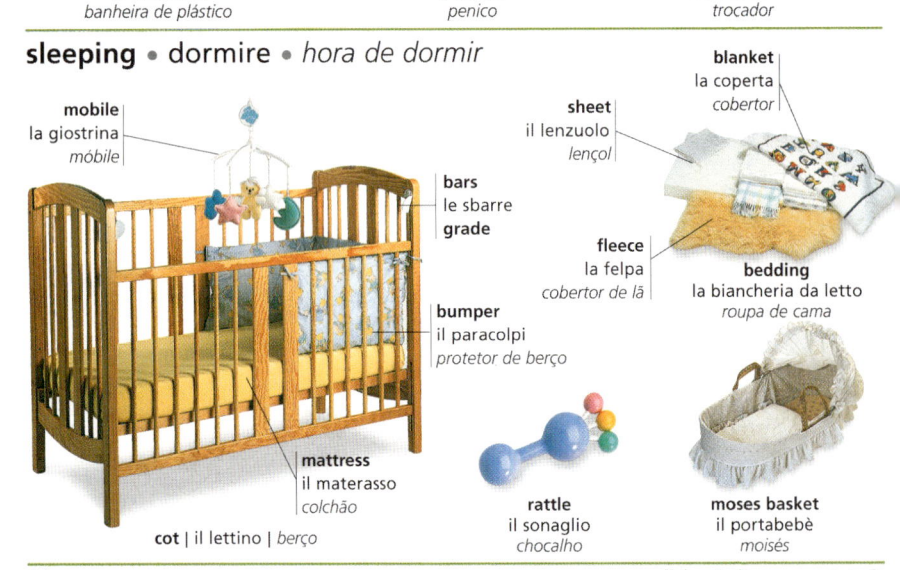

blanket
la coperta
cobertor

mobile
la giostrina
móbile

sheet
il lenzuolo
lençol

bars
le sbarre
grade

fleece
la felpa
cobertor de lã

bedding
la biancheria da letto
roupa de cama

bumper
il paracolpi
protetor de berço

mattress
il materasso
colchão

cot | il lettino | *berço*

rattle
il sonaglio
chocalho

moses basket
il portabebè
moisés

playing • ilgioco • *jogos*

doll
la bambola
boneca

soft toy
il giocattolo di pezza
boneco de pelúcia

doll's house
la casa delle bambole
casa de bonecas

playhouse
la casa da gioco
casinha de brinquedos

teddy bear
l'orsacchiotto
urso de pelúcia

toy
il giocattolo
brinquedo

toy basket
il cesto dei giocattoli
cesto de brinquedos

ball
la palla
bola

playpen
il box
cercadinho

safety • la sicurezza • *segurança*

child lock
il fermo di sicurezza
fechadura de segurança

baby monitor
l'interfono
babá eletrônica

stair gate
lo sbarramento
barreira de segurança

eating • il pasto • *comer*

high chair
il seggiolone
cadeirinha

teat
la tettarella
bico

drinking cup
la tazza
per bere
xícara

bottle
il biberon
mamadeira

going out • la passeggiata • *passeio*

pushchair
il passeggino
cadeira de passeio

hood
la capote
capota

pram
la carrozzina
carrinho

nappy
il pannolino
fralda

carrycot
la culla portatile
berço de carregar/cesto

changing bag
die Babytasche
sacola do bebê

baby sling
il marsupio
mochila para carregar bebê/canguru

utility room • la lavanderia • *área de serviço*

laundry • il bucato • *lavanderia*

dirty washing
i panni sporchi
roupa suja

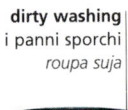

clean clothes
i vestiti puliti
roupa limpa

laundry basket
il cesto della
biancheria da lavare
cesto de roupa suja

washing machine
la lavatrice
lavadora

washer-dryer
la lavasciuga
lavadora-secadora

tumble dryer
l'asciugabiancheria
secadora

linen basket
il cesto della
biancheria pulita
*cesto de roupa
para passar*

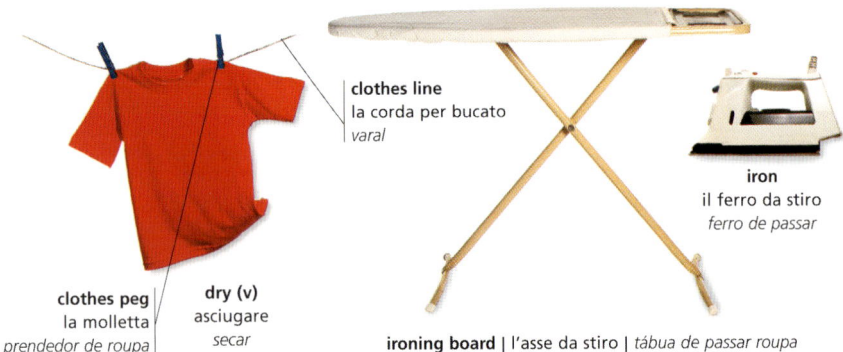

clothes line
la corda per bucato
varal

iron
il ferro da stiro
ferro de passar

clothes peg
la molletta
prendedor de roupa

dry (v)
asciugare
secar

ironing board | l'asse da stiro | *tábua de passar roupa*

vocabulary • vocabolario • *vocabulário*

load (v) caricare *carregar*	**spin (v)** centrifugare *centrifugar*	**iron (v)** stirare *passar a ferro*	**How do I operate the washing machine?** Come funziona la lavatrice? *Como funciona a lavadora?*
rinse (v) sciacquare *enxaguar*	**spin dryer** la centrifuga *centrífuga*	**conditioner** l'ammorbidente *amaciante*	**What is the setting for coloureds/whites?** Qual è il programma per i tessuti colorati/bianchi? *Como programar para roupa colorida/branca?*

cleaning equipment • gli accessori per la pulizia
• *equipamenti per la limpeza*

suction hose
il tubo di aspirazione
tubo do aspirador

brush
la spazzola
escova

dust pan
la paletta
pá de lixo

bleach
la varechina
água sanitária

bucket
il secchio
balde

powder
in polvere
sabão em pó

liquid
liquido
líquido

duster
lo spolverino
flanela

vacuum cleaner
l'aspirapolvere
aspirador de pó

mop
la scopa lavapavimenti
esfregão

detergent
il detergente
detergente

polish
la cera
cera

activities • le attività • *atividades*

clean (v)
pulire
limpar

wash (v)
lavare
lavar

wipe (v)
asciugare
enxugar

scrub (v)
fregare
esfregar

scrape (v)
raschiare
raspar

broom
der Besen
vassoura

sweep (v)
spazzare
varrer

dust (v)
spolverare
tirar o pó

polish (v)
lucidare
polir

workshop • il laboratorio • *oficina*

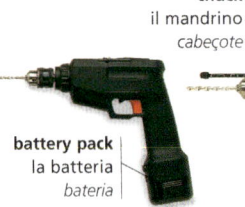

chuck
il mandrino
cabeçote

drill bit
la punta
broca

battery pack
la batteria
bateria

jigsaw
la sega da traforo
serra tico-tico

rechargeable drill
il trapano ricaricabile
furadeira recarregável

electric drill
il trapano elettrico
furadeira elétrica

glue gun
la pistola per colla
pistola de cola quente

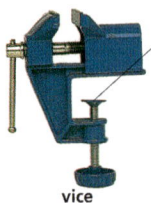

clamp
il morsetto
braçadeira

blade
la lama
lâmina

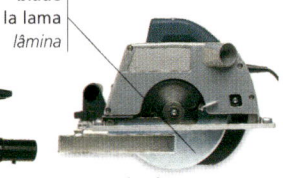

vice
la morsa
torno de bancada

sander
la levigatrice
lixadeira

circular saw
la sega circolare
serra circular

workbench
il banco da lavoro
bancada de trabalho

wood glue
la colla da legno
cola de madeira

router
la contornitrice
plaina

tool rack
la rastrelliera
per gli arnesi
*quadro de
ferramentas*

bit brace
il girabacchino
furadeira manual

wood shavings
i trucioli
aparas de madeira

extension lead
la prolunga
extensão

techniques • le tecniche • *técnicas*

cut (v)
tagliare
cortar

saw (v)
segare
serrar

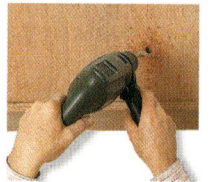

drill (v)
forare
furar

hammer (v)
martellare
martelar

plane (v) | piallare
aplainar

turn (v) | tornire
tornear

solder
la lega per saldatura
fio de estanho

carve (v) | incidere
talhar

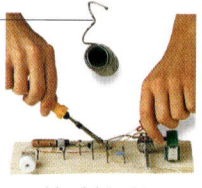

solder (v) | saldare
soldar

materials • i materiali • *materiais*

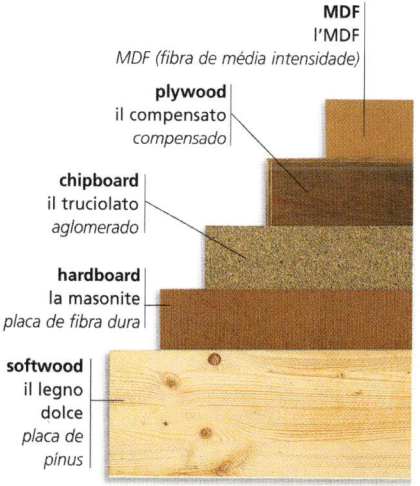

MDF
l'MDF
MDF (fibra de média intensidade)

plywood
il compensato
compensado

chipboard
il truciolato
aglomerado

hardboard
la masonite
placa de fibra dura

softwood
il legno
dolce
placa de pínus

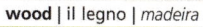

wood | il legno | *madeira*

hardwood
il legno duro
madeira de lei

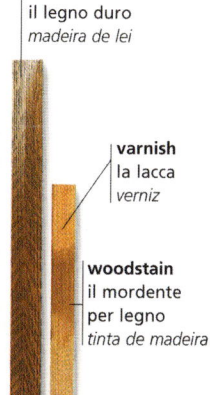

varnish
la lacca
verniz

woodstain
il mordente
per legno
tinta de madeira

wire
il filo
arame

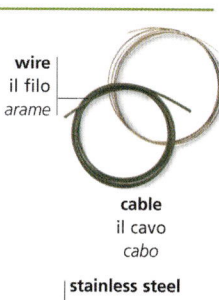

cable
il cavo
cabo

stainless steel
l'acciaio inossidabile
aço inoxidável

galvanised
zincato
galvanizado

metal | il metallo | *metal*

toolbox • la scatola degli attrezzi
• *caixa de ferramentas*

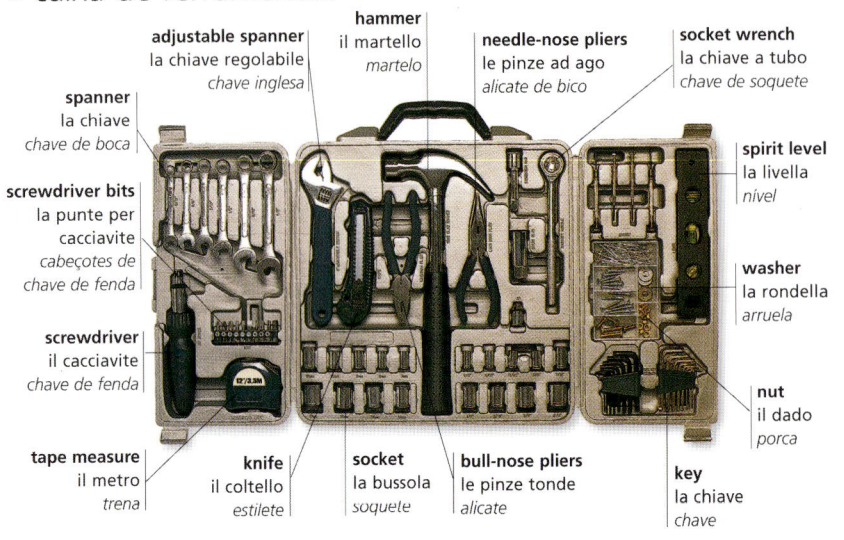

spanner
la chiave
chave de boca

screwdriver bits
la punte per
cacciavite
*cabeçotes de
chave de fenda*

screwdriver
il cacciavite
chave de fenda

tape measure
il metro
trena

adjustable spanner
la chiave regolabile
chave inglesa

hammer
il martello
martello

knife
il coltello
estilete

socket
la bussola
soquete

needle-nose pliers
le pinze ad ago
alicate de bico

bull-nose pliers
le pinze tonde
alicate

socket wrench
la chiave a tubo
chave de soquete

spirit level
la livella
nível

washer
la rondella
arruela

nut
il dado
porca

key
la chiave
chave

drill bits • le punte • *brocas*

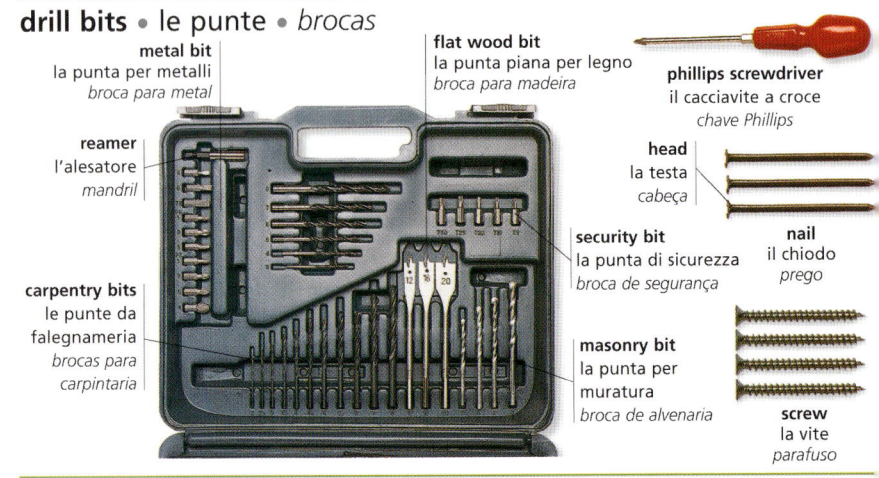

metal bit
la punta per metalli
broca para metal

reamer
l'alesatore
mandril

carpentry bits
le punte da
falegnameria
*brocas para
carpintaria*

flat wood bit
la punta piana per legno
broca para madeira

security bit
la punta di sicurezza
broca de segurança

masonry bit
la punta per
muratura
broca de alvenaria

phillips screwdriver
il cacciavite a croce
chave Phillips

head
la testa
cabeça

nail
il chiodo
prego

screw
la vite
parafuso

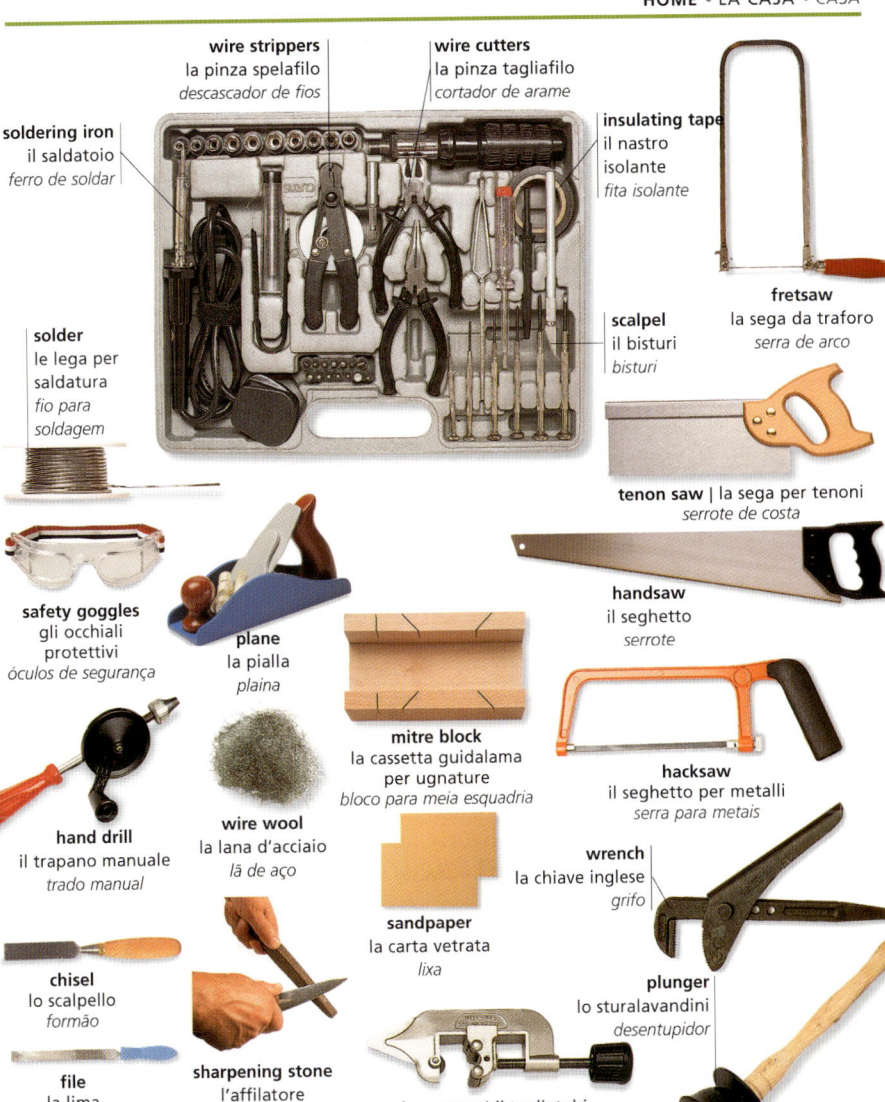

wire strippers
la pinza spelafilo
descascador de fios

wire cutters
la pinza tagliafilo
cortador de arame

insulating tape
il nastro
isolante
fita isolante

soldering iron
il saldatoio
ferro de soldar

fretsaw
la sega da traforo
serra de arco

scalpel
il bisturi
bisturi

solder
le lega per
saldatura
*fio para
soldagem*

tenon saw | la sega per tenoni
serrote de costa

handsaw
il seghetto
serrote

safety goggles
gli occhiali
protettivi
óculos de segurança

plane
la pialla
plaina

mitre block
la cassetta guidalama
per ugnature
bloco para meia esquadria

hacksaw
il seghetto per metalli
serra para metais

hand drill
il trapano manuale
trado manual

wire wool
la lana d'acciaio
lã de aço

wrench
la chiave inglese
grifo

sandpaper
la carta vetrata
lixa

chisel
lo scalpello
formão

plunger
lo sturalavandini
desentupidor

file
la lima
lima

sharpening stone
l'affilatore
pedra de afiar

pipe cutter | il tagliatubi
cortador de cano

decorating • la decorazione • *decoração*

scissors
le forbici
tesoura

craft knife
il coltello da pacchi
estilete

plumb line
il filo a piombo
fio de prumo

scraper
il raschietto
espátula

decorator
il decoratore
pintor

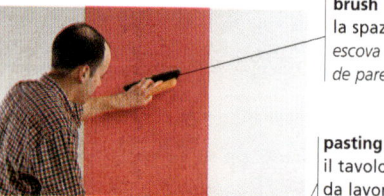

wallpaper brush
la spazzola
escova de papel de parede

pasting table
il tavolo da lavoro
mesa de colagem

pasting brush
il pennello da colla
pincel de colar

wallpaper
la carta da parati
papel de parede

stepladder
la scala a libretto
escada articulada

wallpaper paste
la colla da parati
cola de papel de parede

bucket
il secchio
balde

wallpaper (v) | tappezzare | *cobrir com papel de parede*

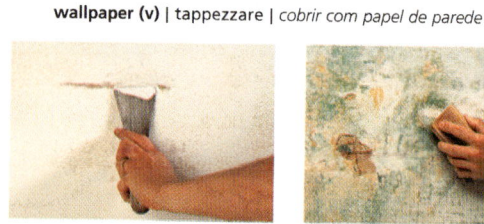

strip (v) | staccare | *arrancar*

fill (v) | otturare | *preencher*

sand (v) | scartavetrare | *lixar*

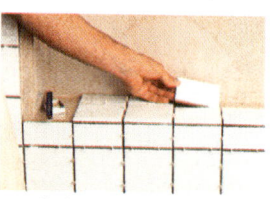

plaster (v) | intonacare | *rebocar*

hang (v) | incollare
colar papel de parede

tile (v) | piastrell | *azulejar*

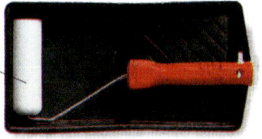

roller
il rullo
rolo

paint tray
la vaschetta per la vernice
bandeja para pintura

paint
la vernice
tinta

brush
il pennello
pincel

sponge
la spugna
esponja

masking tape
il nastro adesivo
coprente
fita crepe

sandpaper
la carta
vetrata
lixa

paint tin
il barattolo
di vernice
lata de tinta

overalls
la tuta
macacão

turpentine
la trementina
aguarrás

dustsheet
il telo di protezione
folha de proteção

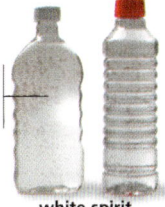

paint (v) | dipingere | *pintar*

filler
lo stucco
massa para vedação

white spirit
l'acquaragia
diluentes

---

vocabulary • vocabolario • *vocabulário*

plaster l'intonaco *gesso*	**gloss** lucido *brilhante*	**embossed paper** la carta a rilievo *papel com relevo*	**undercoat** la mano di fondo *primeira demão*	**sealant** il sigillante *selante*
varnish la vernice trasparente *verniz*	**mat** opaco *fosco*	**lining paper** la carta di fondo *papel de revestimento*	**top coat** la mano finale *última demão*	**solvent** il solvente *solvente*
emulsion la pittura *pintura à água*	**stencil** lo stampino *molde*	**primer** la vernice di base *cor de fundo*	**preservative** il conservante *conservante*	**grout** la malta *reboco*

garden • il giardino • *jardim*

garden styles • i tipi di giardino • *estilos de jardim*

garden features
• gli ornamenti per il giardino •
elementos de jardim

patio garden | il giardino a patio | *jardim de quintal*

roof garden
il giardino pensile
jardim suspenso

hanging basket
il cesto sospeso
vaso suspenso

formal garden | il giardino all'italiana
jardim clássico

rock garden
il giardino di rocce
jardim com pedras

trellis | il graticcio | *treliça*

courtyard | il cortile
quintal

cottage garden
il giardino all'inglese
jardim campestre

herb garden
il giardino di erbe
jardim com herbáceas

water garden
il giardino acquatico
jardim aquático

pergola
la pergola
pérgula

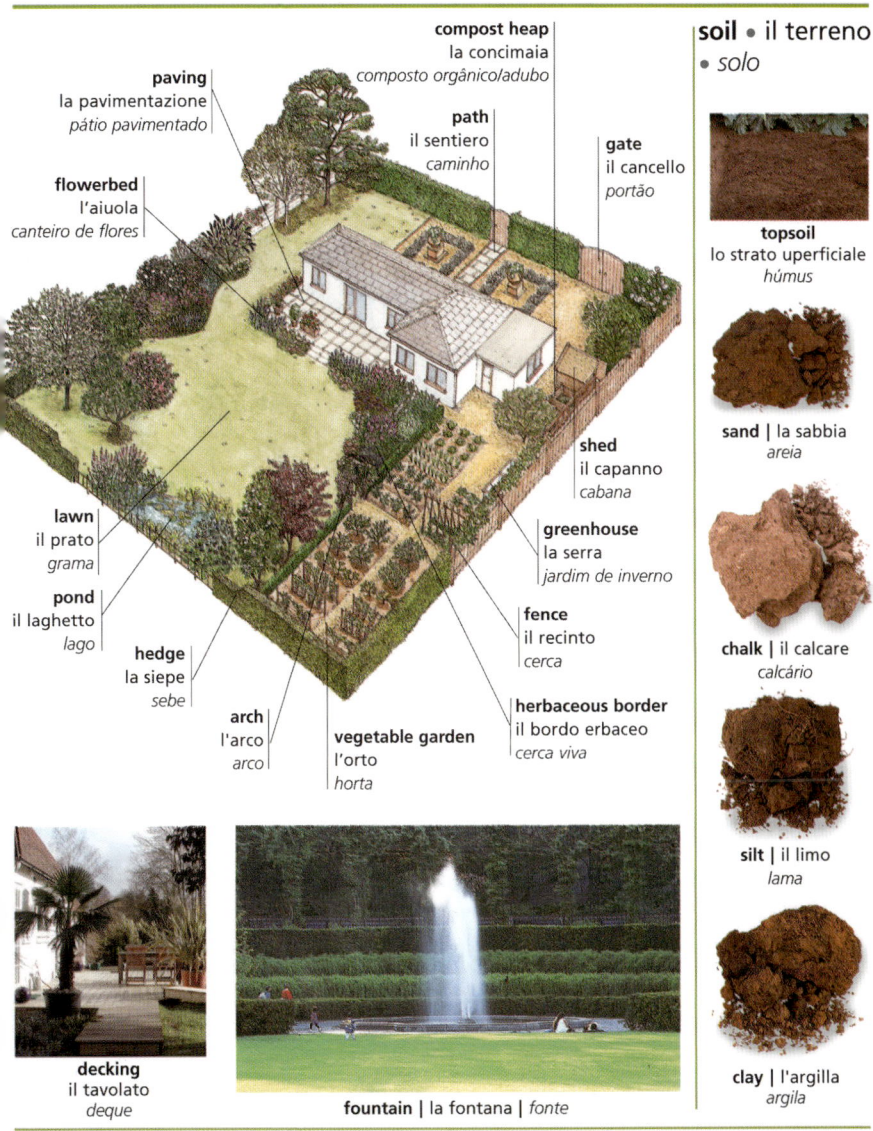

compost heap
la concimaia
composto orgânico/adubo

paving
la pavimentazione
pátio pavimentado

path
il sentiero
caminho

gate
il cancello
portão

flowerbed
l'aiuola
canteiro de flores

shed
il capanno
cabana

lawn
il prato
grama

greenhouse
la serra
jardim de inverno

pond
il laghetto
lago

fence
il recinto
cerca

hedge
la siepe
sebe

herbaceous border
il bordo erbaceo
cerca viva

arch
l'arco
arco

vegetable garden
l'orto
horta

decking
il tavolato
deque

fountain | la fontana | *fonte*

soil • il terreno
• *solo*

topsoil
lo strato uperficiale
húmus

sand | la sabbia
areia

chalk | il calcare
calcário

silt | il limo
lama

clay | l'argilla
argila

garden plants • le piante da giardino • *plantas de jardim*

types of plants • i tipi di piante • *tipos de plantas*

annual
annuale
ciclo anual

biennial
biennale
ciclo bienal

perennial
perenne
perene

bulb
il bulbo
bulbo

fern
la felce
samambaia

rush
il giunco
junco

bamboo
il bambù
bambu

weeds
le erbacce
ervas daninhas

herb
l'erba aromatica
erva

water plant
la pianta acquatica
planta aquática

tree
l'albero
árvore

palm
la palma
palmeira

conifer
la conifera
conífera

evergreen
sempreverde
folha perene

deciduous
a foglie caduche
folhas caídas

topiary
l'arte topiaria
plantas podadas

alpine
le piante da roccia
planta alpina

succulent
la pianta grassa
planta suculenta

cactus
il cactus
cáctus

potted plant
la pianta da vaso
planta de vaso

shade plant
la pianta d'ombra
planta sombrífera

climber
il rampicante
trepadeira

flowering shrub
l'arbusto da fiore
arbusto florido

ground cover
la pianta copriterreno
planta para proteger o solo

creeper
la pianta strisciante
planta rasteira

ornamental
ornamentale
ornamental

grass
l'erba
grama

garden tools • gli attrezzi da giardino
● *ferramentas de jardinagem*

lawn rake
la scopa di ferro
rastelo para grama

compost
il terriccio
composto

seeds
i semi
sementes

bone meal
la farina di ossa
farinha de osso

spade
la vanga
pá

fork
il forcone
garfo

long-handled shears
le forbici tagliabordi
podadoras de cabo longo

rake
il rastrello
ancinho

hoe
la zappa
enxada

gravel
la ghiaia
cascalho

grass bag
il raccoglierba
bolsa para grama cortada

motor
il motore
motor

handle
il manico
cabo

trug
il cestello
cesta de jardineiro

shield
la protezione
proteção

stand
il sostegno
suporte

trimmer
il tagliabordi
aparador de grama

lawnmower
il tosaerba
cortador de grama

wheelbarrow
la carriola
carrinho de mão

english • **italiano** • *português*

hand fork
la forchetta
garfo de mão

trowel
la paletta
pá transplantadora

secateurs
la cesoia
tesoura de podar

gardening gloves
i guanti da giardinaggio
luvas para jardinagem

twine
lo spago
fio de barbante

labels
le etichette
etiquetas

blade
la lama
lâmina

seed tray
il semenzaio
bandeja de semente

twist ties
le fettucce
arame

ring ties
gli anelli
argolas

canes
le canne
varas

shears
le forbici da giardino
tesoura de corte/poda

sieve
il setaccio
peneira

hand saw
la sega
serra de mão

pesticide
il pesticida
pesticida

plant pot
il vaso da fiori
vaso de planta

rubber boots
le galosce
botas de borracha

watering • l'annaffiatura • *irrigação*

spray gun
il diffusore
pulverizador

sprinkler
l'irrigatore
irrigador

nozzle
il becco
bocal

watering can
l'annaffiatoio
regador

hosepipe
la pompa da giardino
mangueira

rose
la rosa
crivo do regador

hose reel | l'avvolgitubo
enrolador de mangueira

gardening • il giardinaggio • *jardinagem*

lawn
il prato
grama

hedge
la siepe
sebe

flowerbed
l'aiuola
canteiro de flores

lawnmower
il tosaerba
cortador de grama

stake
il tutore
estaca

mow (v) | tagliare l'erba | *cortar a grama*

turf (v)
ricoprire di zolle erbose
colocar grama

spike (v)
inforcare
fazer buracos com forcado

rake (v)
rastrellare
rastelar

trim (v)
spuntare
podar

dig (v)
scavare
cavar

sow (v)
seminare
semear

top dress (v)
concimare a spandimento
adubar o solo

water (v)
annaffiare
regar

cane
la canna
estaca

train (v)
far crescere
estruturar plantas

deadhead (v)
togliere i fiori appassiti
tirar as flores mortas

spray (v)
spruzzare
pulverizar

graft (v)
innestare
enxertar

cutting
la talea
muda de planta

propagate (v)
propagare
multiplicar

prune (v)
potare
podar

stake (v)
legare a un tutore
apoiar com estaca

transplant (v)
trapiantare
transplantar

weed (v)
sradicare le erbacce
escavar

mulch (v)
coprire con strato protettivo
cobrir a terra

harvest (v)
raccogliere
colher

vocabulary • vocabolario • *vocabulário*

cultivate (v) coltivare *cultivar*	**landscape (v)** architettare *desenvolver paisagismo*	**fertilize (v)** concimare *adubar*	**sieve (v)** setacciare *peneirar*	**organic** biologico *orgánico*	**seedling** il semenzale *muda*	**subsoil** il sottosuolo *subsolo*
tend (v) curare *cuidar*	**pot up (v)** invasare *plantar em vaso*	**pick (v)** cogliere *colher*	**aerate (v)** aerare *afofar*	**drainage** lo scolo *drenagem*	**fertilizer** il concime *fertilizante*	**weedkiller** il diserbante *herbicida*

services
i servizi
serviços

emergency services • i servizi di emergenza
• serviços de emergência

ambulance • l'ambulanza • ambulância

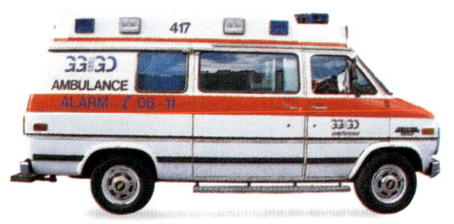

stretcher
la barella
maca

ambulance | l'ambulanza | *ambulância*

paramedic | il paramedico | *paramédico*

police • la polizia • polícia

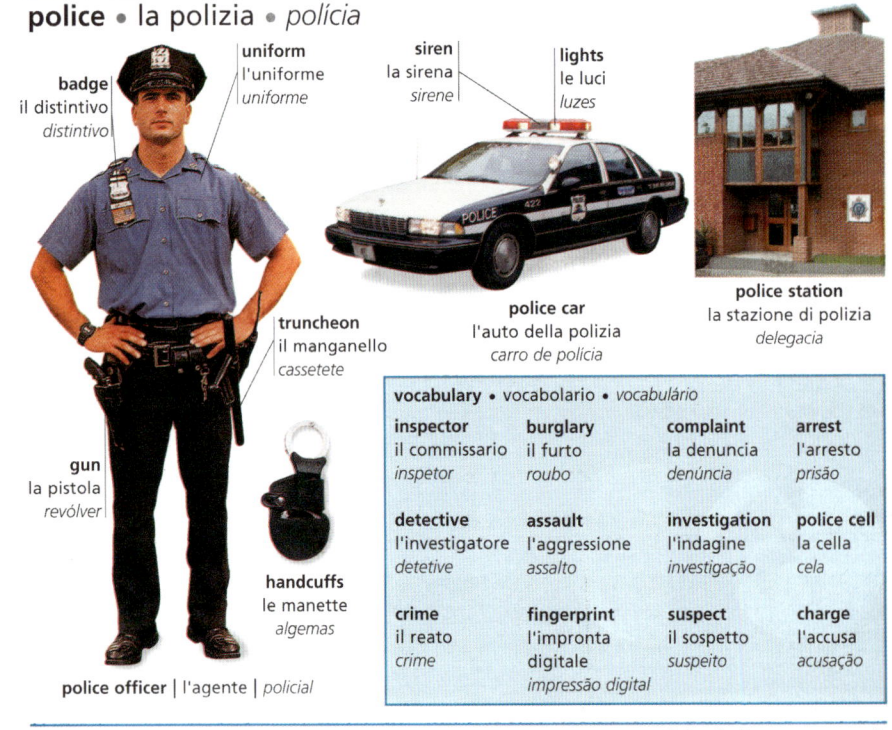

badge
il distintivo
distintivo

uniform
l'uniforme
uniforme

siren
la sirena
sirene

lights
le luci
luzes

truncheon
il manganello
cassetete

gun
la pistola
revólver

handcuffs
le manette
algemas

police officer | l'agente | *policial*

police car
l'auto della polizia
carro de policia

police station
la stazione di polizia
delegacia

vocabulary • vocabolario • *vocabulário*

inspector il commissario *inspetor*	**burglary** il furto *roubo*	**complaint** la denuncia *denúncia*	**arrest** l'arresto *prisão*
detective l'investigatore *detetive*	**assault** l'aggressione *assalto*	**investigation** l'indagine *investigação*	**police cell** la cella *cela*
crime il reato *crime*	**fingerprint** l'impronta digitale *impressão digital*	**suspect** il sospetto *suspeito*	**charge** l'accusa *acusação*

fire brigade • i vigili del fuoco • *bombeiros*

smoke
il fumo
fumaça

helmet
il casco
capacete

hose
l'idrante
mangueira

fire fighters
i vigili del fuoco
bombeiros

cradle
la gabbia
cesto

water jet
il getto
d'acqua
jato de água

cab
la cabina
cabine

boom
il braccio
braço

ladder
la scala
escada

fire | der Brand | *incêndio*

fire station
la caserma dei vigili
del fuoco
corpo de bombeiros

fire escape
la scala di sicurezza
saída de incêndios

fire engine
l'autopompa
carro de bombeiros

smoke alarm
allarme antifumo
detector de fumaça

fire alarm
l'allarme antincendio
alarme anti-incêndio

axe
l'ascia
machado

fire extinguisher
l'estintore
extintor

hydrant
l'idrante
hidrante

I need the police/fire brigade/ambulance. Ho bisogno della polizia/dei vigili del fuoco/di un'ambulanza. *Preciso da polícia/dos bombeiros/ de uma ambulância.*	**There's a fire at...** C'è un incendio a... *Há um incêndio em...*	**There's been an accident.** C'è stato un incidente. *Ocorreu um acidente.*	**Call the police!** Chiamate la polizia! *Chame a polícia!*

bank • la banca • *banco*

customer
il cliente
cliente

window
lo sportello
guichê

cashier
il cassiere
caixa

leaflets
i dépliants
folhetos

counter
il banco
balcão

paying-in slips
i moduli di versamento
guias de depósito

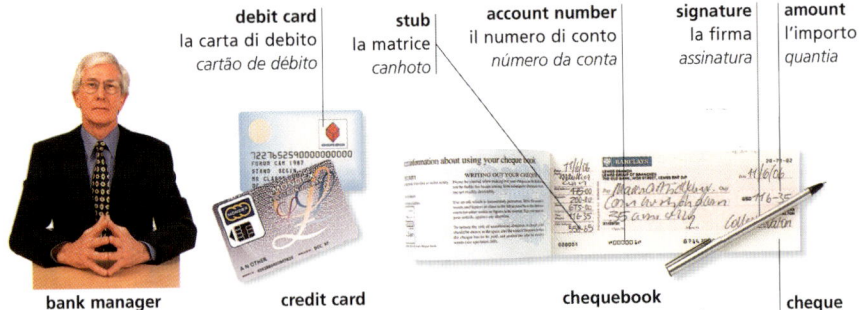

debit card
la carta di debito
cartão de débito

stub
la matrice
canhoto

account number
il numero di conto
número da conta

signature
la firma
assinatura

amount
l'importo
quantia

bank manager
il direttore
gerente de banco

credit card
la carta di credito
cartão de crédito

chequebook
il libretto degli assegni
talão de cheques

cheque
l'assegno
cheque

vocabulary • vocabolario • *vocabulário*

savings i risparmi *poupanças*	**mortgage** l'ipoteca *hipoteca*	**payment** il pagamento *pagamento*	**interest rate** il tasso d'interesse *taxa de juros*	**current account** il conto corrente *conta-corrente*
tax l'imposta *impostos*	**overdraft** lo scoperto *falta de fundo*	**withdrawal slip** il modulo di prelievo *guia de retirada*	**pin number** il pin *número de identificação pessoal de conta*	**savings account** il conto di risparmio *caderneta de poupança*
loan il prestito *empréstimo*	**pay in (v)** versare *depositar*	**direct debit** l'addebito diretto *débito em conta-corrente*	**bank transfer** il bonifico bancario *transferência bancária*	**bank charge** la commissione bancaria *taxa bancária*

coin
la moneta
moeda

note
la banconota
nota

screen
lo schermo
tela

key pad
la tastiera
teclado

card slot
la fessura
per la carta
entrada do cartão

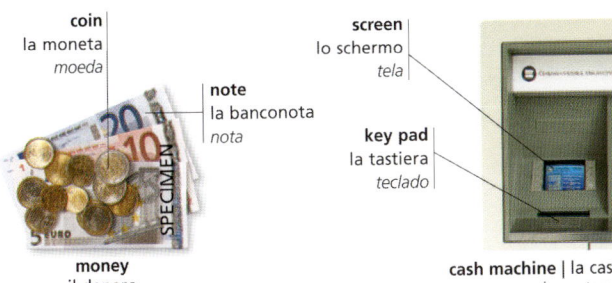

money
il denaro
dinheiro

cash machine | la cassa automatica
caixa automático

foreign currency • la valuta estera
• *moeda estrangeira*

traveller's cheque
il travel cheque
cheque de viagem

bureau de change
l'ufficio di cambio
agência de câmbio

exchange rate
il tasso di cambio
taxa de câmbio

finance • la finanza • *finanças*

share price
il corso per
azione
valor das ações

stockbroker
il broker
corretor

financial advisor
la consulente finanziaria
assistente financeira

stock exchange | la borsa valori
bolsa de valores

---

vocabulary • vocabolario • *vocabulário*

cash (v) incassare *receber*	**shares** le azioni *ações*
denomination la denominazione *nominal*	**dividends** i dividendi *dividendos*
commission la commissione *comissão*	**accountant** il contabile *contador*
investment l'investimento *investimento*	**portfolio** il portafoglio *portfólio*
stocks i titoli *ações*	**equity** il capitale netto *patrimônio liquido*

Can I change this please?
Posso cambiare questo?
Poderia me trocar isto, por favor?

What's today's exchange rate?
Qual è il tasso di cambio oggi?
Qual a taxa de câmbio hoje?

---

english • italiano • *português*

communications • le comunicazioni • *comunicações*

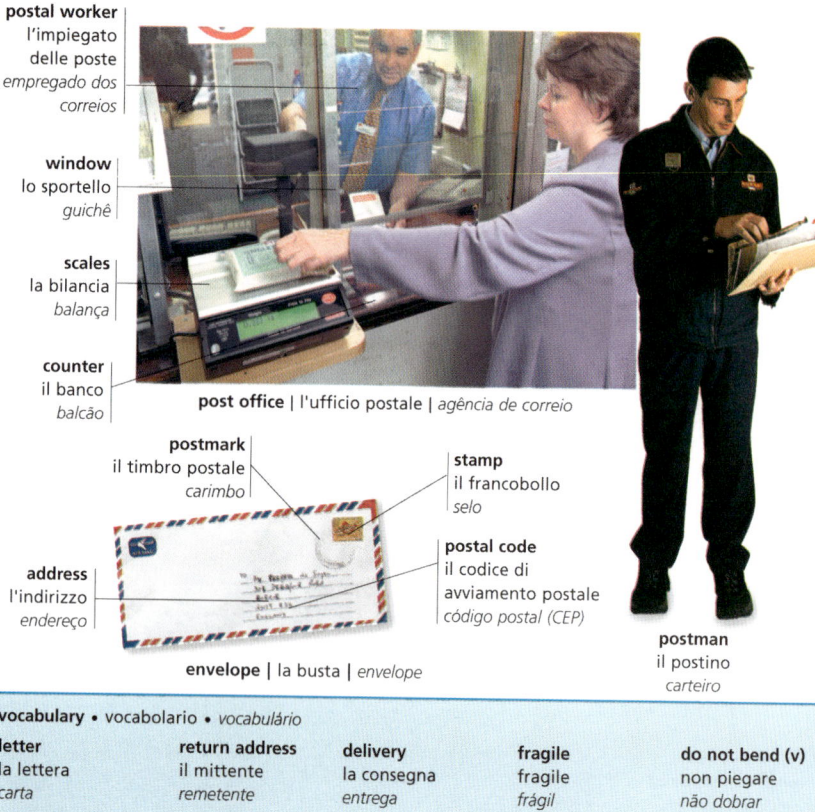

postal worker
l'impiegato
delle poste
*empregado dos
correios*

window
lo sportello
guichê

scales
la bilancia
balança

counter
il banco
balcão

post office | l'ufficio postale | *agência de correio*

postmark
il timbro postale
carimbo

stamp
il francobollo
selo

postal code
il codice di
avviamento postale
código postal (CEP)

address
l'indirizzo
endereço

envelope | la busta | *envelope*

postman
il postino
carteiro

vocabulary • vocabolario • *vocabulário*

letter la lettera *carta*	**return address** il mittente *remetente*	**delivery** la consegna *entrega*	**fragile** fragile *frágil*	**do not bend (v)** non piegare *não dobrar*
by airmail posta aerea *via aérea*	**signature** la firma *assinatura*	**postage** l'affrancatura *franquia*	**mailbag** il sacco postale *mala postal*	**this way up** alto *este lado para cima*
registered post la posta raccomandata *carta registrada*	**collection** la raccolta *retirada*	**postal order** il vaglia postale *ordem postal*	**telegram** il telegramma *telegrama*	**fax** il fax *fax*

postbox
la buca delle lettere
caixa de correio

letterbox
la cassetta delle lettere
caixa de correspondência

parcel
il pacco
pacote

courier
il corriere
courier

telephone • il telefono • *telefone*

handset
il ricevitore
aparelho

base station
la base
estação base

cordless phone
il telefono senza fili
telefone sem fio

answering machine
la segreteria telefonica
secretária eletrônica

video phone
il videotelefono
videofone

telephone box
la cabina telefonica
cabine telefônica

keypad
la tastiera
teclado

mobile phone
il telefonino
telefone celular

receiver
il ricevitore
receptor

coin return
le monete non utilizzate
devolução de moedas

coin phone
il telefono a monete
telefone de moeda

card phone
il telefono a scheda
telefone de cartão

---

vocabulary • **vocabolario** • *vocabulário*

directory enquiries
il servizio informazioni
abbonati
informação telefônica

reverse charge call
la chiamata a carico del
destinatario
chamada a cobrar

dial (v)
comporre
discar

answer (v)
rispondere
responder

text message
il messaggio di testo
mensagem de texto

voice message
il messaggio vocale
mensagem de voz

operator
l'operatore
telefonista

engaged/busy
occupato
ocupado

disconnected
staccato
desconectado

**Can you give me the
number for...?**
Può darmi il numero per...?
Poderia me fornecer o número...?

What is the dialling code for...?
Qual è il prefisso per...?
Qual o prefixo para ligar para...?

---

hotel • l'albergo • *hotel*
lobby • l'ingresso • *atendimento*

guest
l'ospite
hóspede

room key
la chiave della camera
chave do quarto

messages
i messaggi
mensagens

pigeonhole
la casella
escaninho

receptionist
l'addetta alla ricezione
recepcionista

register
il registro
registro

counter
il banco
balcão

reception | la ricezione | *recepção*

luggage
il bagaglio
bagagem

trolley
il carrello
carrinho

porter | il facchino
carregador

lift | l'ascensore | *elevador*

room number
il numero della camera
número do quarto

rooms • le camere • *quartos*

single room
la camera singola
quarto individual

double room
la camera doppia
quarto para casal

twin room
la camera a due letti
quarto com duas camas individuais

private bathroom
il bagno privato
banheiro privativo

services • i servizi • *serviços*

maid service
il servizio di pulizia
serviço de limpeza

laundry service
il servizio di lavanderia
serviço de lavanderia

breakfast tray
il vassoio della colazione
bandeja do café da manhã

room service | il servizio in camera
serviço de quarto

mini bar
il minibar
minibar

restaurant
il ristorante
restaurante

gym
la palestra
academia

swimming pool
la piscina
piscina

vocabulary • vocabolario • *vocabulário*

full board
la pensione completa
pensão completa

half board
la mezza pensione
meia pensão

bed and breakfast
la pensione
con colazione
*quarto com café
da manhã incluso*

Do you have any vacancies?
Avete una camera libera?
Há algum apartamento livre?

I have a reservation.
Ho una prenotazione.
Tenho uma reserva.

I'd like a single room.
Vorrei una camera singola.
Quero um apartamento de solteiro.

I'd like a room for three nights.
Vorrei una camera per tre notti.
Quero um apartamento para três dias.

What is the charge per night?
Quanto costa la camera a notte?
Qual o preço por um dia?

When do I have to vacate the room?
Quando devo lasciare la stanza?
Quando devo deixar o apartamento?

shopping
gli acquisti
compras

shopping centre • il centro commerciale • *shopping center*

atrium
l'atrio
átrio

sign
l'insegna
painel

lift
l'ascensore
elevador

second floor
il secondo piano
segundo andar

first floor
il primo piano
primeiro andar

escalator
la scala mobile
escada rolante

ground floor
il piano terra
andar térreo

customer
il cliente
cliente

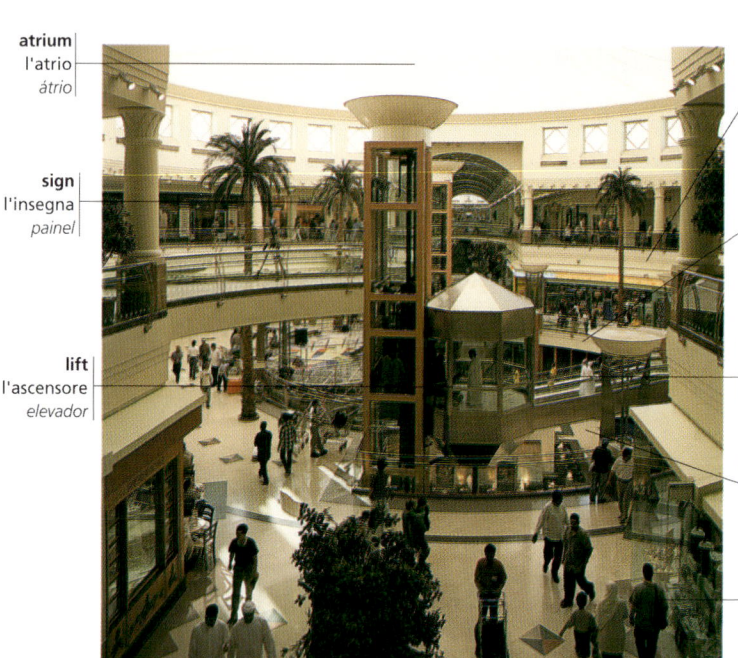

vocabulary • vocabolario • *vocabulário*

shoe department
il reparto calzature
seção de calçados

children's department
il reparto bambini
seção infantil

luggage department
il reparto bagagli
seção de bagagem

store directory
la guida al negozio
gerência

sales assistant
il commesso
vendedor

customer services
l'assistenza ai clienti
serviço ao cliente

changing rooms
i camerini
provadores

toilets
le toilettes
sanitários

baby changing facilities
spazio con fasciatoio
fraldário

How much is this?
Quanto costa questo?
Quanto custa?

May I exchange this?
Posso cambiare questo?
Posso trocar a mecadoria?

department store • il grande magazzino • *loja de departamento*

men's wear
l'abbigliamento
da uomo
moda masculina

women's wear
l'abbigliamento
da donna
moda feminina

lingerie
la biancheria intima
lingerie

perfumery
la profumeria
perfumaria

beauty
la bellezza
produtos de beleza

linen
la biancheria
cama, mesa e banho

home furnishings
l'arredamento per
la casa
móveis para o lar

haberdashery
la merceria
armarinho

kitchenware
gli articoli da cucina
artigos de cozinha

china
la porcellana
louças e porcelana

electrical goods
gli articoli elettronici
aparelhos elétricos

lighting
l'illuminazione
iluminação

sports
gli articoli sportivi
artigos esportivos

toys
i giocattoli
seção de brinquedos

stationery
la cancelleria
papelaria

food hall
il reparto alimentari
supermercado

supermarket • il supermercato • *supermercato*

conveyer belt
il nastro
convogliatore
esteira

cashier
il cassiere
caixa

offers
le offerte
ofertas

aisle
la corsia
corredor

shelf
lo scaffale
gôndola

checkout | la cassa | *caixa*

customer
il cliente
cliente

till
la cassa
caixa registradora

shopping bag
la busta della
spesa
sacola de compras

groceries
la spesa
compras

handle
il manico
alça

780863 185779

bar code
il codice a barre
código de barras

trolley | il carrello
carrinho de compras

basket | il cestino
cesta

scanner | il lettore ottico
leitor óptico

bakery
la panetteria
padaria

dairy
i latticini
laticínios

cereals
i cereali da colazione
cereais

tinned food
lo scatolame
conservas

confectionery
i dolci
confeitaria

vegetables
le verdure
verduras e legumes

fruit
la frutta
frutas

meat and poultry
la carne e il
pollame
carne bovina e aves

fish
il pesce
peixes

deli
la salumeria
embutidos

frozen food
i surgelati
congelados

convenience food
i cibi pronti
pratos congelados

drinks
le bibite
bebidas

household products
i casalinghi
produtos de limpeza

toiletries
gli articoli da
toilette
artigos de higiene

baby products
i prodotti per
bambini
artigos para bebê

electrical goods
gli articoli
elettrici
eletrodomésticos

pet food
il cibo
per animali
ração para animais

magazines | le riviste | *revistas*

chemist • la farmacia • *farmácia*

dental care
i prodotti
per i denti
cuidados dentais

feminine hygiene
l'igiene femminile
higiene feminina

deodorants
i deodoranti
desodorantes

vitamins
le vitamine
vitaminas

dispensary
il dispensario
*medicamentos
em exposição*

pharmacist
il farmacista
farmacêutico

cough medicine
la medicina
per la tosse
xarope para tosse

herbal remedies
i rimedi fitoterapici
remédios medicinais

skin care
i prodotti per la pelle
cuidados com a pele

aftersun
il doposole
loção pós-sol

sunscreen
la crema schermo
protetor solar

sunblock
la crema schermo totale
bloqueador solar

insect repellent
l'insettifugo
repelente

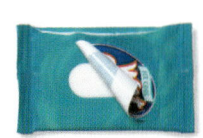

wet wipe
la salviettina umidificata
lenços umedecidos

tissue
il fazzolettino
lenço de papel

sanitary towel
l'assorbente
absorvente

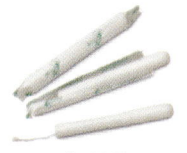

tampon
il tampone
absorvente interno

panty liner
il salvaslip
protetor de calcinha

english • italiano • *português*

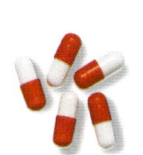
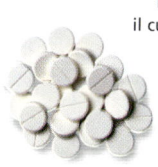

measuring spoon
il cucchiaio dosatore
colher dosadora

instructions
le istruzioni
instruções

capsule
la capsula
cápsula

pill
la compressa
pilula

syrup
lo sciroppo
xarope

inhaler
l'inalatore
inalador

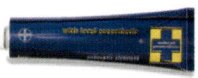
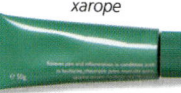
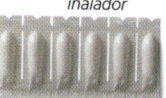

cream
la pomata
creme

ointment
l'unguento
pomada

gel | il gel | *gel*

suppository
la supposta
supositório

dropper
il contagocce
conta-gotas

needle
l'ago
agulha

drops
le gocce
gotas

syringe
la siringa
seringa

spray
lo spray
spray

powder
la polvere
pós

---

vocabulary • vocabolario • *vocabulário*

iron il ferro *ferro*	**multivitamins** la multivitamina *complexo vitamínico*	**disposable** monouso *descartável*	**medicine** la medicina *remédio*	**painkiller** l'antidolorifico *analgésico*
calcium il calcio *cálcio*	**side-effects** gli effetti collaterali *efeitos colaterais*	**soluble** solubile *solúvel*	**laxative** il lassativo *laxante*	**sedative** il sedativo *sedativo*
magnesium il magnesio *magnésio*	**expiry date** la data di scadenza *data de vencimento*	**dosage** il dosaggio *dose*	**diarrhoea** la diarrea *diarreia*	**sleeping pill** il sonnifero *pílula para dormir*
insulin l'insulina *insulina*	**travel sickness pills** le pasticche antinausea *pílulas para enjoo*	**medication** il medicamento *medicação*	**throat lozenge** la pasticca per la gola *pastilha para a garganta*	**anti-inflammatory** l'antinfiammatorio *anti-inflamatório*

---

florist • il fioraio • *floricultura*

flowers
i fiori
flores

lily
il giglio
lírio

acacia
l'acacia
acácia

carnation
il garofano
cravo

pot plant
la pianta
da vaso
planta de vaso

gladiolus
il gladiolo
gladiolo

iris
l'iris
íris

daisy
la margherita
margarida

chrysanthemum
il crisantemo
crisântemo

gypsophila
la gipsofila
gipsófila

stocks
la violacciocca
aleli

gerbera
la gerbera
gérbera

foliage
il fogliame
folhagem

rose
la rosa
rosa

freesia
la fresia
frésia

english • italiano • *portuguê*

vase
il vaso
vaso

orchid
l'orchidea
orquídea

peony
la peonia
peônia

bunch
il mazzetto
ramalhete

stem
lo stelo
caule

daffodil
il narciso
narciso

bud
il bocciolo
botão

wrapping
l'incarto
embalagem

tulip | il tulipano | *tulipa*

arrangements • gli arrangiamenti
• *arranjos*

ribbon
il nastro
fita

bouquet
il mazzo di fiori
buquê

dried flowers
i fiori secchi
flores secas

pot-pourri | il pot-pourri | *sortido*

wreath | la corona | *coroa*

garland
la ghirlanda
guirlanda

Can I have a bunch of… please?
Mi dà un mazzo di…
per favore?
Poderia me fazer um buquê de…,
por favor?

Can I have them wrapped?
Me li può incartare?
Poderia fazê-lo com embalagem?

Can I attach a message?
Posso allegare un messaggio?
Poderia anexar uma mensagem?

Can you send them to….?
Li può mandare a…?
Pode enviá-las a…?

How long will these last?
Quanto dureranno?
Quanto tempo estas
durarão?

Are they fragrant?
Sono profumati?
As flores têm perfume?

newsagent • l'edicola • *jornaleiro*

cigarettes
le sigarette
cigarros

packet of cigarettes
il pacchetto di sigarette
maço de cigarros

matches
i fiammiferi
fósforo

lottery tickets
i biglietti della lotteria
bilhetes de loteria

stamps
i francobolli
selos

postcard
la cartolina
cartão-postal

comic
il giornalino a fumetti
revista em quadrinhos

magazine
la rivista
revista

newspaper
il giornale
jornal

smoking • fumare • *fumar*

tobacco
il tabacco
tabaco

lighter
l'accendino
isqueiro

stem
il bocchino
tubo

bowl
il fornello
fornilho

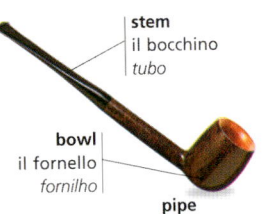

pipe
la pipa
cachimbo

cigar
il sigaro
charuto

confectioner • il confettiere • *confeiteiro*

box of chocolates
la scatola di cioccolatini
caixa de bombons

snack bar
la merendina
barras de guloseimas

chips
le patatine
batatas fritas

sweet shop | il negozio di dolciumi | *loja de doces e guloseimas*

vocabulary box

vocabulary • vocabolario • *vocabulário*	
milk chocolate il cioccolato al latte *chocolate ao leite*	**caramel** il caramello *bala*
plain chocolate il cioccolato fondente *chocolate amargo*	**truffle** il tartufo *trufa*
white chocolate il cioccolato bianco *chocolate branco*	**biscuit** il biscotto *biscoito*
pick and mix la caramelle assortite *doces sortidos*	**boiled sweets** le caramelle *balas*

confectionery • i dolciumi • *confeitos*

chocolate
il cioccolatino
bombom

chocolate bar
la tavoletta di cioccolata
barra de chocolate

sweets
le caramelle
balas

lollipop
il lecca lecca
pirulito

toffee
la caramella mou
bala toffee

nougat
il torrone
torrone

marshmallow
la caramella gommosa
marshmallow

mint
la mentina
pastilha de menta

chewing gum
la gomma da masticare
goma de mascar

jellybean
le caramella di gelatina
jujuba

fruit gum
la caramella alla frutta
bala de goma

licquorice
la liquirizia
alcaçuz

other shops • gli altri negozi • *outros estabelecimentos*

baker's
il panificio
padaria

cake shop
la pasticceria
confeitaria

butcher's
la macelleria
açougue

fishmonger's
la pescheria
peixaria

greengrocer's
il fruttivendolo
mercearia

grocer's
la drogheria
mercadinho

shoe shop
il negozio di calzature
loja de sapatos

hardware shop
il negozio di ferramenta
loja de ferragens

antiques shop
il negozio di
antiquariato
loja de antiguidades

gift shop
il negozio di
articoli da regalo
loja de presentes

travel agent's
l'agenzia di viaggi
agência de viagens

jeweller's
la gioielleria
joalheria

english • italiano • *português*

book shop
la libreria
livraria

record shop
il negozio di dischi
loja de discos

off licence
il negozio di liquori
loja de bebidas

pet shop
il negozio di animali
pet shop

furniture shop
il negozio di mobili
loja de móveis

boutique
la boutique
butique

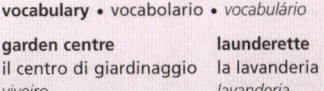

vocabulary • vocabolario • *vocabulário*

garden centre
il centro di giardinaggio
viveiro

launderette
la lavanderia
lavanderia

dry cleaner's
il lavasecco
tinturaria

health food shop
il negozio dietetico
alimentação natural

camera shop
il negozio di articoli
fotografici
loja de fotografia

second-hand shop
il negozio dell'usato
brechó

estate agent's
l'agenzia immobiliare
imobiliária

art shop
il negozio di articoli
per l'arte
materiais de arte

tailor's
la sartoria
alfaiataria

hairdresser's
il parrucchiere
salão de beleza

market | il mercato | *feira livre*

food
il cibo
alimentos

meat • la carne • *carne*

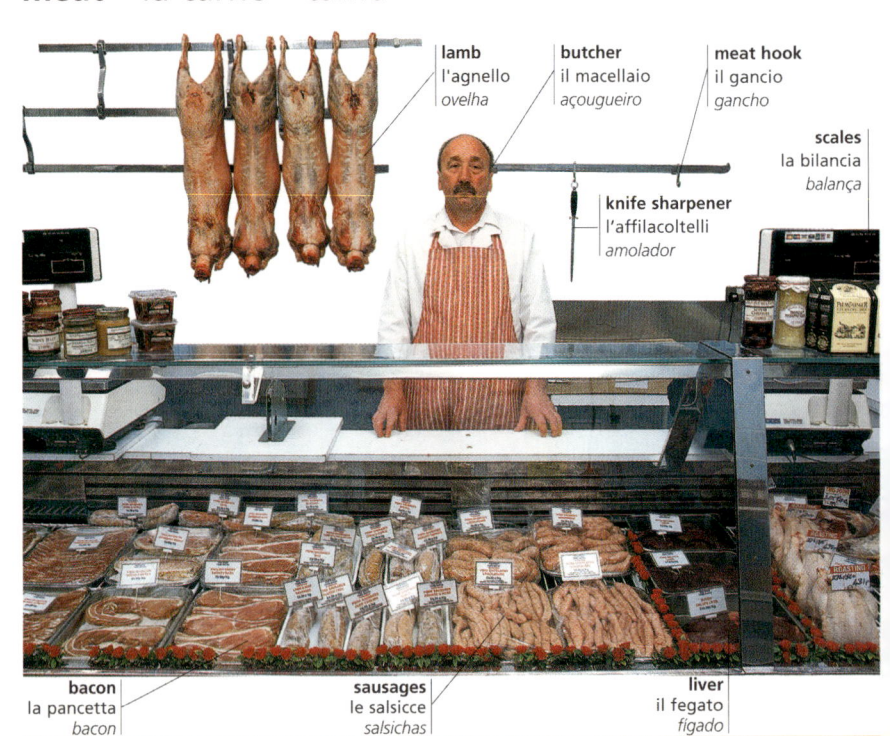

lamb
l'agnello
ovelha

butcher
il macellaio
açougueiro

meat hook
il gancio
gancho

scales
la bilancia
balança

knife sharpener
l'affilacoltelli
amolador

bacon
la pancetta
bacon

sausages
le salsicce
salsichas

liver
il fegato
fígado

vocabulary • vocabolario • *vocabulário*

pork	**venison**	**offal**	**free range**	**red meat**
il maiale	il cervo	le frattaglie	ruspante	la carne rossa
porco	*veado*	*miúdos*	*caipira*	*carne vermelha*
beef	**rabbit**	**cured**	**organic**	**lean meat**
il manzo	il coniglio	stagionato	biologico	la carne magra
carne bovina	*coelho*	*curado*	*orgânico*	*carne magra*
veal	**tongue**	**smoked**	**white meat**	**cooked meat**
il vitello	la lingua	affumicato	la carne bianca	la carne cotta
novilho	*língua*	*defumado*	*carne branca*	*frios*

cuts • i tagli • *cortes*

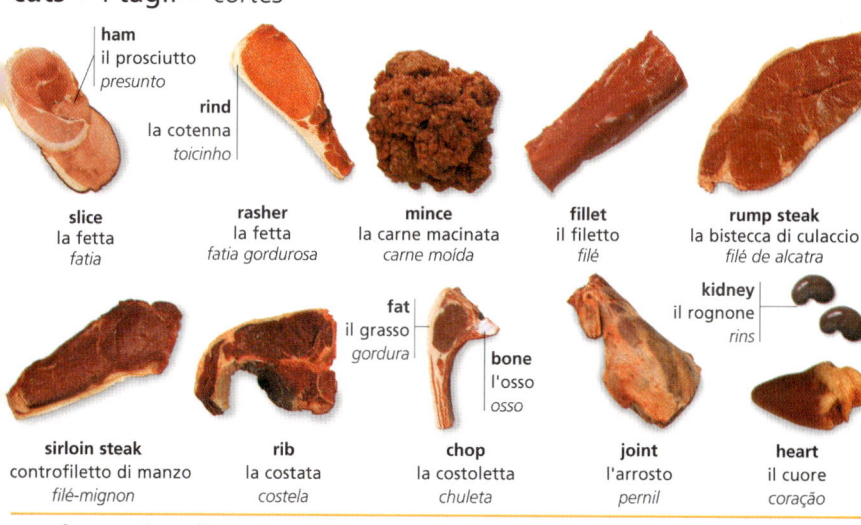

ham
il prosciutto
presunto

rind
la cotenna
toicinho

slice
la fetta
fatia

rasher
la fetta
fatia gordurosa

mince
la carne macinata
carne moída

fillet
il filetto
filé

rump steak
la bistecca di culaccio
filé de alcatra

fat
il grasso
gordura

bone
l'osso
osso

kidney
il rognone
rins

sirloin steak
controfiletto di manzo
filé-mignon

rib
la costata
costela

chop
la costoletta
chuleta

joint
l'arrosto
pernil

heart
il cuore
coração

poultry • il pollo • *aves*

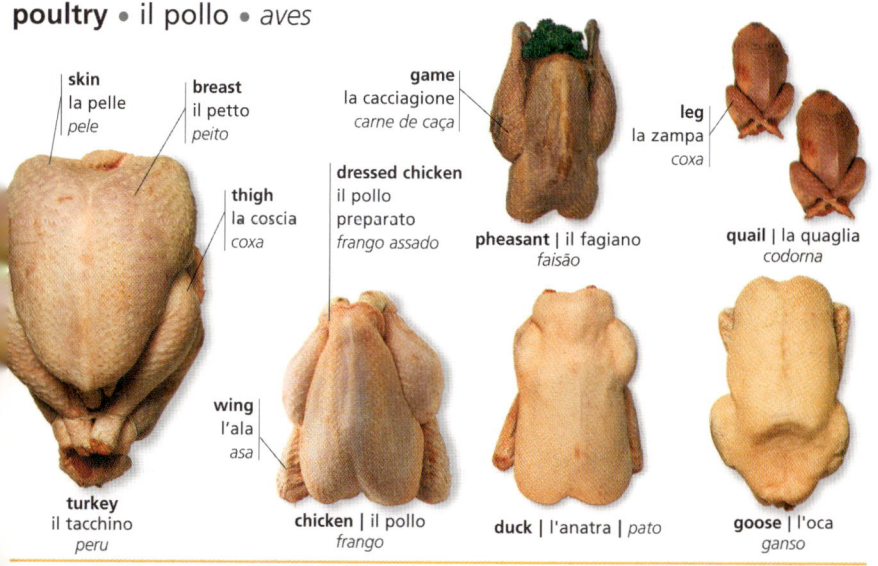

skin
la pelle
pele

breast
il petto
peito

thigh
la coscia
coxa

game
la cacciagione
carne de caça

dressed chicken
il pollo
preparato
frango assado

leg
la zampa
coxa

pheasant | il fagiano
faisão

quail | la quaglia
codorna

wing
l'ala
asa

turkey
il tacchino
peru

chicken | il pollo
frango

duck | l'anatra | *pato*

goose | l'oca
ganso

fish • il pesce • *peixe*

peeled prawns
i gamberi sgusciati
camarão sem casca

red mullet
la triglia
salmonete

halibut fillets
i filetti di
ippoglosso
filé de garoupa

rainbow trout
la trota iridea
truta arco-íris

ice
il ghiaccio
gelo

skate wings
le pinne
di razza
aletas da raia

fishmonger's
la pescheria
peixaria

monkfish
la rana pescatrice
peixe-frade

mackerel
lo sgombro
cavalinha

trout
la trota
truta

swordfish
il pesce spada
peixe-espada

Dover sole
la sogliola di Dover
linguado

lemon sole
la sogliola limanda
patença

haddock
l'eglefino
badejo

sardine
la sardina
sardinha

skate
la razza
arraia

whiting
il merlano
pescada

sea bass
la spigola
robalo

salmon | il salmone | *salmão*

cod
il merluzzo
bacalhau

sea bream
l'orata
goraz

tuna
il tonno
atum

seafood • i frutti di mare • *frutos do mar*

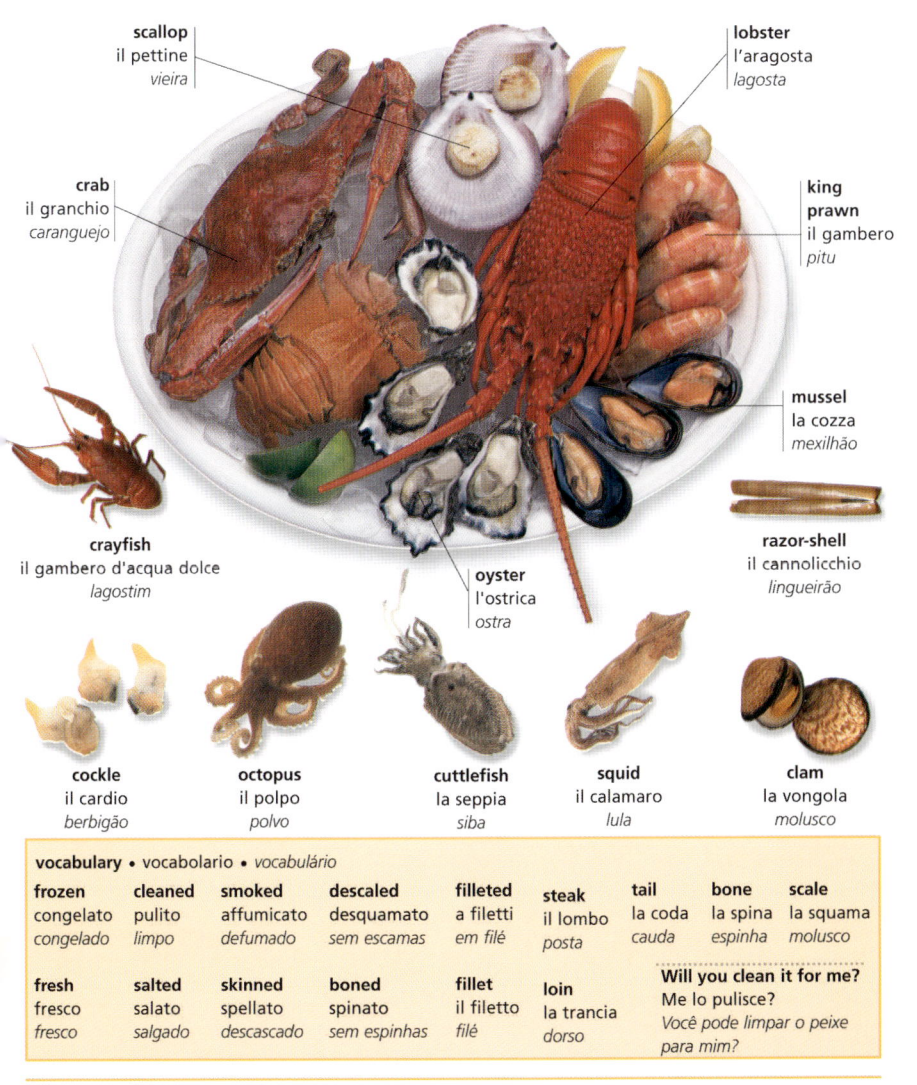

scallop
il pettine
vieira

lobster
l'aragosta
lagosta

crab
il granchio
caranguejo

king prawn
il gambero
pitu

mussel
la cozza
mexilhão

crayfish
il gambero d'acqua dolce
lagostim

oyster
l'ostrica
ostra

razor-shell
il cannolicchio
lingueirão

cockle
il cardio
berbigão

octopus
il polpo
polvo

cuttlefish
la seppia
siba

squid
il calamaro
lula

clam
la vongola
molusco

vocabulary • vocabolario • *vocabulário*

frozen	cleaned	smoked	descaled	filleted	steak	tail	bone	scale
congelato	pulito	affumicato	desquamato	a filetti	il lombo	la coda	la spina	la squama
congelado	*limpo*	*defumado*	*sem escamas*	*em filé*	*posta*	*cauda*	*espinha*	*molusco*

fresh	salted	skinned	boned	fillet	loin	Will you clean it for me?
fresco	salato	spellato	spinato	il filetto	la trancia	Me lo pulisce?
fresco	*salgado*	*descascado*	*sem espinhas*	*filé*	*dorso*	*Você pode limpar o peixe para mim?*

vegetables 1 • le verdure 1 • *verdure e legumes 1*

seed
il seme
semente

broad bean
la fava
fava

runner bean
il fagiolino
feijão-fradinho

French bean
il fagiolino
vagem

garden pea
il pisello
ervilha

pod
il baccello
casca

bean sprout
il germoglio di soia
brotos de feijão

bamboo
bambù
bambu

okra
l'okra
quiabo

sweetcorn
il granturco
milho verde

endive
la cicoria
endívia

fennel
il finocchio
erva-doce

palm hearts
i cuori di palma
palmitos

celery
il sedano
aipo

---

vocabulary • vocabolario • *vocabulário*

leaf	**floret**	**tip**	**organic**	**Do you sell organic vegetables?**
la foglia	il germoglio	la punta	biologico	Vendete verdure biologiche?
folha	*cardo*	*ponta*	*orgânico*	*Vende-se produto orgânico?*
stalk	**kernel**	**heart**	**plastic bag**	**Are these grown locally?**
lo stelo	il nocciolo	il cuore	la busta di plastica	Queste sono della zona?
haste	*amêndoa*	*centro*	*sacola plástica*	*São produtos da região?*

rocket
la rucola
rúcula

watercress
il crescione
agrião

radicchio
il radicchio
chicória vermelha

brussel sprout
il cavolino di Bruxelles
couve-de-bruxelas

swiss chard
la bietola
acelga

kale
il cavolo riccio
couve crespa

sorrel
l'acetosa
azedinha

chicory
l'indivia
escarola

dandelion
il dente di leone
dente-de-leão

spinach
gli spinaci
espinafre

kohlrabi
il cavolo rapa
tipo de nabo

pak-choi
la bieta
acelga da china

lettuce
la lattuga
alface

broccoli
il broccolo
brócolis

cabbage
il cavolo
repolho

spring greens
la verza
couve

vegetables 2 • le verdure 2 • *verdure e legumes 2*

artichoke
die il carciofo
alcachofra

radish
il ravanello
rabanete

cauliflower
il cavolfiore
couve-flor

turnip
la rapa
nabo

potato
la patata
batata

onion
la cipolla
cebola

pepper
il peperone
pimentão

chilli
il peperoncino
pimenta

marrow
la zucca
abóbora

---

vocabulary • vocabolario • *vocabulário*

cherry tomato il pomodoro cigliegino *tomate cereja*	**celeriac** il sedano rapa *aipo*	**frozen** congelato *congelado*	**bitter** amaro *amargo*	**Can I have one kilo of potatoes please?** Mi dà un chilo di patate per favore? *Um quilo de batatas, por favor?*
carrot la carota *cenoura*	**taro root** la radice di taro *raiz de taro*	**raw** crudo *cru*	**firm** sodo *firme*	**What's the price per kilo?** Quanto costa al chilo? *Quanto custa o quilo?*
breadfruit il frutto dell'albero del pane *fruta-pão*	**water chestnut** la castagna d'acqua *castanha-d'água*	**hot (spicy)** piccante *picante*	**flesh** la polpa *polpa*	**What are those called?** Quelli come si chiamano? *Como se chamam estes produtos?*
new potato la patata novella *batata nova*	**cassava** la cassava *mandioca*	**sweet** dolce *doce*	**root** la radice *raiz*	

sweet potato
la patata dolce
batata-doce

yam
l'igname
inhame

beetroot
la barbabietola
beterraba

swede
la rapa svedese
nabo sueco

Jerusalem artichoke
il topinambur
alcachofra jerusalém

horseradish
il rafano
rábano picante

parsnip
la pastinaca
batata-baroa

ginger
lo zenzero
gengibre

aubergine
la melanzana
berinjela

tomato
il pomodoro
tomate

spring onion
la cipollina
cebolinha

leek
il porro
alho-poró

shallot
lo scalogno
chalote

garlic
l'aglio
alho

clove
lo spicchio
dente

truffle
il tartufo
trufa

mushroom
il fungo
cogumelo

cucumber
il cetriolo
pepino

courgette
la zucchina
abobrinha

butternut squash
la zucca Butternut
abóbora

acorn squash
la zucca a ghianda
abóbora bolota

pumpkin
la zucca
abóbora-moranga

fruit 1 • la frutta 1 • *fruta 1*

citrus fruit • gli agrumi • *cítricos*

stoned fruit • la frutta con nocciolo • *frutas com caroço*

orange
l'arancio
laranja

clementine
la clementina
tangerina

peach
la pesca
pêssego

nectarine
la pesca noce
nectarina

pith
la scorza
interna
medula

ugli fruit
il mapo
tangerina

grapefruit
il pompelmo
pomelo

apricot
l'albicocca
damasco

plum
la prugna
ameixa

cherry
la ciliegia
cereja

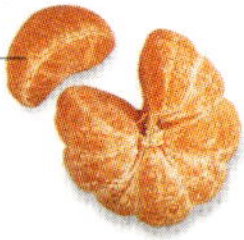

segment
lo spicchio
gomo

pear
la pera
pêra

apple
la mela
maçã

tangerine
il mandarino
tangerina

satsuma
il satsuma
mexerica

zest
la scorza
casca

lime
la limetta
lima

lemon
il limone
limão

kumquat
l'arancino cinese
cumquat

basket of fruit | il cestino di frutta | *fruteira*

berries and melons • i frutti di bosco e i meloni
• *frutas silvestres e melões*

strawberry
la fragola
morango

raspberry
il lampone
framboesa

blackberry
la mora
amora

redcurrant
il ribes rosso
groselha

melon
il melone
melão

grapes
l'uva
uva

cranberry
l'ossicocco
mirtilo vermelho

blackcurrant
il ribes nero
groselha preta

rind
la buccia
casca

seed
il seme
semente

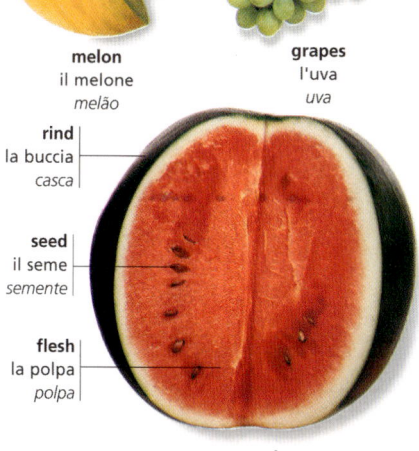

blueberry
il mirtillo
mirtilo

white currant
il ribes bianco
groselha branca

flesh
la polpa
polpa

watermelon
l'anguria
melancia

loganberry
la mora-lampone
framboesa Logan

gooseberry
l'uva spina
groselha espinhosa

vocabulary • vocabolario • *vocabulário*

rhubarb	**sour**	**crisp**	**seedless**	**Are they ripe?**
il rabarbaro	agre	croccante	senza semi	Sono maturi?
ruibarbo	*acre*	*crocante*	*sem sementes*	*Já estão maduros?*
fibre	**fresh**	**rotten**	**juice**	**Can I try one?**
la fibra	fresco	marcio	il succo	Posso assaggiarne uno?
fibra	*fresco*	*podre*	*suco*	*Posso provar?*
sweet	**juicy**	**pulp**	**core**	**How long will they keep?**
dolce	sugoso	la polpa	il torsolo	Per quanto tempo
doce	*suculento*	*polpa*	*caroço*	si mantengono?
				Quanto tempo durarão?

fruit 2 • la frutta 2 • *fruta 2*

mango
il mango
manga

avocado
die l'avocado
abacate

pineapple
l'ananas
abacaxi

papaya
la papaia
mamão
papaia

peach
la pesca
pêssego

lychee
il litchi
lichia

kiwifruit
il kiwi
kiwi

cape gooseberry
l'alchechengi
uva-espim

pip
il seme
semente

skin
la buccia
casca

quince
la mela cotogna
marmelo

passion fruit
il frutto
della passione
maracujá

banana
la banana
banana

guava
la guaiava
goiaba

pomegranate
la melagrana
romã

persimmon
il cachi
caqui

feijoa
il feijoa
aca

prickly pear
il fico d'india
figo da índia

starfruit
la carambola
carambola

mangosteen
la mangostina
mangostão

nuts and dried fruit • le noci e la frutta secca • *frutos secos*

pine nut
il pinolo
pinhão

pistachio
il pistacchio
pistache

cashewnut
l'anacardio
castanha-de-caju

peanut
l'arachide
amendoim

hazelnut
la nocciola
avelã

brazilnut
la mandorla brasiliana
castanha-do-pará

pecan
la noce pecan
noz-pecã

almond
la mandorla
amêndoa

walnut
la noce
noz

chestnut
la castagna
castanha

shell
il guscio
casca

macadamia
la noce di macadamia
noz-macadâmia

fig
il fico
figo

date
il dattero
tâmara

prune
la prugna secca
ameixa seca

flesh
la polpa
polpa

sultana
l'uva sultanina
uva-passa sultanina

raisin
l'uvetta
uva-passa

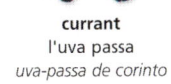
currant
l'uva passa
uva-passa de corinto

coconut
la noce di cocco
coco

vocabulary • vocabolario • *vocabulário*

green verde *verde*	**hard** duro *duro*	**kernel** il nocciolo *amêndoa*	**salted** salatop *salgado*	**roasted** arrostito *tostado*	**tropical fruit** la frutta tropicale *frutas tropicais*	**shelled** sgusciato *descascado*
ripe maturo *maduro*	**soft** morbido *brando*	**desiccated** essiccato *dessecado*	**raw** crudo *cru*	**seasonal** stagionale *sazonal*	**candied fruit** la frutta candita *fruta cristalizada*	**whole** intero *inteiro*

grains and pulses • le granaglie e i legumi secchi
• *grãos e legumes*

grains • le granaglie • *grãos*

wheat
il grano
trigo

oats
l'avena
aveia

barley
l'orzo
cevada

millet
il miglio
milho-de-Itália

corn
il mais
milho

quinoa
la quinoa
quinoa

vocabulairy • vocabolario • *vocabulário*		
seed	**fresh**	**soak (v)**
il seme	fresco	mettere a bagno
semente	*fresco*	*pôr de molho*
husk	**fragranced**	**easy cook**
la pula	profumato	cottura facile
casca	*perfumado*	*fácil de cozer*
kernel	**cereal**	**long-grain**
il seme	il cereale	a chicco lungo
grão	*cereais*	*grão longo*
dry	**wholegrain**	**short-grain**
secco	integrale	a chicco corto
seco	*integral*	*grão curto*

rice • il riso • *arroz*

white rice
il riso bianco
arroz branco

brown rice
il riso integrale
arroz integral

wild rice
il riso selvatico
arroz selvagem

pudding rice
il riso da budino
arroz arbóreo

processed grains • i cereali trattati
• *grãos processados*

couscous
il cuscus
cuscuz

cracked wheat
il grano spezzato
trigo triturado

semolina
la semola
sêmola

bran
la crusca
farelo

beans and peas • i fagioli e i piselli • *feijões e ervilhas*

butter beans
i fagioli bianchi
feijão-branco

haricot beans
i fagioli cannellini
feijão-branco miúdo

red kidney beans
i fagioli di Spagna
feijão-vermelho

aduki beans
i fagioli aduki
feijão roxo

broad beans
le fave
favas

soya beans
i semi di soia
semente de soja

black-eyed beans
dall'occhio nero
feijão-fradinho

pinto beans
i fagioli borlotti
feijão pinto

mung beans
i fagioli mung
feijão mung

flageolet beans
i fagioli nani
feijão flageolet

brown lentils
le lenticchie
marroni
lentilha marrom

red lentils
le lenticchie rosse
lentilha vermelha

green peas
i piselli
ervilhas frescas

chick peas
i ceci
grão-de-bico

split peas
i piselli spaccati
ervilhas secas

seeds • i semi • *sementes verdes*

pumpkin seed
il seme di zucca
*semente de
abóbora*

mustard seed
il seme di
mostarda
mostarda em grão

caraway
il seme di carvi
alcaravia

sesame seed
il seme di sesamo
gergelim

sunflower seed
il seme di girasole
semente de girassol

herbs and spices • le erbe aromatiche e le spezie
• *ervas e especiarias*

spices • le spezie • *especiarias*

vanilla
la vaniglia
baunilha

nutmeg
la noce moscata
noz-moscada

mace
il macis
macis

turmeric
la curcuma
cúrcuma

cumin
il cumino
cominho

bouquet garni
il mazzetto odoroso
ramalhete aromático

allspice
il pepe della Giamaica
pimenta

peppercorn
il grano di pepe
pimenta em grão

fenugreek
il fieno greco
feno-grego

chilli
il peperoncino rosso
pimenta-malagueta

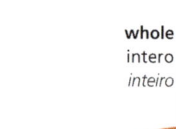

whole
intero
inteiro

crushed
tritato
triturado

saffron
lo zafferano
açafrão

cardamom
il cardamomo
cardamono

curry powder
la polvere di curry
curry em pó

ground
macinato
moído

paprika
la paprica
pàprica

flakes
a scaglie
floco

garlic
l'aglio
alho

herbs • le erbe aromatiche • *ervas*

sticks
i bastoncini
paus

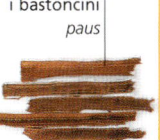

cinnamon
la cannella
canela

lemon grass
la citronella
erva-cidreira

cloves
i chiodi di garofano
cravos

star anise
l'anice stellato
anis-estrelado

ginger
lo zenzero
gengibre

fennel
il finocchio
erva-doce

chives
l'erba cipollina
cebolinha

tarragon
il dragoncello
estragão

oregano
l'origano
orégano

fennel seeds
i semi di finocchio
semente de erva-doce

mint
la menta
menta

marjoram
la maggiorana
manjerona

coriander
il coriandolo
coentro

bay leaf
l'alloro
louro

thyme
il timo
tomilho

basil
il basilico
manjericão

dill
l'aneto
endro

parsley
il prezzemolo
salsa

sage
la salvia
sálvia

rosemary
il rosmarino
alecrim

bottled foods • i cibi imbottigliati
• *alimentos em frascos*

walnut oil
l'olio di noce
óleo de nozes

grapeseed oil
l'olio di semi d'uva
*óleo de semente
de uva*

cork
il tappo
rolha de cortiça

sunflower oil
l'olio di semi
di girasole
óleo de girassol

almond oil
l'olio di
mandorla
*óleo de
amêndoas*

sesame seed oil
l'olio di sesamo
óleo de gergelim

hazelnut oil
l'olio di noccioline
óleo de avelãs

olive oil
l'olio d'oliva
azeite de oliva

oils
gli oli
azeites e óleos

herbs
le erbe
aromatiche
ervas

flavoured oil
l'olio
aromatizzato
*azeite
aromatizado*

sweet spreads • le confetture
• *confeitos para mesa*

jar | il barattolo | *pote*

honeycomb
il favo
favo de mel

set honey
il miele
condensato
mel compacto

lemon curd
la crema al
limone
geleia de limão

raspberry jam
la marmellata
di lamponi
geleia de framboesa

marmalade
la marmellata
di agrumi
geleia de laranja

clear honey
il miele sciolto
mel líquido

maple syrup
lo sciroppo d'acer
xarope de maple

condiments and spreads • condimenti e cibi da spalmare • condimentos e suprimentos

cider vinegar
l'aceto di sidro
vinagre de maçã

balsamic vinegar
l'aceto balsamico
vinagre balsâmico

bottle
la bottiglia
frasco

English mustard
la senape
mostarda inglesa

mayonnaise
la maionese
maionese

ketchup
il ketchup
ketchup

French mustard
la mostarda
mostarda francesa

chutney
il chutney
chutney

malt vinegar
l'aceto di malto
vinagre de malta

wine vinegar
l'aceto di vino
vinagre de vinho

vinegar
l'aceto
vinagre

sauce
la salsa
molho

wholegrain mustard
la mostarda
con semi
mostarda em grão

sealed jar
il barattolo a chiusura ermetica
pote fechado hermeticamente

peanut butter
burro di arachidi
pasta de amendoim

chocolate spread
la cioccolata
spalmabile
chocolate para cobertura

preserved fruit
la conserva
di frutta
fruta em conserva

vocabulary • vocabolario • vocabulário

vegetable oil
l'olio vegetale
óleo vegetal

rapeseed oil
l'olio di colza
óleo de colza

corn oil
l'olio di mais
óleo de milho

cold-pressed oil
l'olio spremuto
a freddo
*óleo de pressão
a frio*

groundnut oil
l'olio di arachide
óleo de cacau

dairy produce • i latticini • *produtos lácteos*

cheese • il formaggio • *queijo*

rind
la crosta
*côdoa/capa
do queijo*

semi-hard cheese
il formaggio
semiduro
queijo semicurado

grated cheese
il formaggio
grattugiato
queijo ralado

hard cheese
il formaggio duro
queijo curado

semi-soft cheese
il formaggio
semimorbido
queijo cremoso

cottage cheese
il formaggio
molle fresco
requeijão

cream cheese
il formaggio
cremoso
*queijo cremoso
semicurado*

blue cheese
il formaggio
erborinato
queijo azul

soft cheese
il formaggio morbido
queijo cremoso

fresh cheese | il formaggio fresco
queijo fresco

milk • il latte • *leite*

whole milk
il latte
intero
leite integral

semi-skimmed milk
il latte parzialmente
scremato
leite semidesnatado

skimmed milk
il latte scremato
leite desnatado

milk carton
il cartone di latte
caixa de leite

goat's milk
il latte di capra
leite de cabra

condensed milk
il latte condensato
leite condensado

cow's milk | il latte di mucca | *leite de vaca*

butter
il burro
manteiga

margarine
la margarina
margarina

cream
la panna
creme de leite

single cream
la panna liquida
creme de leite líquido

double cream
la panna densa
creme de leite fresco

whipped cream
la panna montata
chantili

sour cream
la panna acida
creme de leite fresco

yoghurt
lo yogurt
iogurte

ice-cream
il gelato
sorvete

eggs • le uova • *OVOS*

yolk
il tuorlo
gema

egg white
la chiara
clara

shell
il guscio
casca

egg cup
il porta
uovo
*suporte
para ovos*

boiled egg | l'uovo alla coque
ovo cozido

goose egg
l'uovo d'oca
ovo de gansa

hen's egg
l'uovo di gallina
ovo de galinha

quail egg
l'uovo di quaglia
ovo de codorna

duck egg
l'uovo di anatra
ovo de pata

vocabulary • vocabolario • *vocabulário*

pasteurized pastorizzato *pasteurizado*	**fat free** senza grassi *sem gordura*	**salted** salato *salgado*	**sheep's milk** il latte di pecora *leite de ovelha*	**lactose** il lattosio *lactose*	**milkshake** il frullato *milk-shake*
unpasteurized non pastorizzato *não pasteurizado*	**powdered milk** il latte in polvere *leite em pó*	**unsalted** senza sale *sem sal*	**buttermilk** il siero di latte *soro do leite*	**homogenised** omogeneizzato *homogeneizado*	**frozen yoghurt** lo yogurt gelato *iogurte congelado*

breads and flours • il pane e le farine • *pães e farinhas*

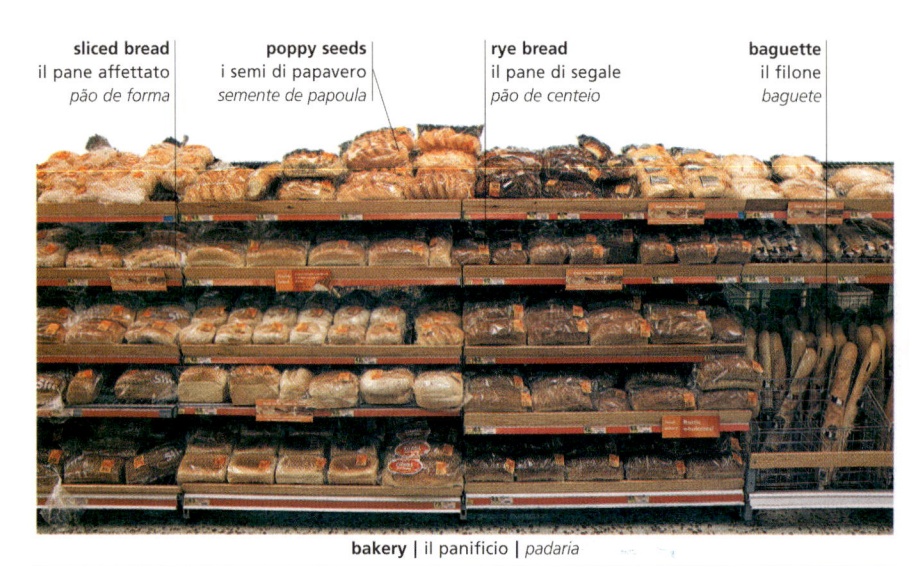

sliced bread | **poppy seeds** | **rye bread** | **baguette**
il pane affettato | i semi di papavero | il pane di segale | il filone
pão de forma | *semente de papoula* | *pão de centeio* | *baguete*

bakery | il panificio | *padaria*

making bread • fare il pane • *fazendo pão*

white flour | **brown flour** | **wholemeal flour** | **yeast**
la farina bianca | la farina nera | la farina integrale | il lievito
farinha branca | *farinha escura* | *farinha integral* | *fermento*

dough
la pasta
massa

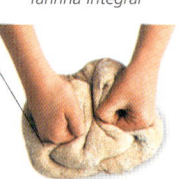

sift (v) | setacciare | **mix (v)** | mescolare | **I knead (v)** | impastare | **bake (v)** | cuocere al forr
peneirar | *misturar* | *misturar* | *assar*

crust
la crosta
casca

loaf
la pagnotta
filão

slice
la fetta
fatia

white bread
il pane bianco
pão de fôrma

brown bread
il pane nero | *pão preto*

wholemeal bread
il pane integrale | *pão integral*

granary bread
il pane di granaio
pão com grãos

corn bread
il pane di mais
pão de milho

soda bread
il pane lievitato con
bicarbonato di sodio
pão de bicarbonato de sódio

sourdough bread
il pane di lievito naturale
pão com fermento

flatbread | la schiacciata
pão sem fermento

bagel
il bagel
rosquinha

bap | la pagnotella
pãozinho doce

roll | il panino
pão trançado

fruit bread
il pane alla frutta
pão de frutas

seeded bread
il pane con semi
pão com sementes

naan bread
il naan
pão naan

pitta bread
la pita
pão sírio

crispbread
i crackers
torrada

vocabulary • vocabolario • *vocabulário*

self-raising flour la farina autolievitante *farinha com levedura*	**plain flour** la farina semplice *farinha branca*	**prove (v)** riposare *provar*	**breadcrumbs** le briciole *farinha de rosca*	**slicer** l'affettatrice *cortador de pão*
strong flour la farina per il pane *farinha para pão*	**rise (v)** lievitare *subir*	**glaze (v)** glassare *glaçar*	**flute** il filoncino *baguete*	**baker** il panettiere *padeiro*

cakes and desserts • i dolci e i dessert
• *bolos e sobremesas*

éclair
il bignè ripieno
profiterole

cream
la panna
creme

filling
il ripieno
recheio

choux pastry
l'éclair
massa de profiterole

puff pastry
la pasta sfoglia
massa folhada

filo pastry
la pasta filo
massa aerada

fruit cake
il dolce alla
frutta
bolo de frutas

fruit tart
la crostatina
torta de frutas

meringue
la meringa
merengue

chocolate coated
ricoperto di cioccolato
cobertura de chocolate

muffin
il muffin
muffin

sponge cake
il pan di Spagna
pão de ló

cakes | i dolci | *bolos*

---

vocabulary • vocabolario • *vocabulário*

crème patisserie	**bun**	**pastry**	**rice pudding**	**May I have a slice please?**
la crema pasticcera	la focaccina	la pasta	il budino di riso	Posso avere una fetta?
creme de bolo	*pão*	*massa de torta*	*arroz doce*	*Posso provar um pedaço?*
chocolate cake	**custard**	**slice**	**celebration**	
la torta al cioccolato	la crema	la fetta	la festa	
bolo de chocolate	*creme de baunilha*	*fatia/pedaço*	*comemoração*	

chocolate chip
il biscotto
con scaglie
di cioccolato
gota de
chocolate

sponge fingers
i savoiardi
biscoitinhos
de colher

trifle
la zuppa inglese
doce de biscoitos, gelatina
de frutas e creme

florentine
il biscotto
alle noci
florentina

biscuits | i biscotti | *biscoitos*

mousse
il mousse
mousse

sorbet
il sorbetto
sorbet

cream pie
la torta alla crema
torta de creme

crème caramel
il crème caramel
pudim caramelado

celebration cakes • le torte per celebrazioni
• *bolos para comemorações*

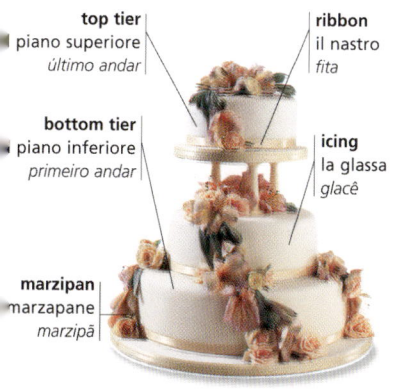

top tier
piano superiore
último andar

ribbon
il nastro
fita

bottom tier
piano inferiore
primeiro andar

icing
la glassa
glacê

marzipan
marzapane
marzipã

wedding cake | la torta nuziale | *bolo de casamento*

decoration
la decorazione
decoração

birthday candles
le candeline
vela de aniversário

blow out (v)
soffiare
apagar

birthday cake | la torta di compleanno
bolo de aniversário

delicatessen • la salumeria • *frios*

flan
lo sformato
quiche

spicy sausage
la salsiccia
piccante
linguiça picante

vinegar
l'aceto
vinagre

oil
l'olio
azeite

uncooked meat
la carne cruda
carne fresca

counter
il banco
balcão

pâté
il pâté
patê

salami
il salame
salame

pepperoni
il salame piccante
pepperoni

mozzarella
la mozzarella
mussarela

brie
il brie
brie

goat's cheese
il formaggio di capra
queijo de cabra

cheddar
il cheddar
cheddar

parmesan
il parmigiano
parmesão

camembert
il camembert
camembert

rind
la scorza
côdoa/casca

edam
l'edam
queijo bola

manchego
il manchego
queijo da região de La Mancha

pies
i pasticci di carne
tortas

black olive
l'oliva nera
azeitona preta

chili
il peperoncino
pimenta-malagueta

sauce
la salsa
molho

bread roll
il panino
sonhos

cooked meat
la carne cotta
frios

green olive
l'oliva verde
azeitona verde

ham
il prosciutto
presunto

sandwich counter | la paninoteca
balcão de sanduíches

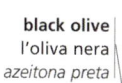

smoked fish
il pesce affumicato
peixe defumado

capers
i capperi
alcaparras

chorizo
il chorizo
chouriço

prosciutto
il prosciutto crudo
presunto serrano

stuffed olive
le olive ripiene
azeitona recheada

vocabulary • vocabolario • *vocabulário*

in oil sott'olio *em azeite*	**marinated** marinato *marinado*	**smoked** affumicato *defumado*
in brine in salamoia *em salmoura*	**salted** salato *salgado*	**cured** trattato *curado*

Take a number please.
Prenda un numero, per favore.
Pegue um número, por favor.

Can I try some of that please?
Posso assaggiare un po' di quello, per favore?
Poderia provar um pouco disso?

May I have six slices of that please?
Mi dà sei fette di quello, per favore?
Poderia me dar seis fatias daquilo?

drinks • le bevande • *bebidas*

water • l'acqua • *água*

bottled water
l'acqua in bottiglia
água engarrafada

sparkling
frizzante
com gás

still
naturale
sem gás

tap water
l'acqua dal rubinetto
àgua de torneira

tonic water
l'acqua tonica
água tônica

soda water
la soda
soda

mineral water
l'acqua minerale
água mineral

hot drinks • le bevande calde • *bebidas quentes*

teabag
la bustina di tè
sachê de chá

loose leaf tea
il tè sciolto
folha de chá

tea | il tè | *chá*

beans
i chicchi
grãos

ground coffee
il caffè macinato
café moído

coffee | il caffè | *café*

hot chocolate
il cioccolato caldo
chocolate quente

malted drink
la bevanda al malt
bebida maltada

soft drinks • le bibite • *refrescos*

straw
la cannuccia
canudo

tomato juice
il succo di pomodoro
suco de tomate

grape juice
il succo d'uva
suco de uva

lemonade
la limonata
limonada

orangeade
l'aranciata
laranjada

cola
la coca
refrigerante de col

alcoholic drinks • le bevande alcoliche • *bebidas alcoólicas*

gin
il gin
gim

can
la lattina
lata

beer
la birra
cerveja

cider
il sidro
sidra

bitter
la birra amara
cerveja amarga

stout
la birra amara
cerveja preta

vodka
la vodka
vodca

whisky
il whisky
uísque

rum
il rum
rum

brandy
il brandy
conhaque

port
il porto
vinho do porto

dry
secco
seco

sherry
lo sherry
xerez

campari
il Campari
campari

rosé
rosé
rosé

white
bianco
branco

red
rosso
tinto

liqueur
il liquore
licor

tequila
la tequila
tequila

champagne
lo champagne
champanhe

wine
il vino
vinho

eating out
mangiare fuori
comer fora

café • il caffè • *café*

awning
la tenda
toldo

menu
il menù
cardápio

umbrella
l'ombrellone
guarda-sol

terrace café | il bar con terrazza
cafeteria ao ar livre

coffee machine
la macchina
del caffè
máquina de café

waiter
il cameriere
garçom

table
il tavolo
mesa

pavement café | il bar all'aperto
cafeteria ao ar livre

snack bar | lo snack bar | *bar*

coffee • il caffè • *café*

white coffee
il caffè macchiato
café com leite

black coffee
il caffè nero
café puro

cocoa powder
la polvere di cacao
cacau em pó

froth
la schiuma
espuma

filter coffee
il caffè filtrato
café coado

espresso
l'espresso
café expresso

cappuccino
il cappuccino
cappuccino

iced coffee
il caffè freddo
café gelado

tea • il tè • *chá*

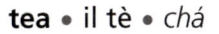

herbal tea
il tè alle erbe
infusão

camomile tea | la camomilla
chá de camomila

green tea | il tè verde
chá verde

tea with milk
il tè con latte
chá com leite

black tea
il tè nero
chá preto

tea with lemon
il tè al limone
chá com limão

mint tea
il tè alla menta
chá de menta

iced tea
il tè freddo
chá gelado

juices and milkshakes • le spremute e i frappé • *sucos e milk-shakes*

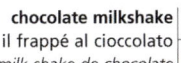

chocolate milkshake
il frappé al cioccolato
milk-shake de chocolate

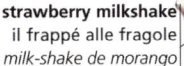

strawberry milkshake
il frappé alle fragole
milk-shake de morango

orange juice
il succo
d'arancia
suco de laranja

apple juice
il succo di
mela
suco de maçã

pineapple juice
il succo
d'ananas
suco de abacaxi

tomato juice
il succo di
pomodoro
suco de tomate

coffee milkshake
il frappé al caffè
milk-shake de café

food • il cibo • *comida*

scoop
la pallina
bola

brown bread
il pane integrale
pão integral

toasted sandwich
il tramezzino tostato
sanduíche quente

salad
l'insalata
salada

ice cream
il gelato
sorvete

pastry
la pasta
doce

bar • il bar • *bar*

glasses
i bicchieri
copos

optic
il misurino
medidor
óptico

till
la cassa
caixa

bartender
il barista
garçom

beer tap
lo spillatore di birra
torneira de chope

coffee machine
la macchina
da caffè
máquina de café

ice bucket
il portaghiaccio
balde de gelo

bar stool
lo sgabello
banqueta

ashtray
il posacenere
cinzeiro

coaster
il sottobicchiere
descanso
de copo

bar counter
il banco
balcão do bar

bottle opener
l'apribottiglie
abridor de
garrafa

lever
la leva
alavanca

tongs
le pinze
pinças

stirrer
il miscelatore
agitador

measure
il misurino
medidor

corkscrew | il cavatappi | *saca-rolha*

cocktail shaker | lo shaker | *coqueteleira*

pitcher
la brocca
jarra

ice cube
il cubetto di ghiaccio
cubo de gelo

gin and tonic
il gin tonic
gim-tônica

scotch and water
il whisky con acqua
uísque escocês com água

rum and coke
il rum con coca cola
rum com coca-cola

vodka and orange
la vodka all'arancia
vodca com laranja

martini
il martini
martini

cocktail
il cocktail
coquetel

wine
il vino
vinho

beer | la birra | *cerveja*

ice and lemon
con ghiaccio e imone
com gelo e limão

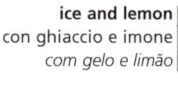

single
singolo
simples

double
doppio
dupla

a shot
un bicchiere
dose

measure
la misura
medida

without ice
liscio
sem gelo

with ice
con ghiaccio
com gelo

bar snacks • gli stuzzichini • *aperitivos*

cashewnuts
gli anacardi
castanha-de-caju

almonds
le mandorle
amêndoas

peanuts
le noccioline americane
amendoim

chips | le patatine
batatas fritas

nuts | le noccioline | *frutos secos*

olives | le olive
azeitonas

restaurant • il ristorante • *restaurante*

non-smoking section
zona non fumatori
área de não fumantes

napkin
il tovagliolo
guardanapo

commis chef
l'aiuto cuoco
ajudante de cozinha

table setting
il coperto
talheres

chef
il cuoco
chefe de cozinha

glass
il bicchiere
taça

tray
il vassoio
bandeja

kitchen | la cucina | *cozinha*

waiter | il cameriere | *garçom*

vocabulary • vocabolario • *vocabulário*

wine list la lista dei vini *carta de vinhos*	**à la carte** a la carte *a la carte*	**price** il prezzo *preço*	**tip** la mancia *gorjeta*	**buffet** il buffet *bufê*	**salt** il sale *sal*
evening menu il menù della cena *cardápio do jantar*	**specials** i piatti del giorno *pratos do dia*	**bill** il conto *conta*	**service included** servizio compreso *serviço incluído*	**smoking section** la zona fumatori *área de fumantes*	**pepper** il pepe *pimenta*
lunch menu il menù del pranzo *cardápio do almoço*	**sweet trolley** il carrello dei dolci *carrinho de doces*	**receipt** la ricevuta *recibo*	**service not included** servizio non compreso *serviço não incluído*	**bar** il bar *bar*	**customer** il cliente *cliente*

menu
il menù
cardápio

child's meal
il menù per bambini
cardápio para crianças

order (v) | ordinare | *pedir*

pay (v) | pagare | *pagar*

courses • le portate • *pratos*

apéritif
l'aperitivo
aperitivo

starter
l'antipasto
entrada

soup
la minestra
sopa

main course
il piatto principale
prato principal

side order
il contorno
acompanhamento

fork
la forchetta
garfo

coffee spoon
il cucchiaino da caffè
colherinha de café

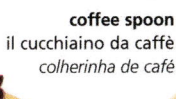

dessert | il dessert | *sobremesa*

coffee | il caffè | *café*

A table for two please.
Un tavolo per due, per favore.
Uma mesa para dois, por favor.

Can I see the menu/winelist please?
Posso vedere il menù\la lista dei vini,
per favore?
Poderia ver a carta de vinhos, por favor?

Is there a fixed price menu?
C'è un menù a prezzo fisso?
Vocês têm o prato do dia?

Do you have any vegetarian dishes?
Avete dei piatti vegetariani?
Há pratos vegetarianos?

Could I have the bill/a receipt please?
Posso avere il conto\una ricevuta
per favore?
Pode me trazer a conta/recibo?

Can we pay separately?
Possiamo pagare separatamente?
Podemos pagar separadamente?

Where are the toilets, please?
Dove sono i bagni per favore?
Onde ficam os banheiros, por favor?

---

english • **italiano** • *português*

fast food • il fast food • *comida rápida*

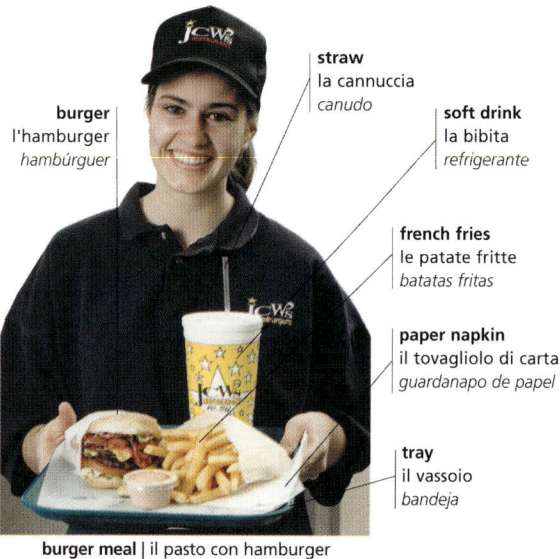

burger
l'hamburger
hambúrguer

straw
la cannuccia
canudo

soft drink
la bibita
refrigerante

french fries
le patate fritte
batatas fritas

paper napkin
il tovagliolo di carta
guardanapo de papel

tray
il vassoio
bandeja

burger meal | il pasto con hamburger
hambúrguer com batatas fritas

pizza
la pizza
pizza

price list
il listino
lista de preços

canned drink
la bibita in lattina
bebida enlatada

home delivery
la consegna a domicilio
entrega em domicílio

street stall
il venditore ambulante
carrinho de rua

hamburger
l'hamburger
hambúrguer

chicken burger
l'hamburger di pollo
hambúrguer de frango

bun
il panino
pão

veggie burger
l'hamburger vegetariano
hambúrguer vegetariano

mustard
la senape
mostarda

sausage
il wurstel
salsicha

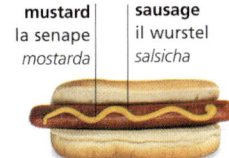

hot dog
l'hot dog
cachorro-quente

sandwich
il tramezzino
sanduíche

club sandwich
il tramezzino a strati
*sanduíche de
pão de fôrma*

open sandwich
il tramezzino aperto
sanduíche no prato

filling
il ripieno
recheio

wrap
la piadina
taco

kebab
il kebab
kebab

sauce
la salsa
molho

chicken nuggets
i bocconcini di pollo
pedaços de frango

savoury
salato
aperitivo

crêpes | le crêpes | *crepes*

sweet
dolce
doce

topping
il condimento
ingredientes

fish and chips
il pesce con patatine
peixe com batatas fritas

ribs
le costolette
costelinhas

fried chicken
il pollo fritto
frango frito

pizza
la pizza
pizza

breakfast • la colazione • *café da manhã*

milk
il latte
leite

cereal
il cereale
cereais

jam
la marmellata
geleia

dried fruit
la frutta
secca
frutas secas

ham
il
prosciutto
presunto

cheese
il
formaggio
queijo

crispbread
il pane
biscottato
torrada

breakfast buffet
il buffet della colazione
bufê do café da manhã

marmalade
la marmellata di agrumi
geleia de laranja

pâté
il pâté
patê

butter
il burro
manteiga

fruit juice
il succo di frutta
suco de frutas

coffee
il caffè
café

hot chocolate
la cioccolata calda
chocolate quente

croissant
il cornetto
croissant

tea
il tè
chá

breakfast table | il tavolo della colazione
mesa do café da manhã

drinks | le bevande | *bebidas*

brioche
la brioche
brioche

bread
il pane
pão

tomato
il pomodoro
tomate

toast
il pane
tostato
torrada

black pudding
il sanguinaccio
chouriço

sausage
la salsiccia
salsicha

fried egg
l'uovo fritto
ovo frito

bacon
la pancetta
bacon

English breakfast
la colazione all'inglese
café da manhã inglês

kippers
le aringhe affumicate
arenques defumados

french toast
il pane fritto all'uovo
torrada

yolk
il tuorlo
gema

boiled egg
l'uovo alla coque
ovo quente

scrambled eggs
le uova strapazzate
ovos mexidos

cream
la panna
creme

fruit yoghurt
lo yogurt alla frutta
iogurte de frutas

pancakes
le crêpes
panquecas

waffles
i waffle
waffles

porridge
il porridge
mingau de aveia

fresh fruit
la frutta fresca
fruta fresca

dinner • la cena • *jantar*

soup | la minestra | *sopa*   **broth** | la zuppa | *caldo*   **stew** | lo stufato | *guisado*   **curry** | il curry
prato ao curry

roast
l'arrosto
assado

pie
il pasticcio
torta

soufflé
il soufflé
suflê

kebab
lo spiedino
kebab

noodles
i taglierini
macarrão

meatballs
le polpette
almôndegas

omelette
la frittata
omelete

stir fry | la frittura
macarrão frito

pasta | la pasta
macarrão

rice
il riso
arroz

mixed salad
l'insalata mista
salada mista

green salad
l'insalata verde
salada verde

dressing
il condimento
molho de salada

techniques • i metodi • *técnicas*

stuffed | farcito
recheado

in sauce | al sugo
no molho

grilled | alla griglia
grelhado

marinated | marinato
marinado

poached | affogato
ovo poché

mashed | schiacciato
purê

baked | cotto al forno
assado no forno

pan fried | fritto in padella
frito com pouco óleo

fried | fritto
frito

pickled | sottaceto
em conserva

smoked | affumicato
defumado

deep fried
fritto in olio abbondante
frito com muito óleo

in syrup
allo sciroppo
em calda

dressed
condito
temperado

steamed
al vapore
a vapor

cured
stagionato
curado

study
lo studio
estudo

school • la scuola • *escola*

teacher
l'insegnante
professora

blackboard
la lavagna
quadro-negro

schoolboy
lo scolaro
estudante

pupil
l'alunno
aluno

desk
il banco
carteira

school uniform
la divisa
scolastica
uniforme escolar

school bag
la cartella
mochila

chalk
il gesso
giz

classroom | l'aula | *sala de aula*

schoolgirl
la scolara
estudante

---

vocabulary • vocabolario • *vocabulário*

history la storia *história*	**art** l'arte *arte*	**physics** la fisica *física*
geography la geografia *geografia*	**music** la musica *música*	**chemistry** la chimica *química*
literature la letteratura *literatura*	**science** la scienza *ciências*	**biology** la biologia *biologia*
languages le lingue *linguas*	**maths** la matematica *matemática*	**physical education** l'educazione fisica *educação física*

activities • le attività • *atividades*

read (v) | leggere | *ler*

write (v) | scrivere | *escr*

spell (v)
scandire
soletrar

draw (v)
disegnare
desenhar

nib
la punta
ponta

colouring pencil
la matita colorata
lápis de cor

pencil sharpener
il temperamatite
apontador

overhead projector
la lavagna luminosa
retroprojetor

pen
la penna
caneta

pencil
la matita
lápis

notebook
il quaderno
caderno

rubber
la gomma
borracha

textbook | il libro di testo | *livro-texto*

pencil case
l'astuccio
estojo

ruler
il righello
régua

question (v)
domandare
perguntar

answer (v)
rispondere
responder

discuss (v)
discutere
debater

learn (v)
imparare
aprender

vocabulary • vocabolario • *vocabulário*

head teacher il preside *diretor*	**answer** la risposta *resposta*	**grade** il livello *nota/nível*
lesson la lezione *lição*	**homework** i compiti *lição de casa*	**year** la classe *ano letivo*
question la domanda *pergunta*	**essay** il tema *redação*	**dictionary** il dizionario *dicionário*
take notes (v) prendere appunti *tomar nota*	**examination** l'esame *prova*	**encyclopedia** l'enciclopedia *enciclopédia*

maths • la matematica • *matemática*

shapes • le forme • *formas*

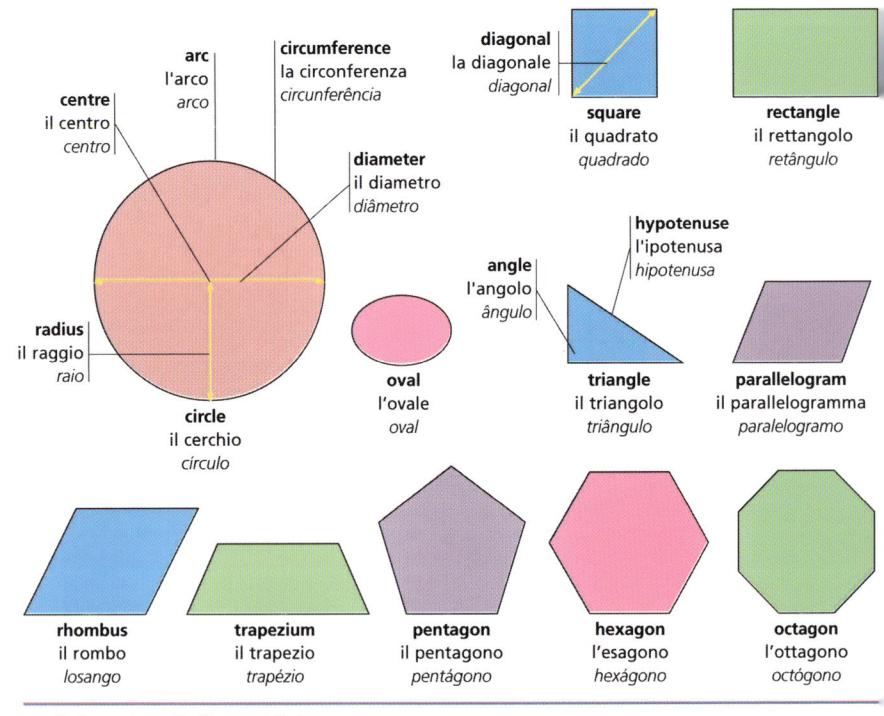

arc
l'arco
arco

circumference
la circonferenza
circunferência

centre
il centro
centro

diameter
il diametro
diâmetro

radius
il raggio
raio

circle
il cerchio
círculo

oval
l'ovale
oval

diagonal
la diagonale
diagonal

square
il quadrato
quadrado

rectangle
il rettangolo
retângulo

hypotenuse
l'ipotenusa
hipotenusa

angle
l'angolo
ângulo

triangle
il triangolo
triângulo

parallelogram
il parallelogramma
paralelogramo

rhombus
il rombo
losango

trapezium
il trapezio
trapézio

pentagon
il pentagono
pentágono

hexagon
l'esagono
hexágono

octagon
l'ottagono
octógono

solids • i solidi • *sólidos*

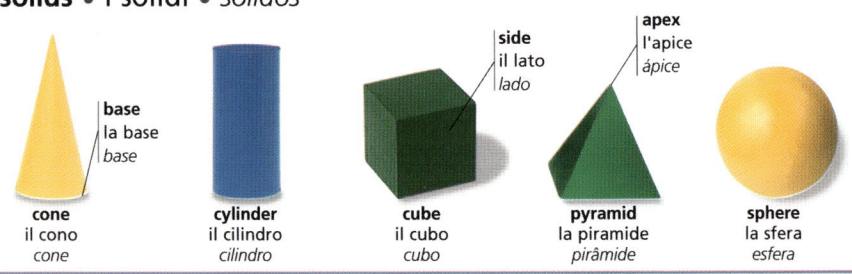

base
la base
base

side
il lato
lado

apex
l'apice
ápice

cone
il cono
cone

cylinder
il cilindro
cilindro

cube
il cubo
cubo

pyramid
la piramide
pirâmide

sphere
la sfera
esfera

lines • le linee • *linhas*

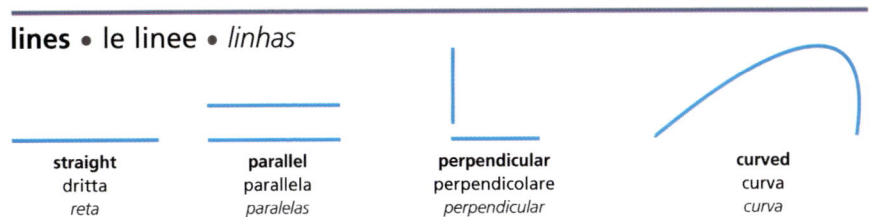

straight	**parallel**	**perpendicular**	**curved**
dritta	parallela	perpendicolare	curva
reta	*paralelas*	*perpendicular*	*curva*

measurements • le misure • *medidas*

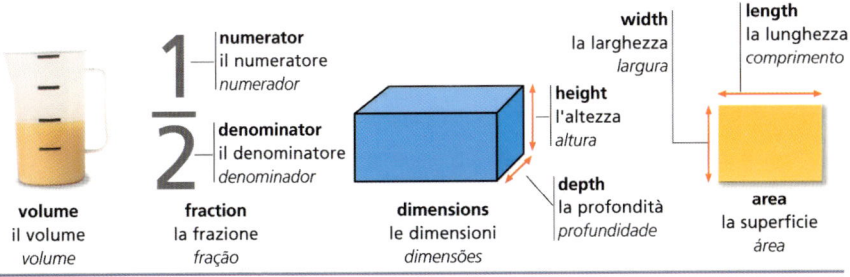

numerator
il numeratore
numerador

denominator
il denominatore
denominador

width
la larghezza
largura

length
la lunghezza
comprimento

height
l'altezza
altura

depth
la profondità
profundidade

volume	**fraction**	**dimensions**	**area**
il volume	la frazione	le dimensioni	la superficie
volume	*fração*	*dimensões*	*área*

equipment • l'attrezzatura • *materiais*

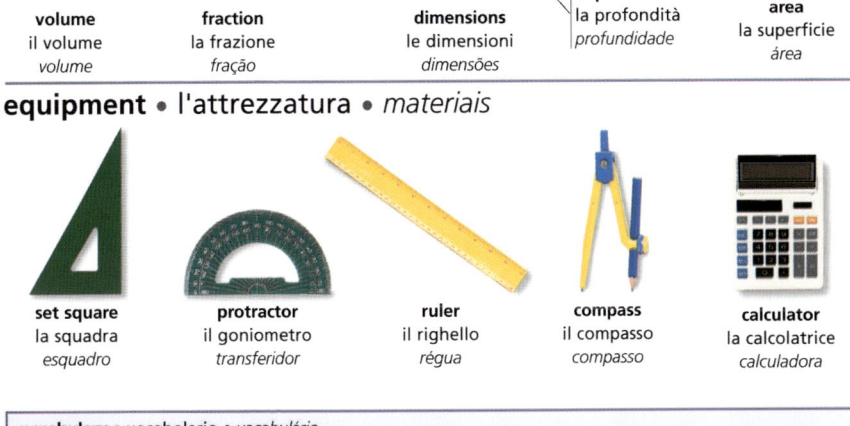

set square	**protractor**	**ruler**	**compass**	**calculator**
la squadra	il goniometro	il righello	il compasso	la calcolatrice
esquadro	*transferidor*	*régua*	*compasso*	*calculadora*

---

vocabulary • vocabolario • *vocabulário*

geometry	**plus**	**times**	**equals**	**add (v)**	**multiply (v)**	**equation**
la geometria	più	moltiplicato per	uguale	sommare	moltiplicare	l'equazione
geometria	*mais*	*multiplicado por*	*igual a*	*somar*	*multiplicar*	*equação*
arithmetic	**minus**	**divided by**	**count (v)**	**subtract (v)**	**divide (v)**	**percentage**
l'aritmetica	meno	diviso per	contare	sottrarre	dividere	la percentuale
aritmética	*menos*	*dividido por*	*contar*	*subtrair*	*dividir*	*porcentagem*

---

science • la scienza • *ciências*

laboratory
il laboratorio
laboratório

scales
la bilancia
balança

weight
il peso
peso

spring balance
la bilancia a molla
balança de mola

crucible
il crogiolo
crisol

Bunsen burner
il becco Bunsen
bico de Bunsen

tripod
il treppiede
tripé

glass bottle
la bottiglia
di vetro
frasco de vidro

clamp stand
il sostegno del morsetto
suporte de grampo

test tube
la provetta
tubo de ensaio

funnel
l'imbuto
funil

clamp
il morsetto
grampo

stopper
il tappo
tampão

rack
la rastrelliera
suporte

timer
il cronometro
cronômetro

flask
l'ampolla
frasco

petri dish
la capsula di Petri
placa de Petri

experiment | l'esperimento | *experimento*

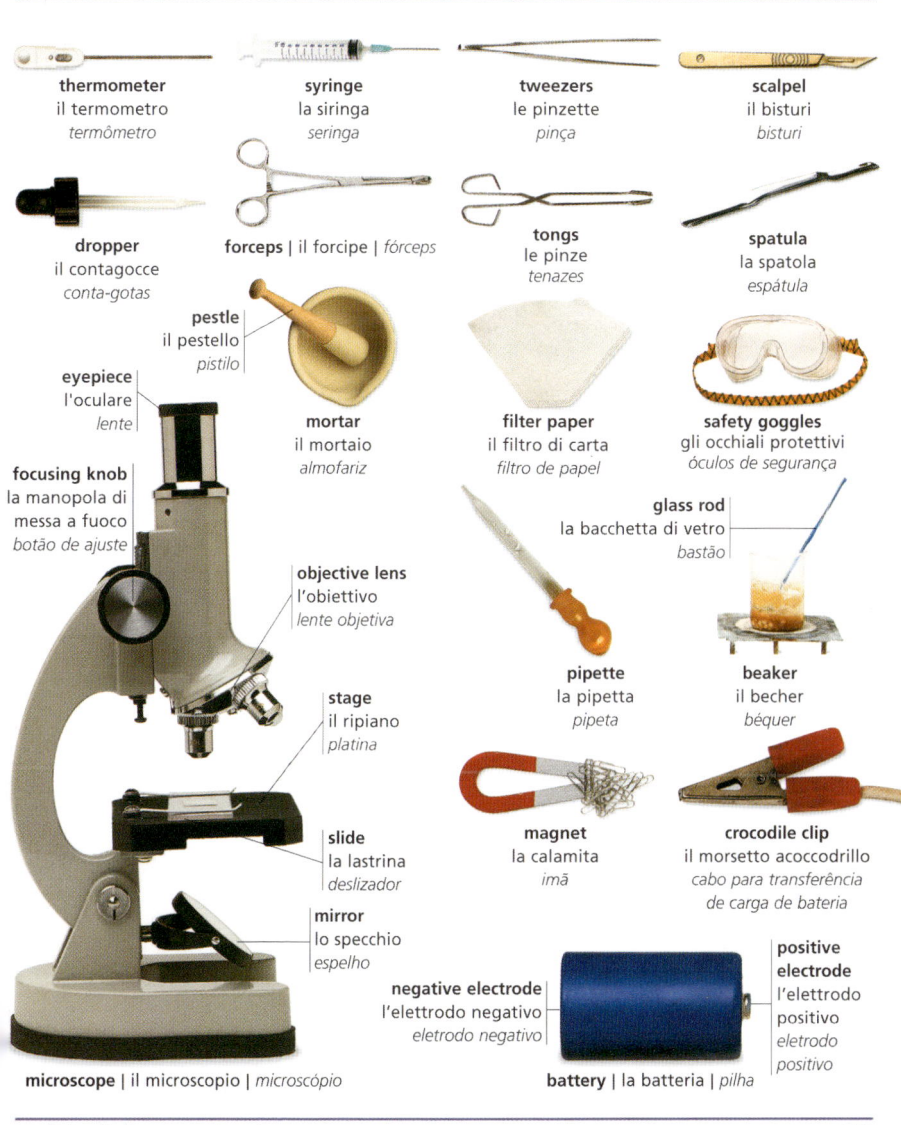

thermometer
il termometro
termômetro

syringe
la siringa
seringa

tweezers
le pinzette
pinça

scalpel
il bisturi
bisturi

dropper
il contagocce
conta-gotas

forceps | il forcipe | *fórceps*

tongs
le pinze
tenazes

spatula
la spatola
espátula

pestle
il pestello
pistilo

eyepiece
l'oculare
lente

mortar
il mortaio
almofariz

filter paper
il filtro di carta
filtro de papel

safety goggles
gli occhiali protettivi
óculos de segurança

focusing knob
la manopola di
messa a fuoco
botão de ajuste

glass rod
la bacchetta di vetro
bastão

objective lens
l'obiettivo
lente objetiva

pipette
la pipetta
pipeta

beaker
il becher
béquer

stage
il ripiano
platina

slide
la lastrina
deslizador

magnet
la calamita
imã

crocodile clip
il morsetto acoccodrillo
*cabo para transferência
de carga de bateria*

mirror
lo specchio
espelho

**positive
electrode**
l'elettrodo
positivo
*eletrodo
positivo*

negative electrode
l'elettrodo negativo
eletrodo negativo

microscope | il microscopio | *microscópio*

battery | la batteria | *pilha*

college • l'università • *ensino superior*

admissions
l'ufficio
iscrizioni
secretaria

sports field
il campo
sportivo
*campo de
esportes*

refectory
il refettorio
refeitório

**hall of
residence**
la casa dello
studente
ala residencial

health centre
l'ambulatorio
centro médico

catalogue
il catalogo
catálogo

campus | il campus | *campus*

vocabulary • vocabolario • *vocabulário*

library card il tesserino *cartão da biblioteca*	**enquiries** il banco informazioni *informação*	**loan** il prestito *empréstimo*
reading room la sala di lettura *sala de leitura*	**borrow (v)** prendere in prestito *emprestar*	**book** il libro *livro*
reading list la listra dei libri *catálogo de leitura*	**reserve (v)** prenotare *reservar*	**title** il titolo *título*
return date la data di restituzione *data de devolução*	**renew (v)** rinnovare *renovar*	**aisle** la corsia *corredor*

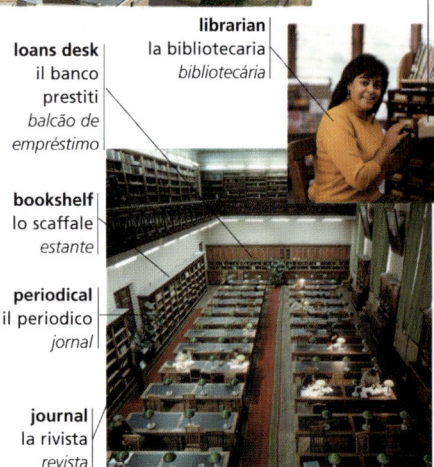

librarian
la bibliotecaria
bibliotecária

loans desk
il banco
prestiti
*balcão de
empréstimo*

bookshelf
lo scaffale
estante

periodical
il periodico
jornal

journal
la rivista
revista

library | la biblioteca | *biblioteca*

undergraduate
studente universitario
estudante

lecturer
il docente
professor

graduate
la laureata
graduada

lecture theatre
l'aula
anfiteatro

graduation ceremony
la consegna delle lauree
colação de grau

robe
la toga
beca

schools • le scuole • *escolas*

model
la modella
modelo

art college
la scuola d'arte
escola de belas-artes

music school
il conservatorio
conservatório

dance academy
l'accademia di danza
academia de dança

vocabulary • vocabolario • *vocabulário*

scholarship la borsa di studio *bolsa de estudos*	**research** la ricerca *pesquisa*	**dissertation** la dissertazione *dissertação*	**medicine** la medicina *medicina*	**philosophy** la filosofia *filosofia*
diploma il diploma *diploma*	**masters** il master *mestrado*	**department** il dipartimento *departamento*	**zoology** la zoologia *zoologia*	**literature** la letteratura *literatura*
degree la laurea *carreira*	**doctorate** il dottorato *doutorado*	**law** il diritto *direito*	**physics** la fisica *física*	**history of art** la storia dell'arte *história da arte*
postgraduate di perfezionamento *pós-graduado*	**thesis** la tesi *tese*	**engineering** l'ingegneria *engenharia*	**politics** la politica *política*	**economics** l'economia *ciências econômicas*

work
il lavoro
trabalho

office 1 • l'ufficio 1 • *escritório 1*

office • l'ufficio • *escritório*

monitor
il monitor
monitor

desktop organizer
il portapenne
porta-canetas

file
la cartellina
arquivo

in-tray
il vassoio in arrivo
bandeja de entrada

out-tray
il vassoio in partenza
bandeja de saída

computer
il computer
computador

keyboard
la tastiera
teclado

telephone
il telefono
telefone

notebook
il blocco
caderno

label
l'etichetta
etiqueta

desk
la scrivania
mesa

wastebasket
il cestino
cesto de lixo

swivel chair
la sedia girevole
cadeira giratória

drawer
il cassetto
gaveta

drawer
la cassettiera
gaveteiro

filing cabinet
lo schedario
arquivo

office equipment • l'apparecchiature da ufficio • *equipamentos de escritório*

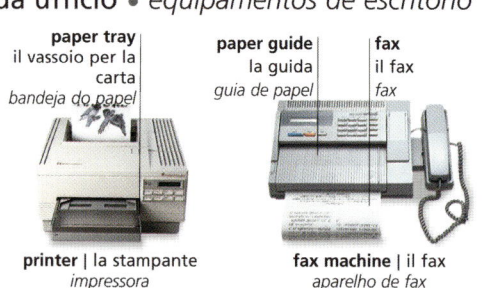

paper tray
il vassoio per la carta
bandeja do papel

paper guide
la guida
guia de papel

fax
il fax
fax

printer | la stampante
impressora

fax machine | il fax
aparelho de fax

vocabulary • vocabolario • *vocabulário*

print (v)
stampare
imprimir

enlarge (v)
ingrandire
ampliar

copy (v)
copiare
copiar

reduce (v)
ridurre
reduzir

I need to make some copies.
Devo fare delle copie.
Preciso fazer umas cópias.

office supplies • gli articoli di cancelleria
• *materiais de escritório*

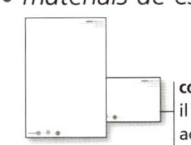

letterhead
la carta intestata
papel timbrado

compliments slip
il biglietto di
accompagnamento
cartão de visitas

envelope
la busta
envelope

tab
l'etichetta
rótulo/identificador

divider
il divisore
divisória

box file
la scatola
d'archivio
armário de arquivo

clipboard
il portablocco con
fermaglio
prancheta

note pad
il blocco per appunti
bloco de notas

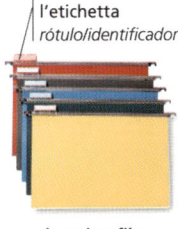

hanging file
la cartella sospesa
arquivo suspenso

 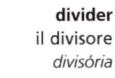

concertina file
il portacarte a
fisarmonica
arquivo sanfonado

lever arch file
il raccoglitore a leva
pasta de arquivo

staples
i punti
grampos

sticky tape
il nastro adesivo
fita adesiva

ink pad
il tampone
di inchiostro
almofada de tinta

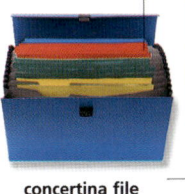

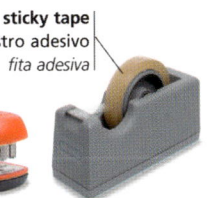

personal organizer
l'agenda
agenda

stapler
la cucitrice
grampeador

tape dispenser
il dispenser
suporte de fita adesiva

hole punch
il perforatore
perfurador

rubber stamp
il timbro di gomma
carimbo

rubber band
l'elastico
elástico

bulldog clip
il fermafogli
prendedor

paper clip
la graffetta
clipe de papel

drawing pin
la puntina
tachinha

notice board | la bacheca
quadro de avisos

office 2 • l'ufficio 2 • *escritório 2*

flipchart
la lavagna a fogli
mobili
flip-chart

easel
il cavalletto
cavalete

manager
il direttore
gerente

proposal
la proposta
proposta

minutes
il verbale
ata

report
la relazione
relatório

executive
il dirigente
executivo

meeting | la riunione | *reunião*

vocabulary • vocabolario • *vocabulário*

meeting room
la sala da riunione
sala de reuniões

attend (v)
partecipare
assistir

agenda
l'ordine del giorno
agenda/compromissos do dia

chair (v)
presiedere
dirigir

What time is the meeting?
A che ora è la riunione?
Qual o horário da reunião?

What are your office hours?
Qual è il vostro orario di lavoro?
Qual é o seu horário de trabalho?

speaker
il relatore
palestrante

projector
la lavagna luminosa
projetor

presentation | la presentazione | *apresentação*

english • italiano • *português*

business • gli affari • *negócios*

laptop
il laptop
laptop

notes
gli appunti
apontamentos

businessman
l'uomo d'affari
empresário

businesswoman
la donna d'affari
empresária

business lunch | il pranzo di lavoro
almoço de negócios

business trip | il viaggio d'affari
viagem de negócios

client
il cliente
cliente

appointment
l'appuntamento
compromisso

palmtop
il palmtop
palmtop

diary | l'agenda | *agenda*

managing director
l'amministratore delegato
diretor-geral

business deal | l'accordo di affari
acordo de negócios

---

vocabulary • vocabolario • *vocabulário*

company la società *empresa*	**staff** il personale *equipe*	**accounts department** l'ufficio contabilità *departamento contábil*	**legal department** l'ufficio legale *departamento jurídico*
head office la sede centrale *escritório central*	**salary** lo stipendio *salário*	**marketing department** l'ufficio marketing *departamento de marketing*	**customer service department** l'ufficio di assistenza clienti *atendimento ao cliente*
branch la succursale *filial*	**payroll** il libro paga *folha de pagamento*	**sales department** l'ufficio vendite *departamento de vendas*	**personnel department** l'ufficio del personale *recursos humanos*

computer • il computer • *computador*

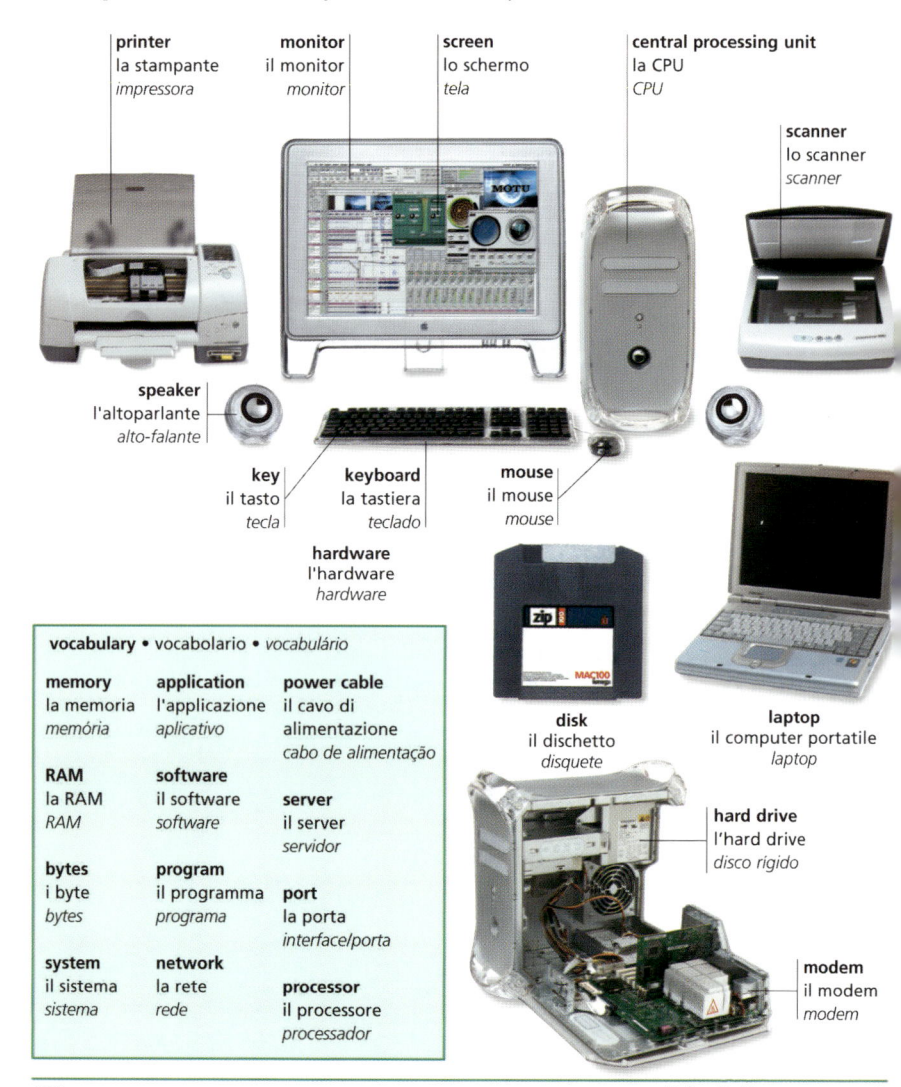

printer
la stampante
impressora

monitor
il monitor
monitor

screen
lo schermo
tela

central processing unit
la CPU
CPU

scanner
lo scanner
scanner

speaker
l'altoparlante
alto-falante

key
il tasto
tecla

keyboard
la tastiera
teclado

mouse
il mouse
mouse

hardware
l'hardware
hardware

disk
il dischetto
disquete

laptop
il computer portatile
laptop

hard drive
l'hard drive
disco rígido

modem
il modem
modem

vocabulary • vocabolario • *vocabulário*

memory	**application**	**power cable**
la memoria	l'applicazione	il cavo di
memória	*aplicativo*	alimentazione
		cabo de alimentação
RAM	**software**	
la RAM	il software	**server**
RAM	*software*	il server
		servidor
bytes	**program**	
i byte	il programma	**port**
bytes	*programa*	la porta
		interface/porta
system	**network**	
il sistema	la rete	**processor**
sistema	*rede*	il processore
		processador

desktop • il desktop • *desktop*

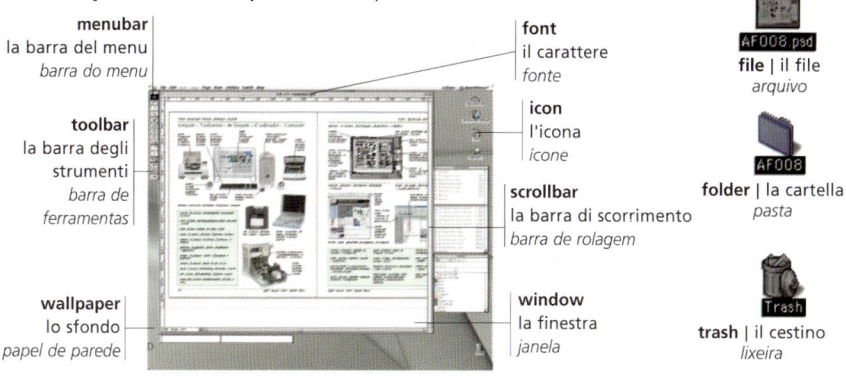

menubar
la barra del menu
barra do menu

toolbar
la barra degli strumenti
barra de ferramentas

wallpaper
lo sfondo
papel de parede

font
il carattere
fonte

icon
l'icona
ícone

scrollbar
la barra di scorrimento
barra de rolagem

window
la finestra
janela

file | il file
arquivo

folder | la cartella
pasta

trash | il cestino
lixeira

internet • Internet • *internet*

browser
il browser
navegador

inbox
la posta in arrivo
caixa de entrada

website
il sito web
site

browse (v) | navigare | *navegar*

email • la posta elettronica • *correio eletrônico*

email address
l'indirizzo di posta elettronica
endereço de e-mail

---

vocabulary • vocabolario • *vocabulário*

connect (v) collegare *conectar*	**service provider** il fornitore di servizi *provedor de serviços*	**log on (v)** collegarsi *entrar no sistema*	**download (v)** scaricare *baixar*	**send (v)** spedire *enviar*	**save (v)** salvare *salvar*
instal (v) installare *instalar*	**email account** l'account di posta elettronica *conta de e-mail*	**on-line** in rete *on-line*	**attachment** l'allegato *anexo*	**receive (v)** ricevere *receber*	**search (v)** cercare *pesquisar*

media • i mass media • *meios de comunicação*

television studio • lo studio televisivo • *estúdio de televisão*

presenter
il presentatore
apresentador

light
la lampada
luz

set
il set
estúdio

camera
la telecamera
câmera

camera crane
il carrello della telecamera
grua da câmera

cameraman
il cameraman
câmera

vocabulary • vocabolario • *vocabulário*

channel il canale *canal*	**news** il telegiornale *notícias*	**press** la stampa *imprensa*	**soap** la telenovela *novela*	**cartoon** il cartone animato *desenho animado*	**live** in diretta *ao vivo*
prerecorded in differita *gravado*	**documentary** il documentario *documentário*	**television series** le serie televisiva *série para televisão*	**game show** il gioco a premi *programa de jogos*	**programming** la programmazione *programação*	**broadcast (v)** trasmettere *transmitir*

interviewer
l'intervistatore
entrevistador

reporter | la cronista
repórter

autocue
il gobbo
teleprompter

newsreader
l'annunciatrice
apresentadora de notícias

actors
gli attori
atores

sound boom
la giraffa
captador de som

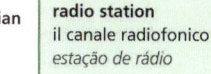

clapper board | il ciac
claquete

film set
il set
estúdio de filmagem

radio • la radio • *rádio*

mixing desk
il piano di
mixaggio
mesa de som

microphone
il microfono
microfone

sound technician
il tecnico
del suono
técnico de som

recording studio | lo studio di registrazione
estúdio de gravação

vocabulary • vocabolario • *vocabulário*	
radio station il canale radiofonico *estação de rádio*	**frequency** la frequenza *frequência*
DJ il DJ *disc jockey/DJ*	**volume** il volume *volume*
broadcast la trasmissione *transmissão*	**tune (v)** sintonizzare *sintonizar*
wavelength la lunghezza d'onda *comprimento de onda*	**short wave** l'onda corta *onda curta*
long wave l'onda lunga *onda longa*	**medium wave** l'onda media *onda média*

law • la legge • *direito*

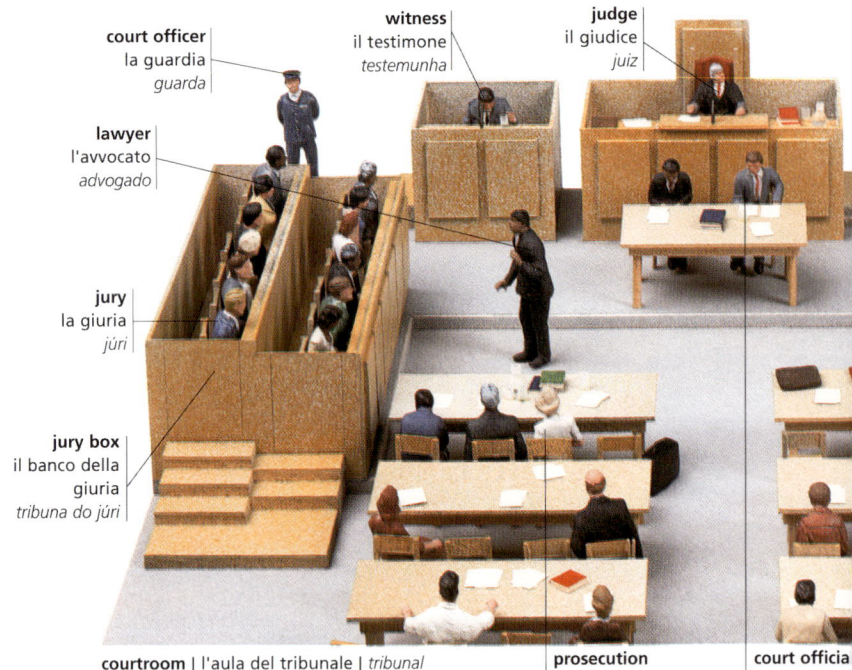

court officer
la guardia
guarda

witness
il testimone
testemunha

judge
il giudice
juiz

lawyer
l'avvocato
advogado

jury
la giuria
júri

jury box
il banco della
giuria
tribuna do júri

courtroom | l'aula del tribunale | *tribunal*

prosecution
il pubblico ministero
acusação

court officia
il cancelliere
meirinho

---

vocabulary • vocabolario • *vocabulário*

lawyer's office lo studio dell'avvocato *escritório de advogado*	**summons** la citazione *citação*	**writ** l'ordine *ordem judicial*	**court case** il procedimento *processo*
legal advice la consulenza legale *assessoria jurídica*	**statement** la dichiarazione *declaração*	**court date** la data di comparizione *data do juízo*	**charge** l'imputazione *acusação*
client il cliente *cliente*	**warrant** il mandato *mandado judicial*	**plea** la petizione *declarar-se (inocente/culpado)*	**accused** l'accusato *réu*

stenographer
lo stenografo
taquígrafa

suspect
la persona
sospetta
suspeito

defendant
l'imputato
acusado

defence
la difesa
defesa

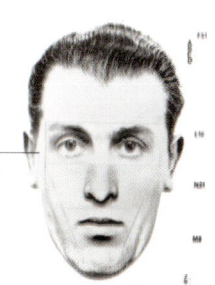

criminal
il criminale
criminoso

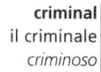

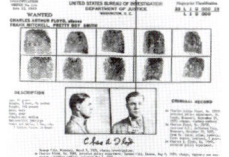

photofit
il fotofit
retrato falado

criminal record
la fedina penale
ficha criminal

prison guard
la guardia carceraria
guardas da prisão

cell
la cella
cela

prison
il carcere
prisão

vocabulary • vocabolario • *vocabulário*

evidence la prova *evidência/prova*	**guilty** colpevole *culpado*	**bail** la cauzione *fiança*	**I want to see a lawyer.** Voglio vedere un avvocato. *Quero ver um advogado.*
verdict il verdetto *veredito*	**acquitted** assolto *absolvido*	**appeal** il ricorso *apelação*	**Where is the courthouse?** Dov'è il palazzo di giustizia? *Onde é o tribunal?*
innocent innocente *inocente*	**sentence** la sentenza *sentença*	**parole** la libertà condizionale *liberdade condicional*	**Can I post bail?** Posso versare una cauzione? *Posso pagar a fiança?*

farm 1 • la fattoria 1 • *fazenda 1*

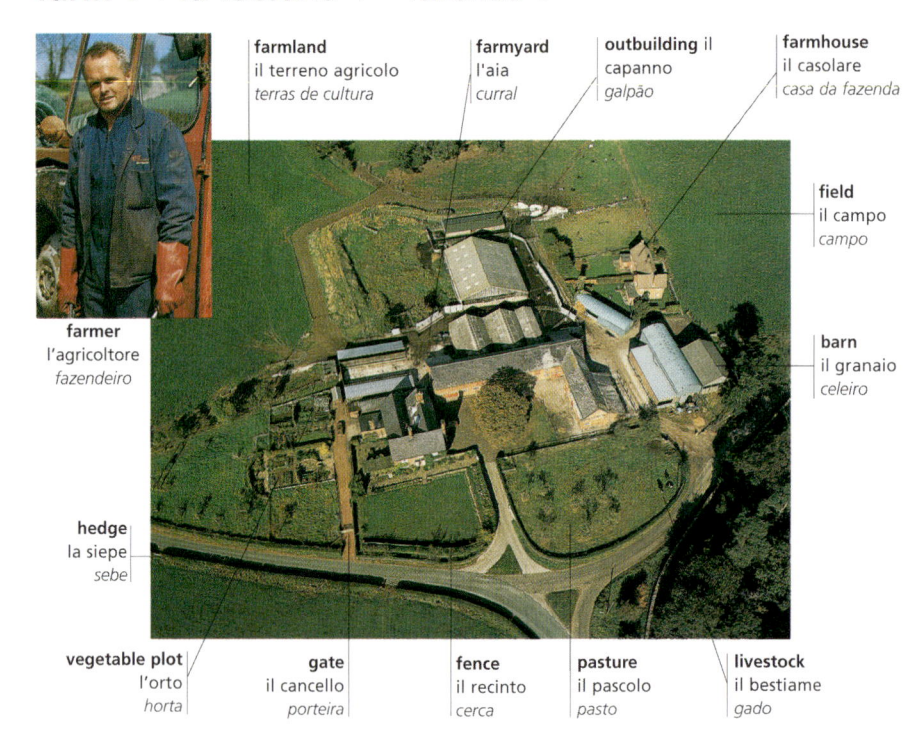

farmer
l'agricoltore
fazendeiro

farmland
il terreno agricolo
terras de cultura

farmyard
l'aia
curral

outbuilding il
capanno
galpão

farmhouse
il casolare
casa da fazenda

field
il campo
campo

barn
il granaio
celeiro

hedge
la siepe
sebe

vegetable plot
l'orto
horta

gate
il cancello
porteira

fence
il recinto
cerca

pasture
il pascolo
pasto

livestock
il bestiame
gado

cultivator
l'aratro
cultivadeira

tractor | il trattore | *trator*

combine harvester | la mietitrebbia
colheitadeira

types of farm • i tipi di fattoria • *tipos de fazenda*

crop
il raccolto
colheita

arable farm
l'azienda agricola
terras cultiváveis

dairy farm
il caseificio
gado leiteiro

sheep farm
l'allevamento
di pecore
ovinocultura

flock
il gregge
rebanho

poultry farm
l'azienda avicola
avicultura

vine
la vigna
videira

pig farm
l'allevamento di maiali
suinocultura

fish farm
il vivaio ittico
psicicultura

fruit farm
l'azienda ortofrutticola
fruticultura

vineyard
il vigneto
vinicultura

actions • le attività • *atividades*

furrow
il solco
sulco

plough (v)
arare
arar

sow (v)
seminare
semear

milk (v)
mungere
ordenhar

feed (v)
dar da mangiare
alimentar

water (v) | irrigare
regar

harvest (v) | raccogliere
colher

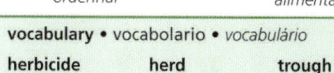

vocabulary • vocabolario • *vocabulário*

herbicide	**herd**	**trough**
l'erbicida	la mandria	la mangiatoia
herbicida	*rebanho*	*cocho/gamela*
pesticide	**silo**	**plant (v)**
il pesticida	il silos	piantare
pesticida	*silo*	*plantar*

farm 2 • la fattoria 2 • *fazenda 2*

crops • le colture • *colheitas*

wheat
il grano
trigo

corn
il granturco
milho

barley
l'orzo
cevada

rapeseed
la colza
colza

sunflower
il girasole
girassol

bale
la balla
rolo

hay
il fieno
feno

alfalfa
l'alfalfa
alfafa

tobacco
il tabacco
tabaco

rice
il riso
arroz

tea
il tè
chá

coffee
il caffè
café

flax
il lino
linho

sugarcane
la canna da zucchero
cana-de-açúcar

cotton
il cotone
algodão

scarecrow
lo spaventapasseri
espantalho

english • italiano • *português*

livestock • il bestiame • *criação de animais*

piglet
il maialino
leitão

calf
il vitello
bezerro

pig
il maiale
porco

cow
la mucca
vaca

bull
il toro
touro

sheep
la pecora
ovelha

lamb
l'agnello
cordeiro

kid
il capretto
cabrito

goat
la capra
cabra

foal
il puledro
potro

horse
il cavallo
cavalo

donkey
l'asino
burro

chick
il pulcino
pintinho

chicken
la gallina
galinha

cockerel
il gallo
galo

turkey
il tacchino
peru

duckling
l'anatroccolo
patinho

duck
l'anatra
pato

stable
la stalla
estábulo

pen
il recinto
celeiro

chicken coop
il pollaio
galinheiro

pigsty
il porcile
chiqueiro

construction • l'edilizia • *construção*

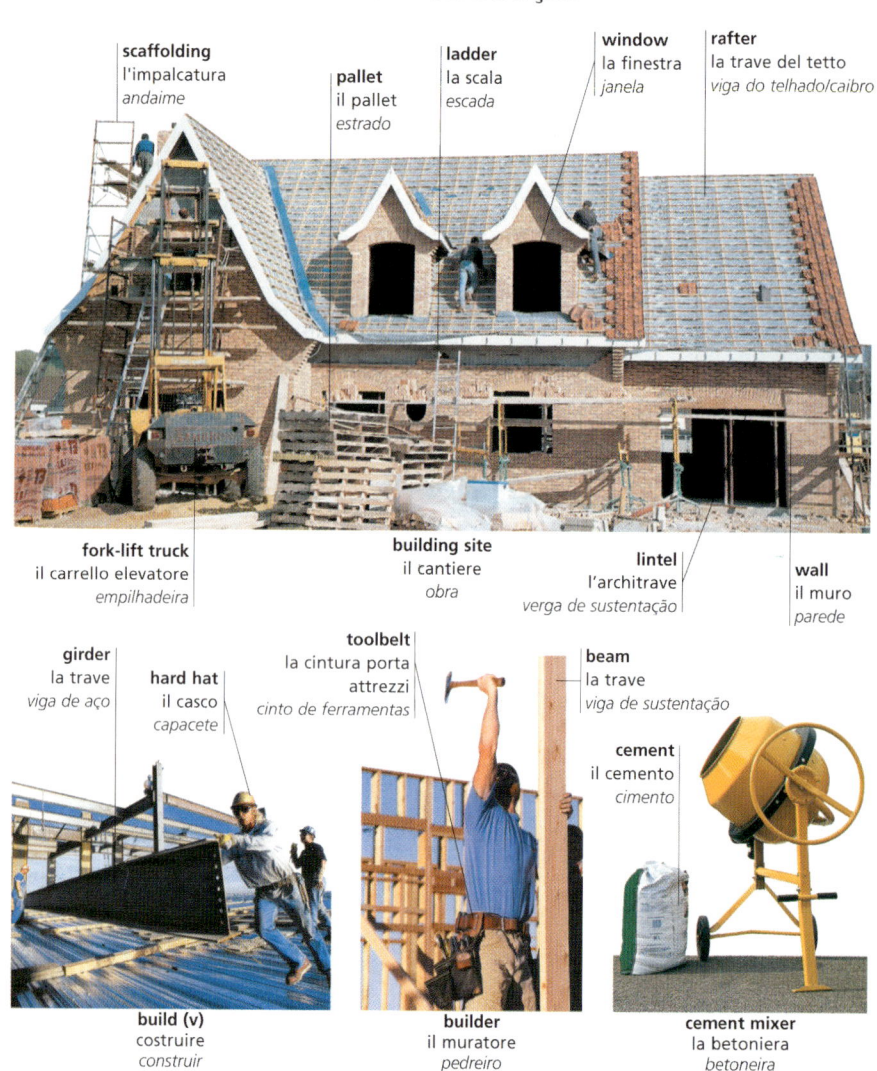

scaffolding
l'impalcatura
andaime

pallet
il pallet
estrado

ladder
la scala
escada

window
la finestra
janela

rafter
la trave del tetto
viga do telhado/caibro

fork-lift truck
il carrello elevatore
empilhadeira

building site
il cantiere
obra

lintel
l'architrave
verga de sustentação

wall
il muro
parede

girder
la trave
viga de aço

hard hat
il casco
capacete

toolbelt
la cintura porta
attrezzi
cinto de ferramentas

beam
la trave
viga de sustentação

cement
il cemento
cimento

build (v)
costruire
construir

builder
il muratore
pedreiro

cement mixer
la betoniera
betoneira

materials • i materiali • *materiais*

brick
il mattone
tijolo

timber
il legno
vigotas de madeira

roof tile
la tegola
telha

concrete block
il blocco di calcestruzzo
bloco de concreto

tools • gli attrezzi • *ferramentas*

mortar
la malta
argamassa

trowel
la cazzuola
colher de pedreiro

spirit level
la livella
nível

handle
il manico
cabo

sledgehammer
la mazza
marreta

pickaxe
il piccone
picareta

shovel
la pala
pá

machinery • i macchinari
• *maquinário*

roller
rullo compressore
rolo compressor

dumper truck
il camion con cassone ribaltabile
caminhão basculante

support
il supporto
suporte

hook
il gancio
gancho

crane | la gru | *grua*

roadworks • i lavori stradali
• *pavimentação*

tarmac
il catrame
asfalto

cone
der il
birillo
cone

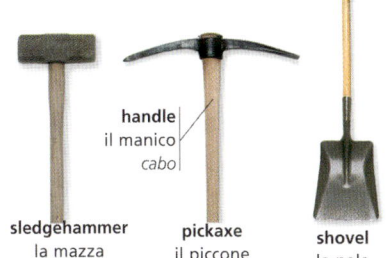

pneumatic drill
il martello
pneumatico
britadeira

resurfacing
la riasfaltatura
recapeamento

mechanical digger
l'escavatrice
meccanica
escavadeira mecânica

professions 1 • i mestieri 1 • *profissões 1*

carpenter
il falegname
carpinteiro/marceneiro

electrician
l'elettricista
eletricista

plumber
l'idraulico
encanador

builder
il muratore
pedreiro

gardener
il giardiniere
jardineiro

vacuum cleaner
l'aspirapolvere
aspirador de pó

cleaner
l'addetto alle pulizie
faxineiro

mechanic
il meccanico
mecânico

butcher
il macellaio
açougueiro

scissors
le
forbici
tesouras

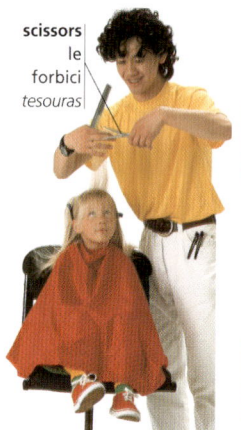

hairdresser
il parrucchiere
cabeleireiro

fishmonger
la pescivendola
peixeira

greengrocer
il fruttivendolo
verdureiro

florist
la fioraia
florista

barber
il barbiere
barbeiro

jeweller
il gioielliere
joalheiro

shop assistant
la commessa
vendedora

estate agent
l'agente immobiliare
corretora

optician
l'ottico
optometrista

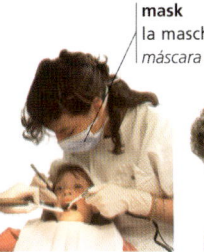

mask
la mascherina
máscara

dentist
la dentista
dentista

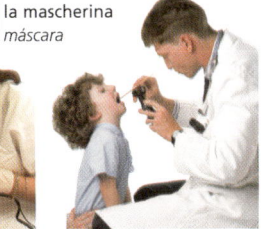

doctor
il medico
médico

pharmacist
la farmacista
farmacêutica

nurse
l'infermiera
enfermeira

vet
la veterinaria
veterinária

farmer
l'agricoltore
fazendeiro

fisherman
il pescatore
pescador

machine-gun
la mitragliatrice
metralhadora

identity badge
il distintivo
*distintivo de
identificação*

uniform
la divisa
uniforme

security guard
la guardia di sicurezza
guarda de segurança

sailor
il marinaio
marinheiro

soldier
il soldato
soldado

policeman
il poliziotto
policial

fireman
il vigile del fuoco
bombeiro

professions 2 • i mestieri 2 • *profissões 2*

lawyer
l'avvocato
advogado

accountant
il commercialista
contador

model
il modello
maquete

architect
l'architetto
arquiteto

scientist
lo scienziato
cientista

teacher
l'insegnante
professor

librarian
il bibliotecario
bibliotecário

receptionist
l'addetta alla ricezione
recepcionista

mailbag
la borsa
carteira

postman
il postino
carteiro

bus driver
l'autista
motorista de ônibus

lorry driver
il camionista
caminhoneiro

taxi driver
il tassista
taxista

pilot
il pilota
piloto

air stewardess
l'assistente di volo
comissária de bordo

travel agent
l'agente di viaggio
agente de viagens

chef's hat
il cappello
chapéu de cozinheiro

chef
il cuoco
chefe de cozinha

tutu
il tutù
tutu

musician
il musicista
músico

dancer
la ballerina
bailarina

actor
l'attore
ator

singer
la cantante
cantora

waitress
la cameriera
garçonete

barman
il barista
garçom/barman

sportsman
l'atleta
esportista

sculptor
lo scultore
esculptor

painter
la pittrice
pintora

photographer
il fotografo
fotógrafo

newsreader
l'annunciatore
apresentador

notes
gli appunti
anotações

journalist
il giornalista
jornalista

editor
la redattrice
redatora

designer
la disegnatrice
desenhista/designer

seamstress
la costumista
costureira

tailor
il sarto
alfaiate

transport
i trasporti
transporte

roads • le strade • *rodovias*

motorway
l'autostrada
rodovia

toll booth
il casello
cabine de pedágio

road markings
la segnaletica
orizzontale
sinalizações de pista

slip road
la rampa
di accesso
via de acesso

one-way
a senso unico
sentido único

divider
la linea divisoria
divisão

junction
lo svincolo
junção

traffic light
il semaforo
semáforo

inside lane
la corsia interna
*faixa para tráfego
lento*

middle lane
la corsia centrale
pista central

outside lane
la corsia esterna
*pista de
ultrapassagem*

exit ramp
la rampa di usc
rampa de saída

traffic
il traffico
tráfego

flyover
il cavalcavia
viaduto

hard shoulder
la corsia
d'emergenza
acostamento

lorry
il camion
caminhão

central reservation
la banchina
spartitraffico
faixas de tráfego

underpass
il sottopassaggio
passagem subterrânea

emergency phone
il telefono per
emergenze
telefone de emergência

disabled parking
il parcheggio per
disabili
*estacionamento para
deficientes*

pedestrian crossing
il passaggio
pedonale
faixa de pedestres

traffic jam
l'ingorgo
congestionamento

map
la mappa
mapa

parking meter
il parchimetro
parquimetro

traffic policeman
il vigile urbano
policial de trânsito

vocabulary • vocabolario • *vocabulário*

roundabout la rotatoria *rotatória*	**park (v)** parcheggiare *estacionar*	**tow away (v)** rimorchiare *rebocar*
diversion la deviazione *desvio*	**overtake (v)** sorpassare *acelerar*	**dual carriageway** la carreggiata doppia *rodovia com pista dupla*
roadworks i lavori stradali *obras rodoviárias*	**drive (v)** guidare *dirigir*	**Is this the road to...?** È questa la strada per ...? *Esta estrada vai para...?*
crash barrier il guardrail *guard-rail*	**reverse (v)** fare marcia indietro *dar marcha a ré*	**Where can I park?** Dove posso parcheggiare? *Onde pode-se estacionar?*

road signs • i cartelli stradali • *sinais de trânsito*

no entry
ingresso vietato
proibida a entrada

speed limit
il limite di velocità
limite de velocidade

hazard
pericolo
perigo

no stopping
sosta vietata
proibido parar

no right turn
svolta a destra
vietata
não entrar à direita

bus • l'autobus • *ônibus*

driver's seat
il sedile
dell'autista
*assento do
motorista*

handrail
la maniglia
cabine

automatic door
la porta a soffietto
porta automática

front wheel
la ruota
anteriore
roda dianteira

luggage hold
il bagagliaio
porta-malas/bagageiro

door | la porta | *porta*

coach | il pullman | *ônibus de viagem*

types of buses • i tipi di autobus • *tipos de ônibus*

route number
il numero
del percorso
número da rota

driver
l'autista
motorista

double-decker bus
l'autobus a due piani
ônibus de dois andares

tram
il tram
bonde

trolley bus
il filobus
ônibus elétrico

school bus | lo scuolabus | *ônibus escolar*

rear wheel
la ruota
posterior
roda traseira

window
il finestrino
janela

stop button
il pulsante
di chiamata
botão de parada

bus ticket
il biglietto
bilhete de ônibus

bell
il campanello
sinal

bus station
l'autostazione
terminal rodoviário

bus stop
la fermata
dell'autobus
ponto de ônibus

vocabulary • vocabolario • *vocabulário*

fare	**wheelchair access**
la tariffa	l'accesso per sedie a rotelle
tarifa	*rampa para cadeira de rodas*
timetable	**bus shelter**
l'orario	la pensilina
horário	*toldo*
Do you stop at...?	**Which bus goes to...?**
Ferma a...?	Qual è l'autobus per...?
Você para em...?	*Que ônibus vai para...?*

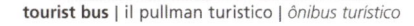

minibus
il pulmino
micro-ônibus

tourist bus | il pullman turistico | *ônibus turístico*

shuttle bus | la navetta | *ônibus de serviço*

car 1 • l'automobile 1 • *carro 1*

exterior • l'esterno • *exterior*

wing mirror
lo specchietto
laterale
retrovisor

windscreen
il parabrezza
para-brisas

rearview mirror
lo specchietto
retrovisore
espelho retrovisor

windscreen wiper
il tergicristallo
limpador de para-brisas

door
lo sportello
porta

bonnet il
cofano
capó

boot
il bagagliaio
porta-malas

indicator
la freccia
pisca-alerta

licence plate
la targa
placa

bumper
il paraurti
para-choque

headlight
il faro
farol

wheel
la ruota
roda

tyre
il pneumatico
pneu

roofrack
il portabagagli
bagageiro

luggage
i bagagli
bagagem

tailgate
il portellone
porta do bagageiro

seat belt
la cintura di sicurezza
cinto de segurança

child seat
il seggiolino per bambino
assento para crianças

types • i tipi • *tipos*

small car
l'auto piccola
compacto

hatchback
l'auto a cinque porte
carro de cinco portas

saloon
la berlina
sedã

estate
l'auto familiare
perua

convertible
l'auto decappottabile
conversível

sports car
l'auto sportiva
esportivo

people carrier
la monovolume
monovolume

four-wheel drive
il fuoristrada
tração quatro rodas

vintage
l'auto d'epoca
clássico

limousine
la limousine
limusine

petrol station • la stazione di servizio • *posto de combústivel*

petrol pump
la pompa
di benzin
bomba

price
il prezzo
preço

forecourt
l'area di stazionamento
área de abastecimento

air supply
il distributore di
aria compressa
bomba de ar

vocabulary • vocabolario • *vocabulário*

oil	**leaded**	**car wash**
l'olio	piombata	l'autolavaggio
óleo	*com chumbo*	*lavador de carros*
petrol	**diesel**	**antifreeze**
la benzina	il diesel	l'antigelo
gasolina	*diesel*	*anticongelante*
unleaded	**garage**	**antifreeze**
senza	il garage	il detergente
piombo	*oficina*	per vetri
sem chumbo		*liquido limpador de para-brisas*

Fill the tank, please.
Il pieno per favore.
Encha o tanque, por favor.

car 2 • l'automobile 2 • *carro 2*

interior • l'interno • *interior*

back seat
il sedile posteriore
assento traseiro

armrest
il bracciolo
descanso de braço

headrest
il poggiatesta
apoio para a cabeça

door lock
la sicura
trava

handle
la maniglia
puxador

vocabulary • vocabolario • *vocabulário*

two-door a due porte *duas portas*	**four-door** a quattro porte *quatro portas*	**automatic** automatico *automático*	**brake** il freno *freio*	**accelerator** l'acceleratore *acelerador*
three-door a tre porte *três portas*	**manual** manuale *manual*	**ignition** l'accensione *ignição*	**clutch** la frizione *embreagem*	**air conditioning** l'aria condizionata *ar-condicionado*

Can you tell me the way to...?
Può indicarmi la strada per...?
Poderia me dizer como ir a...?

Where is the car park?
Dov'è il parcheggio?
Onde fica o estacionamento?

Can I park here?
Posso parcheggiare qui?
Posso estacionar aqui?

controls • i comandi • *controles*

steering wheel
il volante
volante

horn
il clacson
buzina

dashboard
il cruscotto
painel

hazard lights
le luci intermittenti
luzes de emergência

satellite navigation
la navigazione via satellite
navegação por satélite

left-hand drive | la guida a sinistra | *direção do lado esquerdo*

temperature gauge
spia della temperatura
medidor de temperatura

rev counter
il contagiri
conta-giros

speedometer
il contachilometri
velocimetro

fuel gauge
la spia del
carburante
*indicador de
combústivel*

car stereo
l'autoradio
rádio

lights switch
l'interruttore
per le luci
interruptor de luz

heater controls
i comandi per
il riscaldamento
controles de aquecimento

odometer
l'odometro
odômetro

gearstick
la leva del cambio
câmbio

air bag
l'airbag
air bag

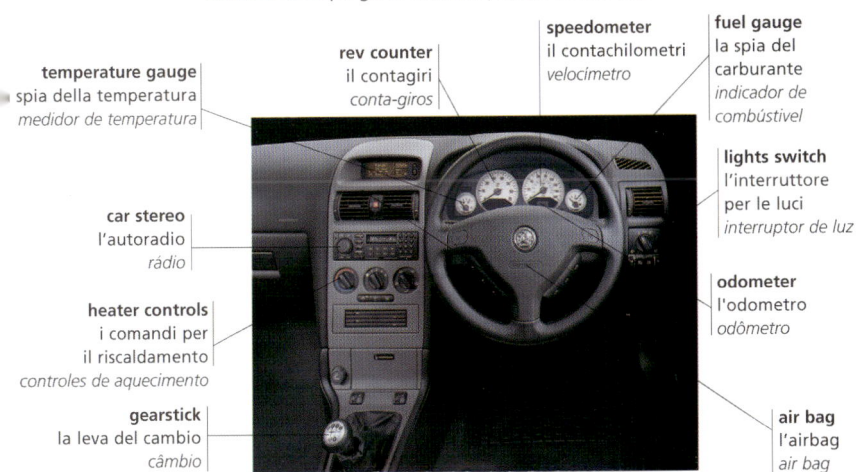

right-hand drive | la guida a destra | *direção do lado direito*

car 3 • l'automobile 3 • *carro 3*

mechanics • la meccanica • *mecânica*

screen wash reservoir
il serbatoio del liquido lavavetri
água do limpador de para-brisas

dipstick
l'indicatore di livello dell'olio
vareta para verificar óleo

air filter
il filtro dell'aria
filtro de ar

brake fluid reservoir
il serbatoio del liquido per i freni
reservatório de fluido de freio

battery
la batteria
bateria

bodywork
la carrozzeri
carroceria

coolant reservoir
il serbatoio per il liquido refrigerante
depósito de água do radiador

cylinder head
la testa del cilindro
cabeça do cilindro

pipe
il tubo
cano

sunroof
il tettuccio
teto solar

engine
il motor
motor

radiator
il radiatore
radiador

fan
il ventilatore
ventilador

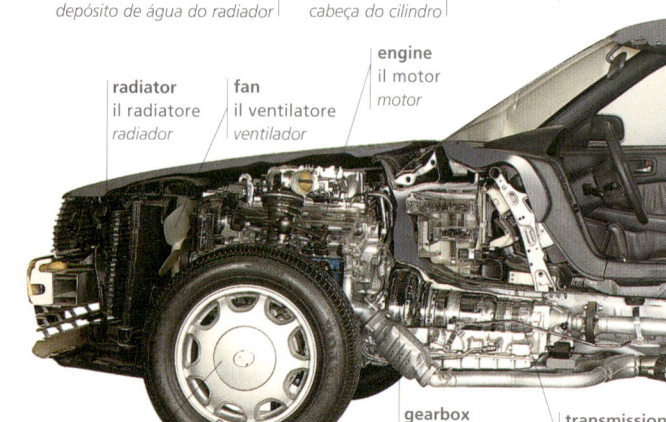

hubcap
il coprimozz
calota

gearbox
la scatola del cambio
caixa de câmbio

transmission
la trasmissione
transmissão

driveshaft
l'albero di transmissione
eixo de transmissão

puncture • la foratura
• *furo no pneu*

spare tyre
la ruota di scorta
estepe

wrench
la chiave
chave

wheel nuts
i bulloni della ruota
parafusos da roda

jack
il cric
macaco

change a wheel (v)
cambiare una ruota
trocar o pneu

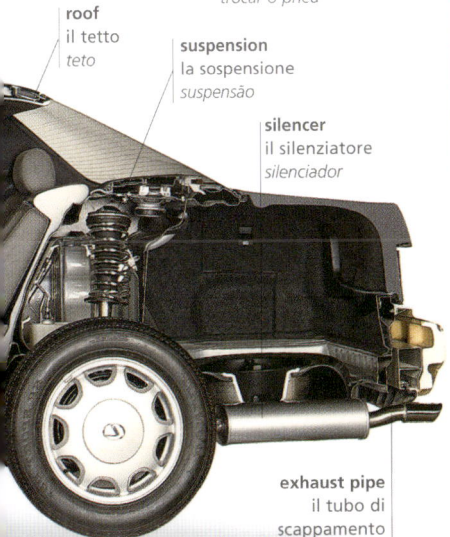

roof
il tetto
teto

suspension
la sospensione
suspensão

silencer
il silenziatore
silenciador

exhaust pipe
il tubo di
scappamento
escapamento

vocabulary • vocabolario • *vocabulário*

car accident
l'incidente stradale
acidente de carro

breakdown
il guasto
avaria/quebra

insurance
l'assicurazione
seguro

tow truck
il carro attrezzi
guincho

mechanic
il meccanico
mecânico

tyre pressure
la pressione dei
pneumatici
pressão do pneu

fuse box
la scatola dei
fusibili
caixa de fusíveis

spark plug
la candela
vela

fan belt
la cinghia della ventola
correia do ventilador

petrol tank
il serbatoio della
benzina
tanque de combustível

timing
la messa in fase
rpm

turbocharger
il turbocompressore
turbocompressor

distributor
il distributore
distribuidor

chassis
il telaio
chassi

handbrake
il freno a mano
freio de mão

alternator
l'alternatore
alternador

cam belt
la cinghia della camma
correia do disco

I've broken down.
Sono in panne.
Meu carro quebrou.

My car won't start.
La mia macchina non parte.
Meu carro não liga.

motorbike • la motocicletta • *motocicleta*

helmet
il casco
capacete

indicator
la freccia
pisca-alerta

speedometer
il contachilometri
velocímetro

clutch
la frizione
embreagem

brake
il freno
freio

horn
il clacson
buzina

throttle
l'acceleratore
acelerador

carrier
il portapacchi
bagageiro

controls | i comandi | *controles*

pillion
il sellino
posteriore
assento traseiro

seat
il sedile
assento

engine
il motore
motor

fuel tank
il serbatoio
tanque de gasolina

reflector
il riflettore
refletor

tail light
il fanale
posteriore
luz traseira

exhaust pipe
il tubo di scappamento
escapamento

silencer
il silenziatore
silenciador

oil tank
il serbatoio dell'olio
tanque de óleo

gearbox
la scatola del cambio
caixa de câmbios

air filter
il filtro dell'aria
filtro do ar

visor
la visiera
viseira

leathers
la tuta di pelle
traje de couro

reflector strap
fascia rifrangente
cinto refletor

knee pad
il paraginocchio
joelheira

clothing | l'abbigliamento | *vestuàrio*

headlight
il proiettore
farol

suspension
l'ammortizzatore
suspensão

mudguard
il parafango
para-lamas

brake pedal
il pedale del freno
pedal dos freios

axle
l'asse
eixo

tyre
il pneumatico
pneu

types • i tipi • *tipos*

racing bike | la moto da corsa
moto esportiva

windshield
il parabrezza
para-brisa

tourer | la moto da turismo | *moto de estrada*

dirt bike | la moto da cross | *motocross*

stand
il cavalletto
suporte

scooter | il motorino | *scooter*

bicycle • la bicicletta • *bicicleta*

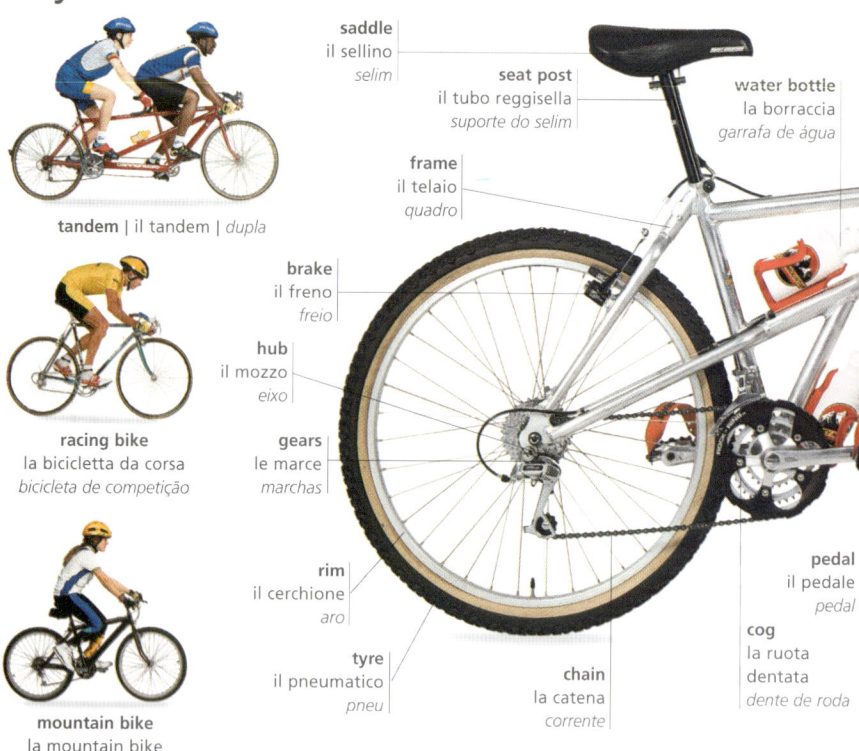

saddle
il sellino
selim

seat post
il tubo reggisella
suporte do selim

water bottle
la borraccia
garrafa de água

frame
il telaio
quadro

brake
il freno
freio

hub
il mozzo
eixo

gears
le marce
marchas

rim
il cerchione
aro

tyre
il pneumatico
pneu

chain
la catena
corrente

pedal
il pedale
pedal

cog
la ruota
dentata
dente de roda

tandem | il tandem | *dupla*

racing bike
la bicicletta da corsa
bicicleta de competição

mountain bike
la mountain bike
mountain bike

helmet
il casco
capacete

touring bike
la bicicletta da turismo
bicicleta de passeio

road bike
la bicicletta da strada
bicicleta de estrada

cycle lane | la pista ciclabile | *ciclovia*

crossbar
la canna
barra

handlebar
il manubrio
guidão

gear lever
la leva del cambio
alavanca da marcha

brake lever
la leva del freno
alavanca de freios

tyre lever
la leva per il pneumatico
alavanca do pneu

patch
la toppa
remendo

repair kit | il kit per riparazioni
kit de reparos

fork
la forcella
garfo

key
la chiave
chave

spoke
il raggio
raio

pump
la pompa
bomba

lock
il lucchetto
cadeado

wheel
la ruota
roda

tread
il battistrada
banda de rodagem

valve
la valvola
válvula

inner tube
la camera d'aria
câmara

child seat
il seggiolino per bambino
assento para criança

vocabulary • vocabolario • *vocabulário*

lamp il fanale *farol*	**kickstand** il cavalletto *forquilha de apoio*	**brake block** il blocca freni *trava de freio*	**basket** il cestello *cesta*	**toe clip** il fermapiedi *estribo*	**brake (v)** frenare *frear*
rear light il fanale posteriore *farol traseiro*	**bike rack** il posteggio per bici *bagageiro de bicicletas*	**cable** il cavo *cabo*	**dynamo** la dinamo *dínamo*	**toe strap** il cinghietto *correia do estribo*	**cycle (v)** andare in bici *andar de bicicleta*
reflector il catarifrangente *refletor*	**stabilisers** le rotelle *rodas de apoio*	**sprocket** il dente *correia dentada*	**puncture** la foratura *furo*	**pedal (v)** pedalare *pedalar*	**change gear (v)** cambiare marcia *mudar de marcha*

train • il treno • *trem*

carriage
il vagone
vagão

platform
il binario
plataforma

trolley
il carrello
carrinho de bagagem

platform number
il numero del binario
número da plataforma

commuter
il pendolare
usuário

train station | la stazione ferroviaria | *estação de trem*

types of train • i tipi di treno • *tipos de trem*

engine
la locomotiva
locomotiva

driver's cab
la cabina del conducente
cabine do condutor

rail
la rotaia
trilho

steam train
il treno a vapore
trem a vapor

diesel train | il treno diesel | *trem a diesel*

electric train
il treno elettrico
trem elétrico

high-speed train
il treno ad alta velocità
trem-bala

monorail
la monorotaia
monotrilho

underground train
la metropolitana
metrô

tram
il tram
bonde

freight train
il treno merci
trem de carga

luggage rack
il portabagagli
bagageiro

window
il finestrino
janela

door
la porta
porta

compartment
lo scompartimento
vagão

track
il binario
trilho

seat
il sedile
assento

ticket barrier | la barriera
catraca

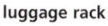

public address system
il sistema di avviso ai passeggeri
serviço de alto-falante

timetable
l'orario
horário

ticket
il biglietto
bilhete

dining car | il vagone ristorante
vagão-restaurante

sleeping compartment
lo scompartimento a cuccette
vagão-dormitório

concourse | l'atrio | *saguão*

vocabulary • vocabolario • *vocabulário*

rail network
la rete ferroviaria
rede ferroviária

inter-city train
il treno intercity
trem intermunicipal

rush hour
l'ora di punta
horário de pico

underground map
la mappa della
metropolitana
mapa do metrô

delay
il ritardo
atraso

fare
la tariffa
preço

ticket office
la biglietteria
bilheteria

ticket inspector
il controllore
inspetor de bilhete

change (v)
cambiare
trocar

live rail
il binario elettrificato
trilho eletrificado

signal
il segnale
sinalização

emergency lever
la leva di emergenza
alavanca de emergência

aircraft • l'aeroplano • *avião*

airliner • l'aereo di linea • *avião de passageiros*

nose
il muso
bico

cockpit
la cabina di
pilotaggio
cabine de comando

engine
das il motore
turbina

fuselage
la fusoliera
fuselagem

wing
l'ala
asa

tail
la coda
cauda

rudder
il timone
leme

nosewheel
la ruota
anteriore
*trem de pouso
dianteiro*

exit
l'uscita
saída

landing gear
il carrello d'atterraggio
trem de aterrissagem

aileron
l'alettone
aileron

fin
l'aletta
ponta da asa

tailplane
lo stabilizzatore
estabilizador

cabin • la cabina • *cabine*

emergency exit
l'uscita di emergenza
saída de emergência

flight attendant
l'assistente di volo
comissária de bordo

overhead locker
il compartimento
portabagagli
*compartimento de
bagagem*

window
il finestrino
janela

air vent
la ventola
per l'aria
ventilador

reading light
la luce di lettura
luz de leitura

seat
il sedile
assento

row
la fila
fileira

armrest
il bracciolo
descansador de braço

aisle
il corridoio
corredor

tray-table
il vassoio
mesa móvel

seat back
lo schienale
encosto

microlight
l'aereo biposto
ultraleve

glider
l'aliante
planador

biplane
il biplano
biplano

propeller
l'elica
hélice

hot-air balloon
la mongolfiera
balão de ar quente

light aircraft
l'aereo da diporto
avião leve

sea plane
l'idrovolante
hidroavião

supersonic jet
l'aereo supersonico
avião supersônico

private jet
l'aereo privato
jato privado

rotor blade
la lama rotante
pá da hélice

missile
il missile
missil

helicopter
l'elicottero
helicóptero

bomber
il bombardiere
bombardeiro

fighter plane
l'aereo da caccia
caça

vocabulary • vocabolario • *vocabulário*

pilot il pilota *piloto*	**take off (v)** decollare *decolar*	**land (v)** atterrare *aterrissar*	**economy class** la classe economica *classe econômica*	**hand luggage** il bagaglio a mano *bagagem de mão*
co-pilot il copilota *copiloto*	**fly (v)** volare *voar*	**altitude** la quota *altitude*	**business class** la business class *classe executiva*	**seat belt** la cintura di sicurezza *cinto de segurança*

airport • l'aeroporto • *aeroporto*

apron
l'area di stazionamento
pátio de estacionamento

baggage trailer
il carrello portabagagli
reboque de bagagem

terminal
il terminal
terminal

service vehicle
il veicolo di servizio
veículo de serviço

walkway
il passaggio pedonale
passarela

airliner | l'aereo di linea | *avião comercial*

vocabulary • vocabolario • *vocabulário*

runway
la pista
pista

international flight
il volo
internazionale
voo internacional

domestic flight
il volo nazionale
voo doméstico

connection
la coincidenza
conexão

flight number
il numero del volo
número do voo

immigration
l'immigrazione
imigração

customs
la dogana
alfândega

excess baggage
il bagaglio in
eccedenza
excesso de bagagem

carousel
il nastro trasportatore
carrossel de bagagens

security
la sicurezza
segurança

X-ray machine
l'apparecchio a raggi x
máquina de raio X

holiday brochure
l'opuscolo vacanze
folheto de viagens

holiday
la vacanza
férias

check in (v)
fare il check-in
despachar

control tower
la torre di controllo
torre de controle

book a flight (v)
prenotare un volo
reservar um voo

hand luggage
il bagaglio
a mano
*bagagem
de mão*

luggage
il bagaglio
bagagem

trolley
il carrello
carrinho

check-in desk
il banco accettazione
check-in

visa
il visto
visto

passport | il passaporto | *passaporte*

boarding pass
la carta d'imbarco
cartão de embarque

passport control
il controllo passaporti
controle de passaporte

ticket
il biglietto
bilhete

gate number
il numero
dell'uscita
*número da porta
de embarque*

destination
la destinazione
destino

arrivals
gli arrivi
chegadas

departures
le partenze
partidas

departure lounge
la sala delle partenze
sala de embarque

information screen
il pannello degli orari
painel de informações

duty-free shop
il negozio duty free
free shop

baggage reclaim
il ricupero bagagli
retirada de bagagem

taxi rank
il posteggio dei taxi
serviço de táxi

car hire
l'autonoleggio
aluguel de carros

ship • la nave • *navio*

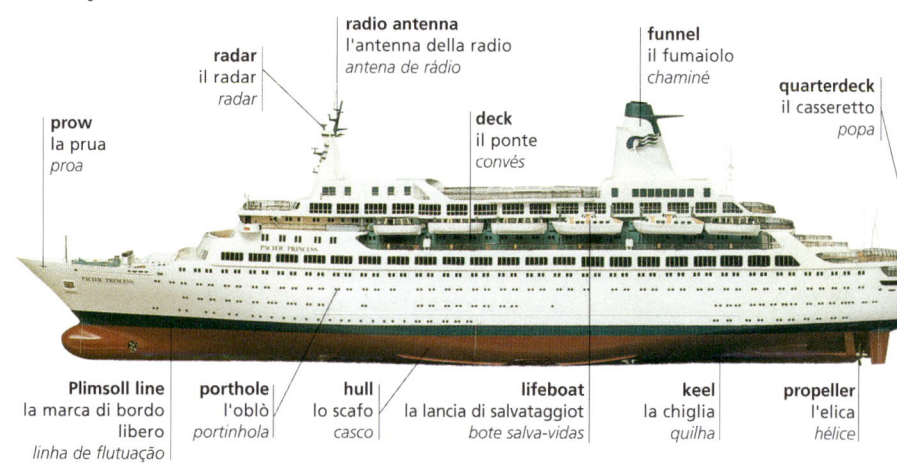

radio antenna
l'antenna della radio
antena de rádio

radar
il radar
radar

funnel
il fumaiolo
chaminé

quarterdeck
il casseretto
popa

prow
la prua
proa

deck
il ponte
convés

Plimsoll line
la marca di bordo
libero
linha de flutuação

porthole
l'oblò
portinhola

hull
lo scafo
casco

lifeboat
la lancia di salvataggiot
bote salva-vidas

keel
la chiglia
quilha

propeller
l'elica
hélice

ocean liner | la nave da crociera | *transatlântico*

bridge
il ponte di comando
sala de controle

engine room
la sala macchine
sala de máquinas

cabin
la cabina
cabine

galley
la cucina di bordo
cozinha

vocabulary • vocabolario • *vocabulário*

dock il bacino *cais*	**windlass** il mulinello *cabrestante*
port il porto *porto*	**captain** il capitano *capitão*
gangway la passerella *passadiço*	**speedboat** il motoscafo *lancha*
anchor l'ancora *âncora*	**rowing boat** la barca a remi *barco a remo*
bollard la colonna d'ormeggio *mastro*	**canoe** la canoa *canoa*

other ships • altre imbarcazioni • *outras embarcações*

ferry | il traghetto | *balsa*

outboard motor
il motore fuoribordo
motor de popa

inflatable dinghy
il gommone
bote inflável

hydrofoil
l'aliscafo
hidrofólio

yacht
lo yacht
iate

catamaran
il catamarano
catamarã

tug boat
il rimorchiatore
rebocador

hovercraft
l'hovercraft
hovercraft

container ship
la nave porta container
navio porta-contêineres

rigging
il sartiame
cordoalha

hold
la stiva
porão

sailboat
la barca a vela
barco a vela

freighter
la nave da trasporto
navio cargueiro

oil tanker
la petroliera
petroleiro

aircraft carrier
la portaerei
porta-aviões

battleship
la nave da guerra
encouraçado

conning tower
la torretta di
comando
torre de comando

submarine
il sottomarino
submarino

port • il porto • *porto*

warehouse
il magazzino
armazém

crane
la gru
grua

fork-lift truck
il carrello elevatore
guindaste

access road
la strada di accesso
estrada de acesso

customs house
l'ufficio della
dogana
alfândega do porto

dock
il bacino
doca

container
il container
contêiner

quay
la banchina
cais

cargo
il carico
carga

ferry terminal
il terminale
dei traghetti
terminal da balsa

ferry
il traghetto
balsa

ticket office
la biglietteria
bilheteria

passenger
il passeggero
passageiro

container port | il porto per container | *porto comercial*

passenger port | il porto per passeggeri
cais de passageiros

net	fishing boat	mooring
la rete	la barca da pesca	l'ormeggio
rede	*barco de pesca*	*ancoradouro*

marina | il porto turistico | *marinha*

fishing port | il porto da pesca | *porto pesqueiro*

harbour | il porto | *porto*

pier | il pontile | *pier*

jetty | il molo | *quebra-mar*

shipyard | il cantiere navale
estaleiro

lamp
la luce
lâmpada

lighthouse
il faro
farol

buoy
la boa
boia

vocabulary • vocabolario • *vocabulário*

coastguard	dry dock	board (v)
il guardacoste	il bacino di	imbarcare
guarda-costeira	carenaggio	*embarcar*
	doca flutuante	
harbour master		**disembark (v)**
il capitano di porto	**moor (v)**	sbarcare
capitão do porto	ormeggiare	*desembarcar*
	amarrar	
drop anchor (v)		**set sail (v)**
mollare l'ancora	**dock (v)**	salpare
ancorar	entrare in bacino	*partir*
	atracar	

sports
gli sport
esportes

American football • il football americano
• *futebol americano*

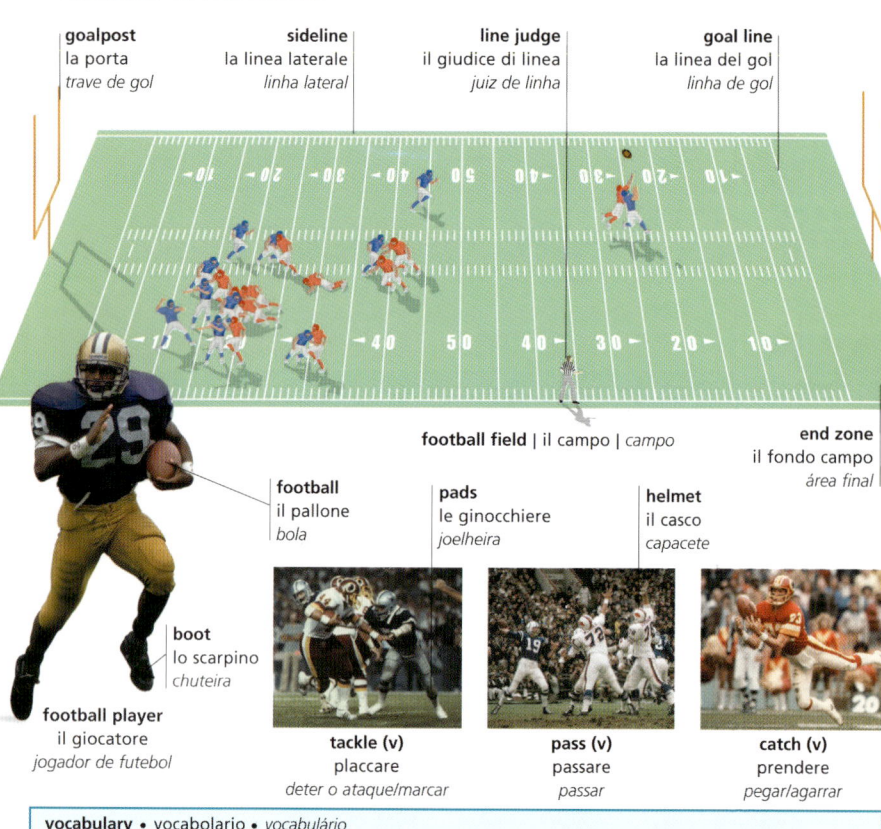

goalpost
la porta
trave de gol

sideline
la linea laterale
linha lateral

line judge
il giudice di linea
juiz de linha

goal line
la linea del gol
linha de gol

football field | il campo | *campo*

end zone
il fondo campo
área final

football
il pallone
bola

pads
le ginocchiere
joelheira

helmet
il casco
capacete

boot
lo scarpino
chuteira

football player
il giocatore
jogador de futebol

tackle (v)
placcare
deter o ataque/marcar

pass (v)
passare
passar

catch (v)
prendere
pegar/agarrar

vocabulary • vocabolario • *vocabulário*

time out il time-out *tempo jogado*	**team** la squadra *time*	**defence** la difesa *defesa*	**cheerleader** la cheerleader *animadora de torcida*	**What is the score?** A quanto stanno? *Qual é o resultado?*
fumble il fumble *passe errado*	**attack** l'attacco *ataque*	**score** il punteggio *resultado*	**touchdown** il touch-down *touchdown*	**Who is winning?** Chi vince? *Quem está ganhando?*

rugby • il rugby • *rúgbi*

goal
la porta
gol

in-goal area
l'area della porta
área de gol

touch line
la linea di touch
linha lateral

flag
la bandierina
bandeira

dead ball line
la linea di palla morta
linha de fundo

rugby pitch | il campo | *campo de rúgbi*

ball
il pallone
bola

throw (v)
tirare
lançar

rugby strip
la divisa da rugby
uniforme de rúgbi

kick (v)
calciare
chutar

pass (v)
passare
passar

tackle (v)
placcare
marcar

try
la meta
treino

player
il giocatore
jogador

ruck | il ruck | *luta aberta*

scrum | la mischia | *luta pela posse da bola*

soccer • il calcio • *futebol*

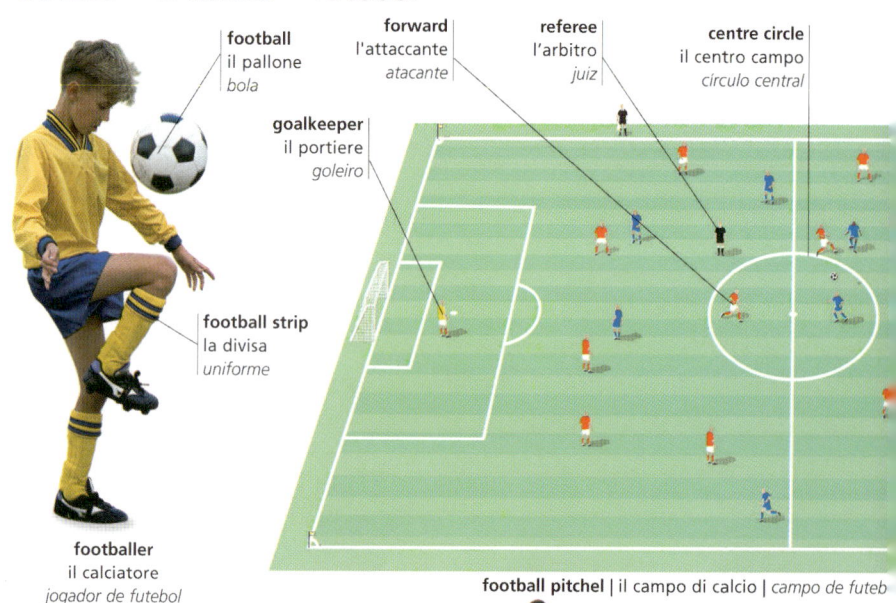

football | il pallone | *bola*

forward | l'attaccante | *atacante*

referee | l'arbitro | *juiz*

centre circle | il centro campo | *círculo central*

goalkeeper | il portiere | *goleiro*

football strip | la divisa | *uniforme*

footballer | il calciatore | *jogador de futebol*

football pitchel | il campo di calcio | *campo de futeb*

goalpost | il palo | *trave do gol*

net | la rete | *rede*

crossbar | la traversa | *travessão*

dribble (v) | dribblare | *driblar*

head (v) | colpire di testa | *cabecear*

wall | il muro | *barreira*

goal | il gol | *gol*

free kick | il calcio di punizione | *cobrança de falta*

penalty area
l'area di rigore
grande área

goal line
la linea di fondo
linha de fundo

goal area
l'area di porta
pequena área

goal
la porta
gol

defender
il difensore
zagueiro

linesman
il guardialinee
bandeirinha

corner flag
la bandierina
bandeira do escanteio

throw-in
la rimessa in gioco
arremesso lateral

kick (v)
calciare
chutar

boot
lo scarpino
chuteira

pass (v)
passare
fazer um passe

shoot (v)
tirare
lançar

save (v)
parare
defender

tackle (v)
contrastare
dar carrinho

---

vocabulary • vocabolario • *vocabulário*

stadium lo stadio *estádio*	**foul** il fallo *falta*	**yellow card** il cartellino giallo *cartão amarelo*	**league** il campionato *campeonato/liga*	**extra time** il tempo supplementare *prorrogação*
score a goal (v) segnare *fazer gol*	**corner** il calcio d'angolo *escanteio*	**off-side** il fuorigioco *impedimento*	**draw** il pareggio *empate*	**substitute** il sostituto *reserva*
penalty il rigore *pênalti*	**red card** il cartellino rosso *cartão vermelho*	**send off** l'espulsione *expulsão*	**half time** l'intervallo *intervalo de jogo*	**substitution** la sostituzione *substituição*

hockey • l'hockey • *hóquei*

ice hockey • l'hockey su ghiaccio • *hóquei sobre gelo*

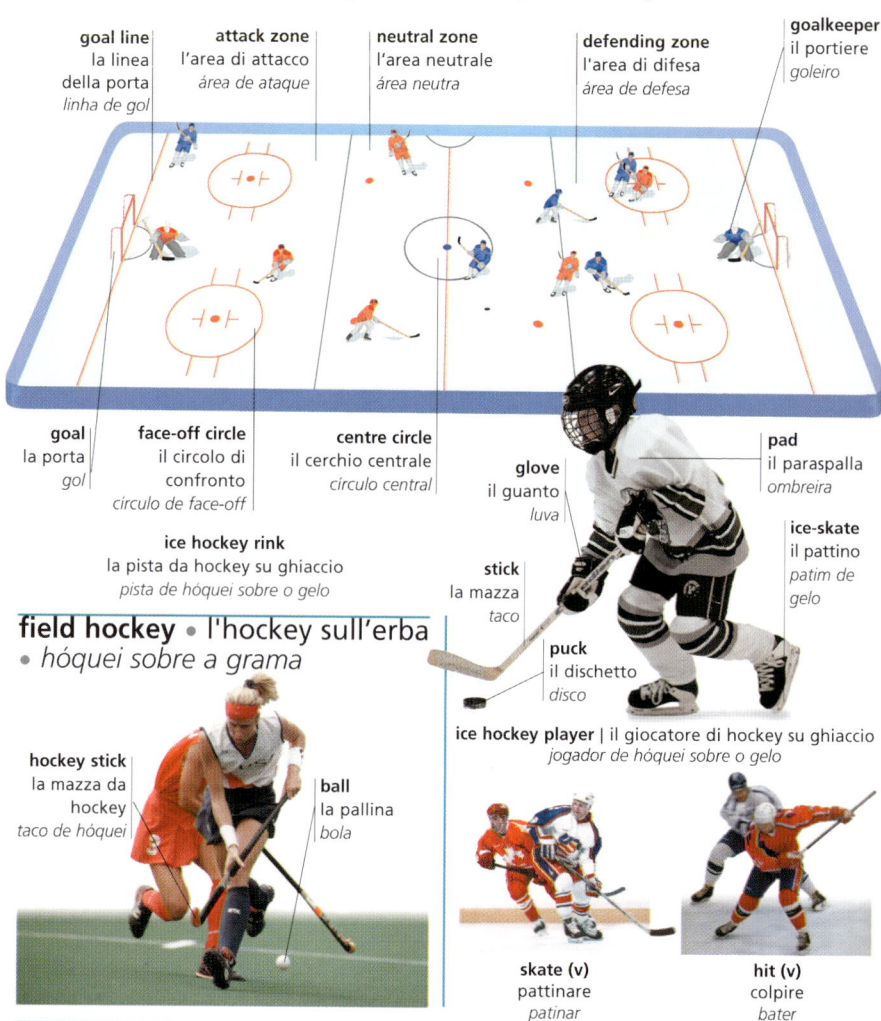

goal line
la linea
della porta
linha de gol

attack zone
l'area di attacco
área de ataque

neutral zone
l'area neutrale
área neutra

defending zone
l'area di difesa
área de defesa

goalkeeper
il portiere
goleiro

goal
la porta
gol

face-off circle
il circolo di
confronto
círculo de face-off

centre circle
il cerchio centrale
círculo central

glove
il guanto
luva

pad
il paraspalla
ombreira

ice-skate
il pattino
*patim de
gelo*

ice hockey rink
la pista da hockey su ghiaccio
pista de hóquei sobre o gelo

stick
la mazza
taco

puck
il dischetto
disco

field hockey • l'hockey sull'erba
• *hóquei sobre a grama*

hockey stick
la mazza da
hockey
taco de hóquei

ball
la pallina
bola

ice hockey player | il giocatore di hockey su ghiaccio
jogador de hóquei sobre o gelo

skate (v)
pattinare
patinar

hit (v)
colpire
bater

cricket • il cricket • *críquete*

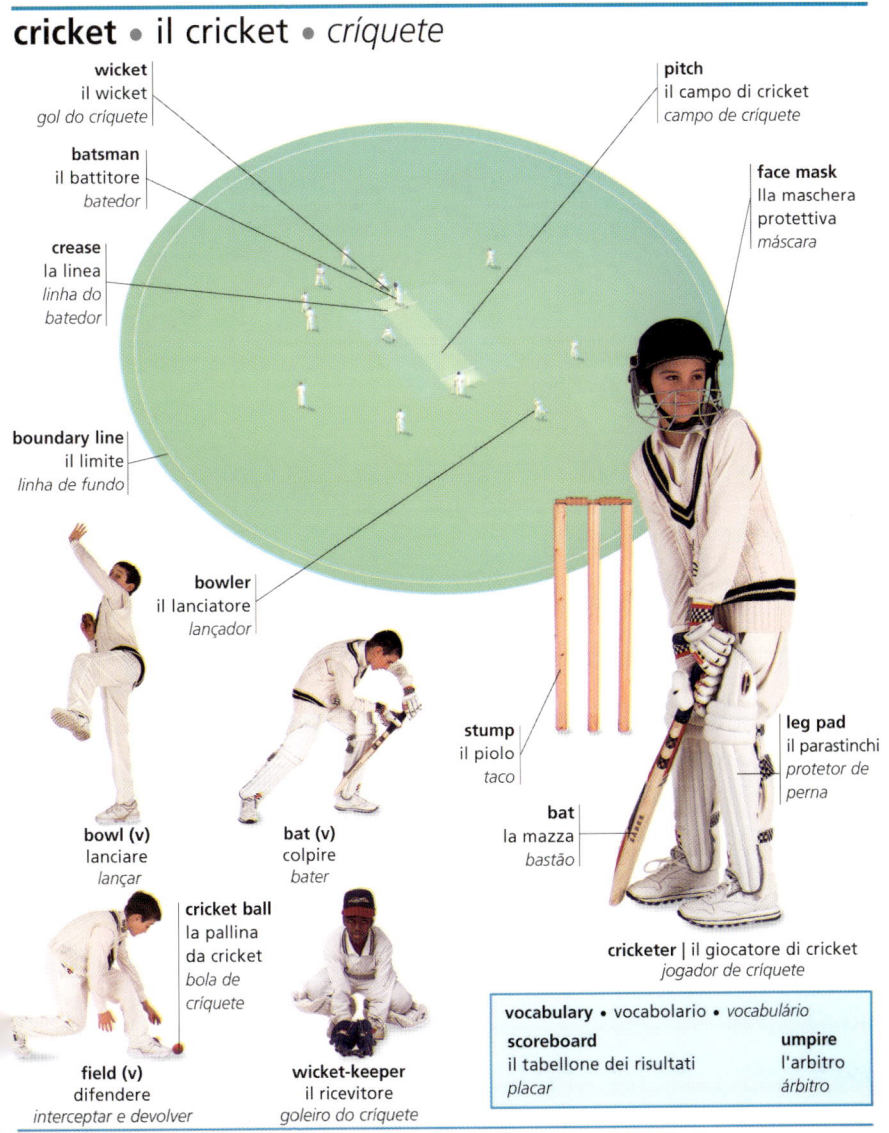

wicket
il wicket
gol do críquete

batsman
il battitore
batedor

crease
la linea
linha do batedor

boundary line
il limite
linha de fundo

pitch
il campo di cricket
campo de críquete

face mask
lla maschera protettiva
máscara

bowler
il lanciatore
lançador

stump
il piolo
taco

leg pad
il parastinchi
protetor de perna

bat
la mazza
bastão

bowl (v)
lanciare
lançar

bat (v)
colpire
bater

cricket ball
la pallina da cricket
bola de críquete

field (v)
difendere
interceptar e devolver

wicket-keeper
il ricevitore
goleiro do críquete

cricketer | il giocatore di cricket
jogador de críquete

vocabulary • vocabolario • *vocabulário*	
scoreboard	**umpire**
il tabellone dei risultati	l'arbitro
placar	*árbitro*

basketball • la pallacanestro • *basquetebol*

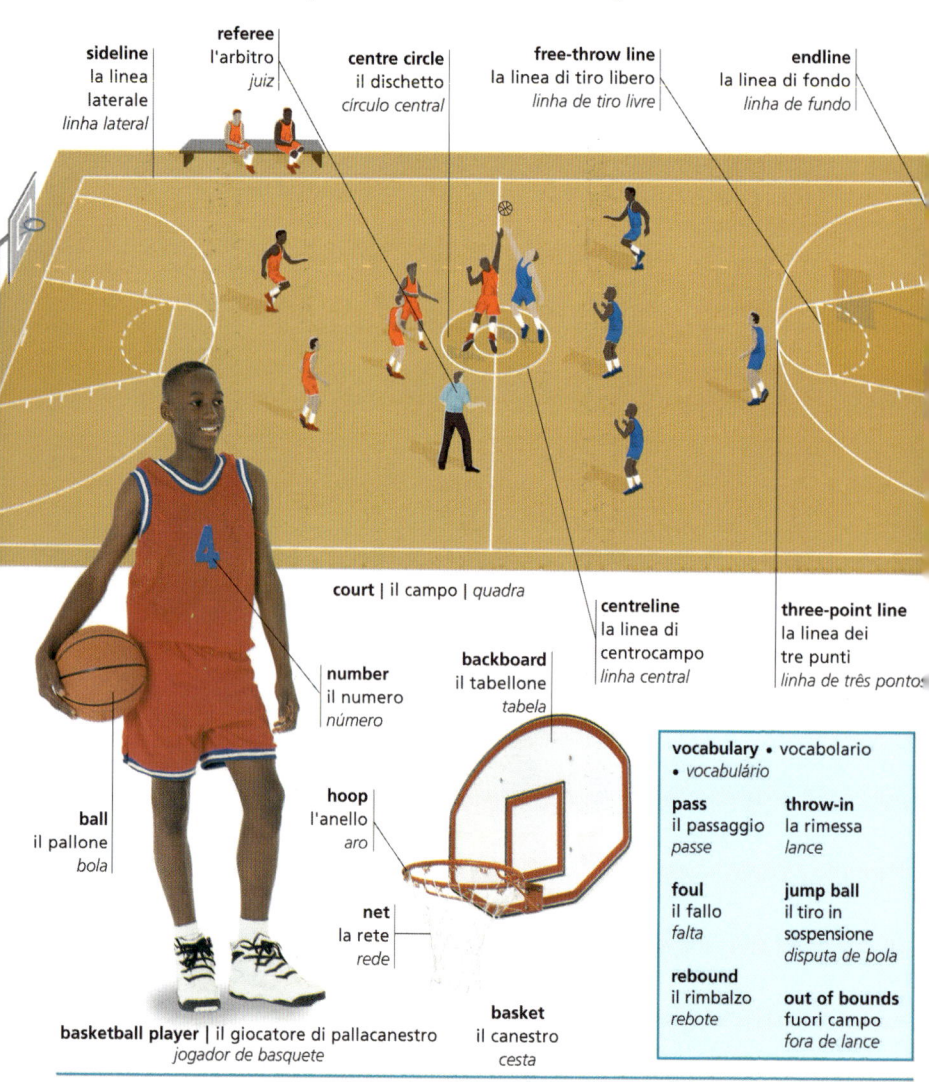

sideline
la linea
laterale
linha lateral

referee
l'arbitro
juiz

centre circle
il dischetto
círculo central

free-throw line
la linea di tiro libero
linha de tiro livre

endline
la linea di fondo
linha de fundo

court | il campo | *quadra*

centreline
la linea di
centrocampo
linha central

three-point line
la linea dei
tre punti
linha de três pontos

number
il numero
número

backboard
il tabellone
tabela

hoop
l'anello
aro

ball
il pallone
bola

net
la rete
rede

basket
il canestro
cesta

basketball player | il giocatore di pallacanestro
jogador de basquete

vocabulary • vocabolario
• *vocabulário*

pass
il passaggio
passe

throw-in
la rimessa
lance

foul
il fallo
falta

jump ball
il tiro in
sospensione
disputa de bola

rebound
il rimbalzo
rebote

out of bounds
fuori campo
fora de lance

actions • le azioni • *ações*

throw (v)
tirare
lançar

catch (v)
acchiappare
pegar/agarrar

shoot (v)
tirare
arremessar

jump (v)
saltare
saltar

mark (v)
marcare
marcar

block (v)
bloccare
bloquear

bounce (v)
rimbalzare
quicar a bola

dunk (v)
segnare
fazer pontos

volleyball • la pallavolo • *voleibol*

block (v)
contrastare
bloquear

net
la rete
rede

dig (v)
fendere
receber

referee
l'arbitro
árbitro

knee support
la ginocchiera
joelheira

court | il campo | *quadra*

baseball • il baseball • *beisebol*

field • il campo • *campo*

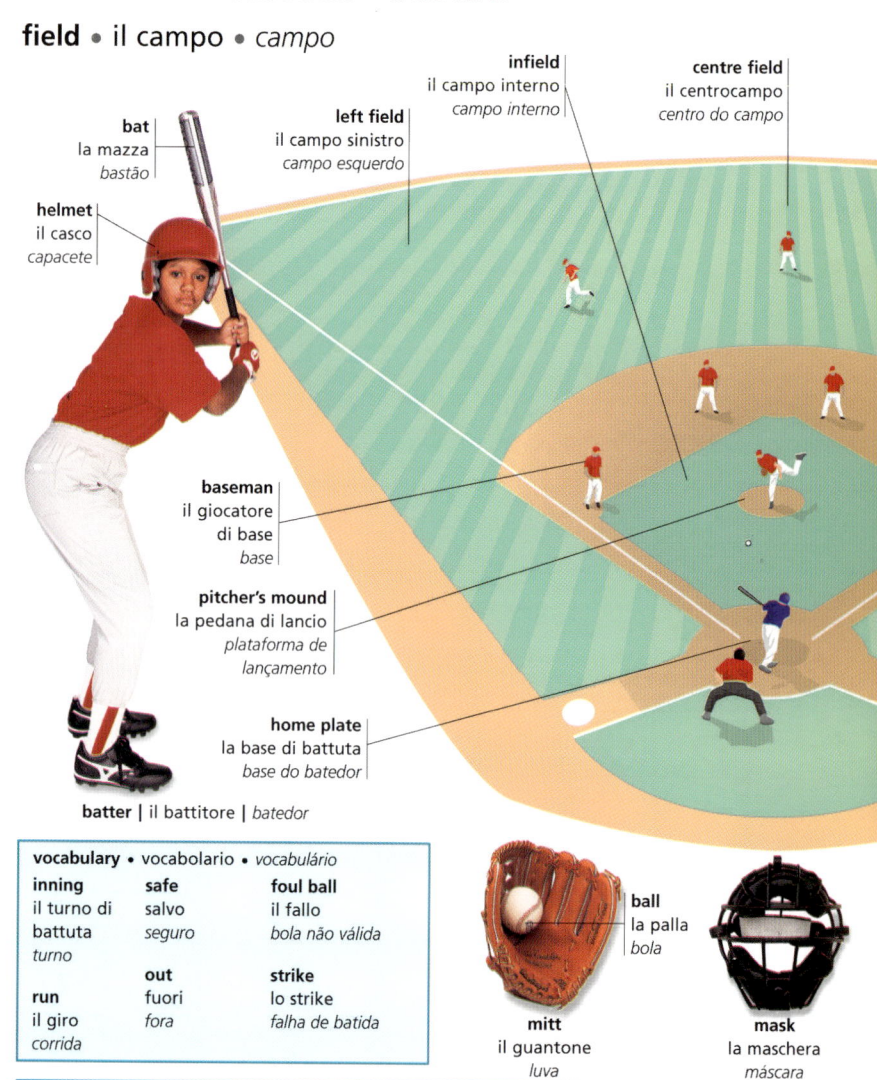

infield
il campo interno
campo interno

centre field
il centrocampo
centro do campo

left field
il campo sinistro
campo esquerdo

bat
la mazza
bastão

helmet
il casco
capacete

baseman
il giocatore
di base
base

pitcher's mound
la pedana di lancio
*plataforma de
lançamento*

home plate
la base di battuta
base do batedor

batter | il battitore | *batedor*

vocabulary • vocabolario • *vocabulário*

inning il turno di battuta *turno*	**safe** salvo *seguro*	**foul ball** il fallo *bola não válida*
run il giro *corrida*	**out** fuori *fora*	**strike** lo strike *falha de batida*

ball
la palla
bola

mitt
il guantone
luva

mask
la maschera
máscara

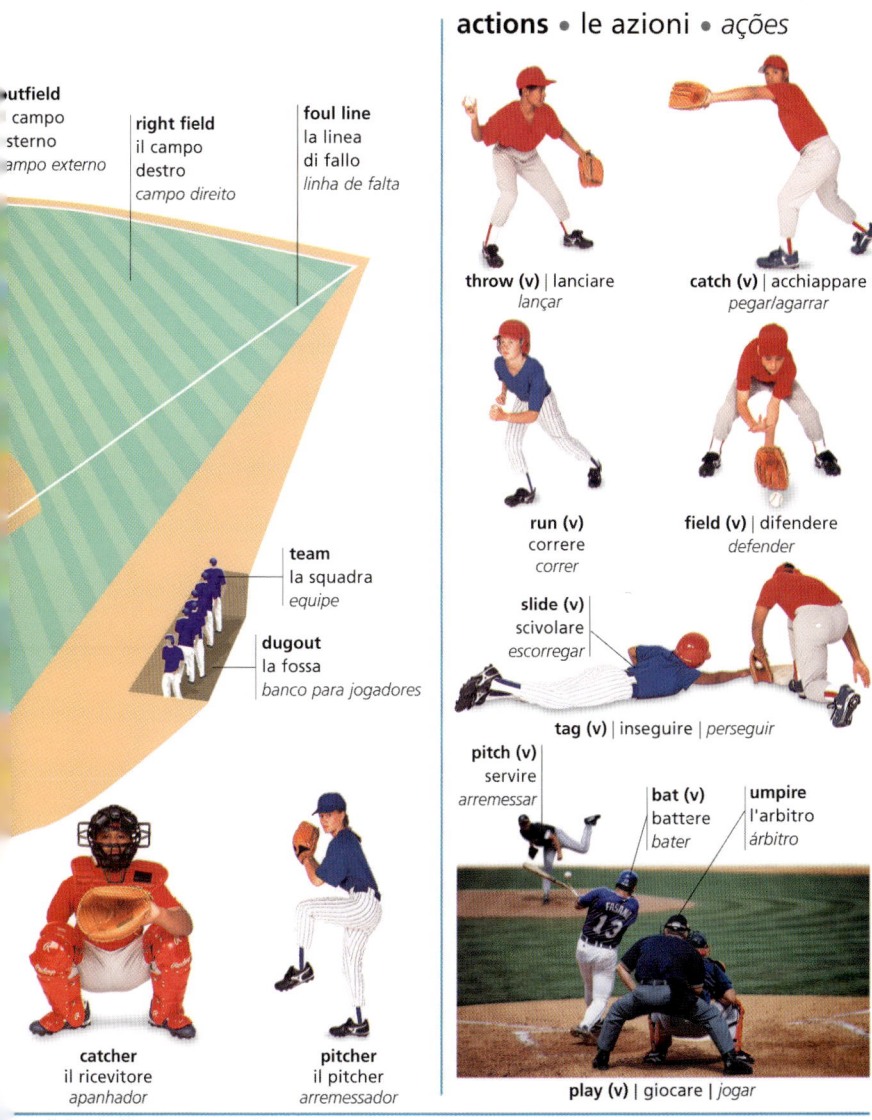

outfield
campo
sterno
campo externo

right field
il campo
destro
campo direito

foul line
la linea
di fallo
linha de falta

team
la squadra
equipe

dugout
la fossa
banco para jogadores

catcher
il ricevitore
apanhador

pitcher
il pitcher
arremessador

actions • le azioni • *ações*

throw (v) | lanciare
lançar

catch (v) | acchiappare
pegar/agarrar

run (v)
correre
correr

field (v) | difendere
defender

slide (v)
scivolare
escorregar

tag (v) | inseguire | *perseguir*

pitch (v)
servire
arremessar

bat (v)
battere
bater

umpire
l'arbitro
árbitro

play (v) | giocare | *jogar*

tennis • il tennis • *tênis*

head
la testa
cabeça

string
la corda
encordoamento

handle
l'impugnatura
cabo

racquet
la racchetta
raquete

service line
la linea di servizio
linha de serviço

sideline
la linea laterale
linha lateral

ball
la palla
bola

wristband
il polsino
munhequeira

umpire
l'arbitro
juiz de cadeira

baseline
la linea di fondo
linha de fundo

tennis court | il campo | *quadra de tênis*

vocabulary • vocabolario • *vocabulário*

singles il singolare *simples*	**set** il set *set*	**deuce** il deuce *quaranta iguais*	**fault** il fallo *falta*	**slice** il taglio *golpe com efeito*	**spin** lavvitamento *bola de efeito*
doubles il doppio *duplas*	**match** la partita *partida*	**advantage** il vantaggio *vantagem*	**ace** l'asso *ace*	**rally** il palleggio *troca de bola*	**linesman** il giudice di linea *juiz de linha*
game il gioco *jogo*	**tiebreak** il tiebreak *tiebreak*	**love** a zero *nulo*	**dropshot** la smorzata *largadinha*	**let!** colpo nullo! *rede!*	**championship** il campionato *campeonato*

strokes • i colpi • *golpes*

net
la rete
rede

smash
la schiacciata
saque

ballboy
il raccattapalle
recolhedor de bolas

serve (v)
battere
il servizio
sacar

tennis shoes
le scarpe
da tennis
tênis

player
il tennista
jogador

serve
il servizio
serviço

volley
la volée
voleio

return
il ritorno
devolução

lob
il pallonetto
lob (lançar bola alta)

forehand | il dritto
(com a palma da mão virada para frente)

backhand | il rovescio
(com a palma da mão virada para dentro)

racquet games • i giochi con la racchetta • *jogos de raquete*

shuttlecock
il volano
peteca

bat
la racchetta
raquete

badminton
il badminton
badminton

table tennis
il ping pong
pingue-pongue

squash
lo squash
squash

racquetball
il racquetball
raquetebol

golf • il golf • *golfe*

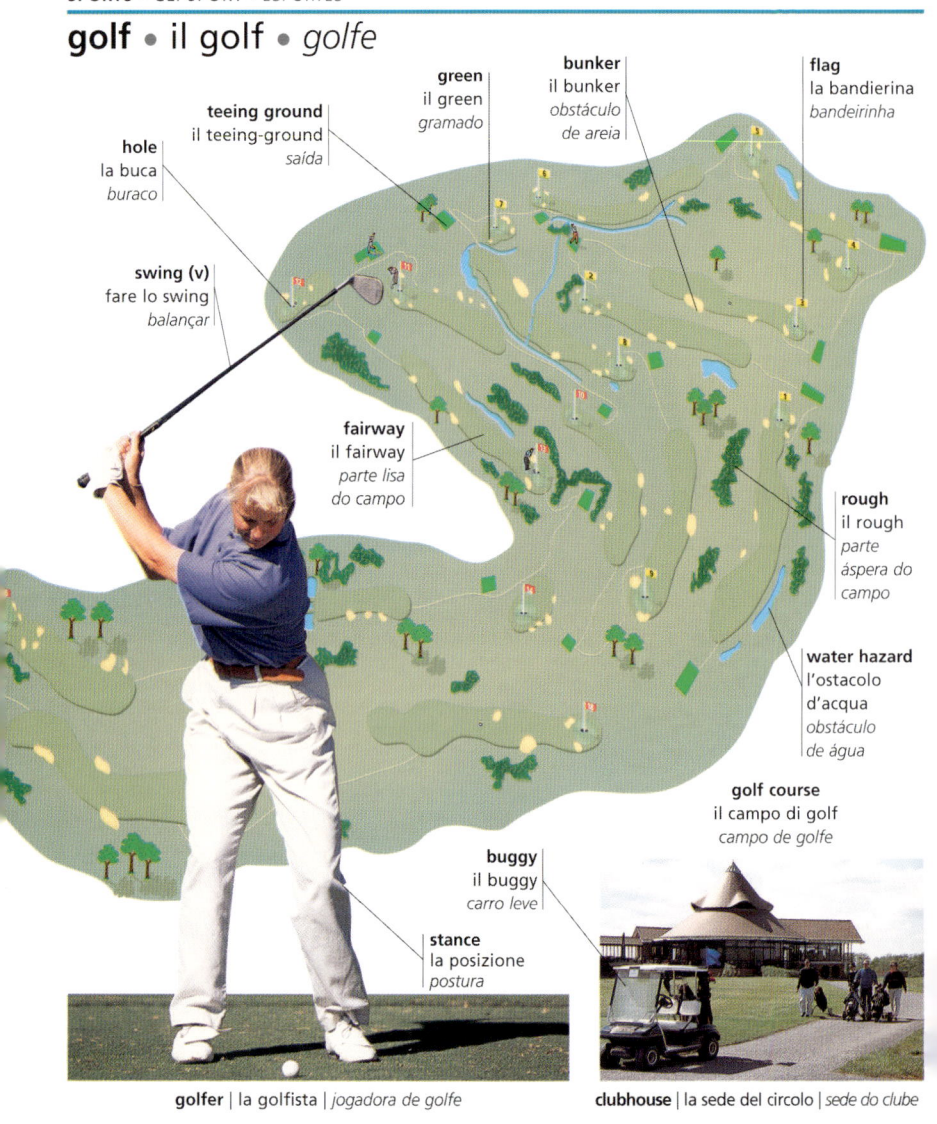

hole
la buca
buraco

teeing ground
il teeing-ground
saída

green
il green
gramado

bunker
il bunker
*obstáculo
de areia*

flag
la bandierina
bandeirinha

swing (v)
fare lo swing
balançar

fairway
il fairway
*parte lisa
do campo*

rough
il rough
*parte
áspera do
campo*

water hazard
l'ostacolo
d'acqua
*obstáculo
de água*

golf course
il campo di golf
campo de golfe

buggy
il buggy
carro leve

stance
la posizione
postura

golfer | la golfista | *jogadora de golfe*

clubhouse | la sede del circolo | *sede do clube*

equipment • le attrezzature • *equipamento*

golf ball
la pallina da golf
bola de golfe

tee
il tee
anteparo

glove
il guanto
luva

golf trolley
il carrellino
carrinho de golfe

umbrella
l'ombrello
guarda-chuva

golf bag
la sacca da golf
sacola de golfe

spikes
i chiodi
cravos

golf shoe
la scarpa da golf
sapato de golfe

golf clubs • le mazze da golf • *tacos de golfe*

wood
la mazza di legno
taco de madeira

putter
il putter
taco de lance curto

iron
la mazza di ferro
taco de ferro

wedge
la mazza ricurva
wedge

actions • le azioni • *ações*

tee off (v)
cominciare la partita
dar saída/iniciar

drive (v)
colpire a distanza
fazer um drive

putt (v)
colpire
leggermente
bater com o putter

chip (v)
colpire da vicino
fazer um chip

---

vocabulary • vocabolario • *vocabulário*

par	over par	handicap	caddy	backswing	stroke
il par	l'overpar	l'handicap	il caddy	il back-swing	il colpo
par	*sobrepar*	*desvantagem*	*carregador*	*movimento para trás*	*golpe*

under par	hole in one	tournament	spectators	practice swing	line of play
l'underpar	la buca in uno	il torneo	gli spettatori	lo swing di pratica	la linea di gioco
subpar	*buraco em um*	*torneio*	*espectadores*	*praticar balanço*	*linha de jogo*

athletics • l'atletica • *atletismo*

lane
la corsia
rua lateral

track
la pista
pista

finishing line
il traguardo
linha de chegada

starting line
la linea di partenza
linha de partida

field
il campo
campo

athlete
l'atleta
atleta

starting blocks
la pedana
di partenza
*calço de
partida*

sprinter
il velocista
corredor

discus
il lancio del disco
lançamento de disco

shotput
il lancio del peso
arremesso de peso

javelin
il lancio del giavellotto
lançamento de dardo

vocabulary • vocabolario • *vocabulário*

race la gara *corrida*	**record** il primato *recorde*	**photo finish** il fotofinish *definir por foto*	**pole vault** il salto con l'asta *salto com vara*
time il tempo *tempo*	**break a record (v)** battere un primato *quebrar um recorde*	**marathon** la maratona *maratona*	**personal best** il primato personale *marca pessoal*

stopwatch
il cronometro
cronômetro

baton
il testimone
bastão

relay race
la staffetta
corrida de revezamento

crossbar
la sbarra
travessão

high jump
il salto in alto
salto em altura

long jump
il salto in lungo
salto em distância

hurdles
la corsa a ostacoli
corrida com obstáculos

gymnastics • la ginnastica • *ginástica*

springboard
la pedana
elastica
trampolim

gymnast
la ginnasta
ginasta

horse
il cavallo
cavalo

somersault
la capriola
salto mortal

beam | la trave | *trave*

ribbon
il nastro
fita

mat
la pedana
esteira

vault
il volteggio
salto

floor exercises
la ginnastica a corpo libero
exercícios de solo

tumble
la ruota
salto acrobático no solo

rhythmic gymnastics
la ginnastica ritmica
ginástica rítmica

---

vocabulary • vocabolario • *vocabulário*

horizontal bar	**pommel horse**	**rings**	**medals**	**silver**
la sbarra	il cavallo	gli anelli	le medaglie	l'argento
barra fixa	*cavalo com argolas*	*argolas*	*medalhas*	*prata*
parallel bars	**asymmetric bars**	**podium**	**gold**	**bronze**
le parallele	le sbarre asimmetriche	il podio	l'oro	il bronzo
barras paralelas	*paralelas assimétricas*	*pódio*	*ouro*	*bronze*

combat sports • gli sport da combattimento
• esportes de combate

opponent
l'avversario
adversário

guard
il casco
protetor

belt
la cintura
faixa

karate
il karate
caratê

glove
il guanto
luva

tae-kwon-do
il tae kwondo
taekwondo

mask
la maschera
máscara

judo
il judo
judô

sword
la sciabola
florete

aikido
l'aikido
aikido

kendo
il kendo
kendo

kung fu
il kung fu
kung fu

kickboxing
il kickboxing
kickboxing

wrestling
la lotta greco-romana
luta romana

boxing
il pugilato
boxe

actions • le mosse • *ações*

fall
la scivolata
queda

hold
la presa
pegada

throw
la proiezione
derrubada

pin
la caduta
imobilização

kick
il calcio
chute

punch
il pugno
soco

strike
il colpo
ataque

jump
il salto
salto

block
la parata
bloqueio

chop
il colpo di taglio
golpe

---

vocabulary • vocabolario • *vocabulário*

boxing ring il ring *ringue*	**round** il round *assalto*	**fist** il pugno *punho*	**black belt** la cintura nera *faixa preta*	**capoeira** la capoeira *capoeira*
boxing gloves i guantoni *luvas de boxe*	**bout** l'incontro *combate*	**knock out** il k.o *nocaute*	**self defence** l'autodifesa *defesa pessoal*	**sumo wrestling** il sumo *sumô*
mouth guard il paradenti *protetor bucal*	**sparring** l'allenamento *pugilato*	**punch bag** il sacco *saco de pancada*	**martial arts** le arti marziali *artes marciais*	**tai-chi** il tai-chi *taichi*

---

swimming • il nuoto • *natação*

equipment • l'attrezzatura • *equipamento*

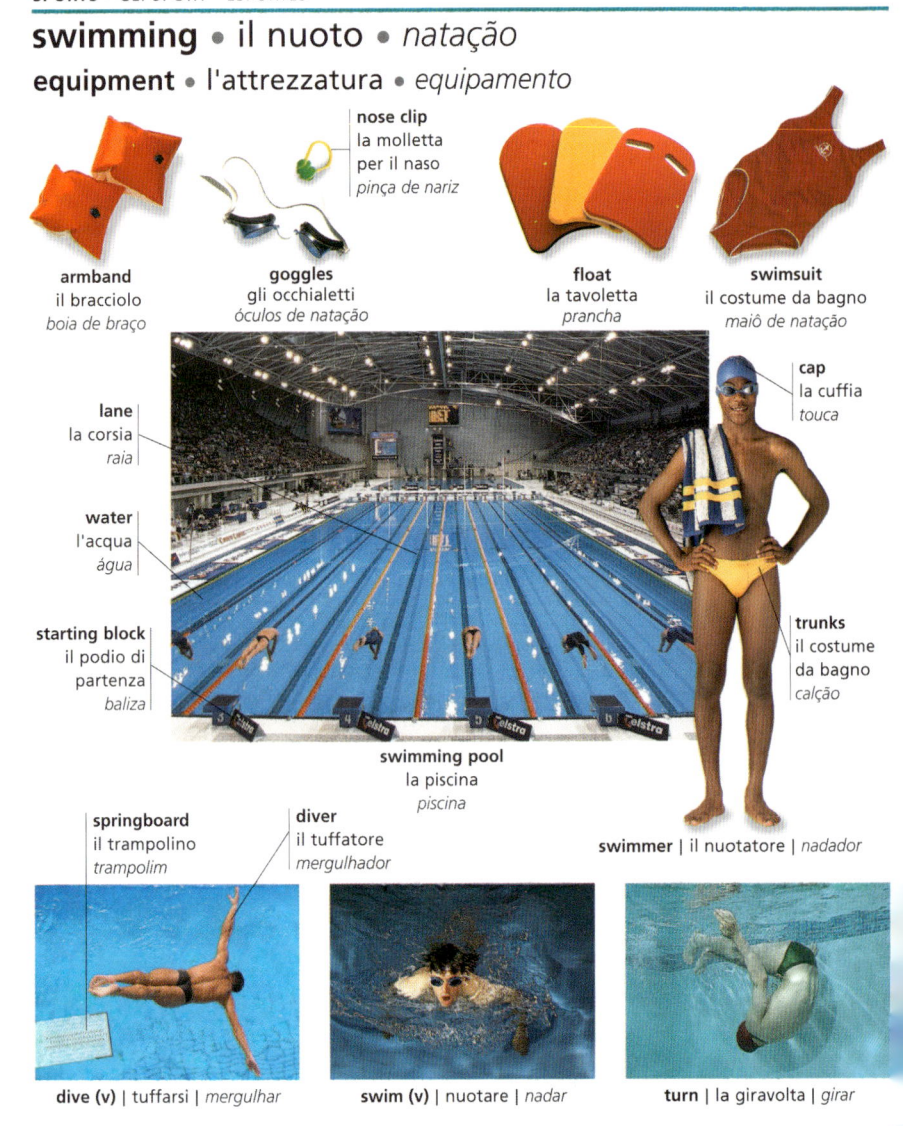

nose clip
la molletta
per il naso
pinça de nariz

armband
il bracciolo
boia de braço

goggles
gli occhialetti
óculos de natação

float
la tavoletta
prancha

swimsuit
il costume da bagno
maiô de natação

cap
la cuffia
touca

lane
la corsia
raia

water
l'acqua
água

starting block
il podio di
partenza
baliza

trunks
il costume
da bagno
calção

swimming pool
la piscina
piscina

springboard
il trampolino
trampolim

diver
il tuffatore
mergulhador

swimmer | il nuotatore | *nadador*

dive (v) | tuffarsi | *mergulhar*

swim (v) | nuotare | *nadar*

turn | la giravolta | *girar*

styles • gli stili • *estilos*

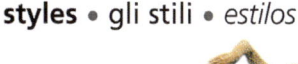

front crawl
lo stile libero
nado crawl

breaststroke
la rana
nado de peito

stroke
la bracciata
braçada

kick
la gambata
batida de perna

backstroke | il dorso | *nado de costas*

butterfly | la farfalla | *nado borboleta*

scuba diving • il nuoto subacqueo • *mergulho*

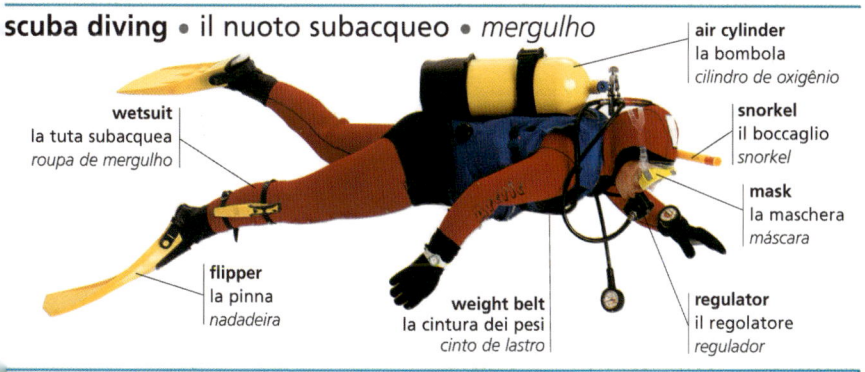

air cylinder
la bombola
cilindro de oxigênio

wetsuit
la tuta subacquea
roupa de mergulho

snorkel
il boccaglio
snorkel

mask
la maschera
máscara

flipper
la pinna
nadadeira

weight belt
la cintura dei pesi
cinto de lastro

regulator
il regolatore
regulador

vocabulary • vocabolario • *vocabulário*

dive il tuffo *mergulho*	**tread water (v)** tenersi a galla *boiar*	**lockers** gli armadietti *armários com chaves*	**water polo** la pallanuoto *polo aquático*	**shallow end** la parte bassa *área pouco profunda*	**cramp** il crampo *câibra*
high dive il tuffo alto *mergulho profundo*	**racing dive** il tuffo di rincorsa *mergulho de competição*	**lifeguard** il bagnino *salva-vidas*	**deep end** la parte profonda *área profunda*	**synchronized swimming** il nuoto sincronizzato *nado sincronizado*	**drown (v)** annegare *afogar-se*

sailing • la vela • *velejar*

compass
la bussola
bússola

anchor
l'ancora
âncora

mast
l'albero
mastro

rigging
il sartiame
estai

mainsail
la vela di
maestra
vela mestra

headsail
la vela di prua
vela de proa

cleat
la galloccia
stopper

sidedeck
il ponte
laterale
convés

boom
il boma
haste de apoio

bow
la prua
proa

stern
la popp
popa

tiller
la barra
timão

hull
lo scafo
casco

navigate (v) | navigare | *navegar*

yacht | lo yacht | *iate*

safety • la sicurezza • *segurança*

flare
il razzo illuminante
foguete de sinalização

lifebuoy
il salvagente
boia salva-vidas

life jacket
il giubbotto di salvataggio
colete salva-vidas

life raft
la zattera di salvataggi
balsa salva-vidas

english • italiano • *portuguê*

watersports • gli sport acquatici • *esportes aquáticos*

rower
il rematore
remador

oar
il remo
remo

kayak
il kayak
caiaque

paddle
la pagaia
remo

row (v) | remare | *remar*

canoeing | il canottaggio | *canoagem*

sail
la vela
vela

surfboard
il surf
prancha de surfe

ski
lo sci
esqui

windsurfer
il windsurfer
windsurfista

board
la tavola
prancha

footstrap
la presa
per il piede
cinto para o pé

surfing
il surfing
surfe

waterskiing
lo sci d'acqua
esqui aquático

speed boating
la corsa in motoscafo
corrida de barcos a motor

rafting
rafting
rafting

jet skiing
l'acquascooter
jet ski

windsurfing | il windsurfing | *windsurfing*

vocabulary • vocabolario • *vocabulário*

waterskier lo sciatore d'acqua *esquiador aquático*	**crew** l'equipaggio *tripulação*	**wind** il vento *vento*	**surf** la cresta dell'onda *rebentação*	**sheet** la scotta *escota*	**centreboard** il centro della tavola *quilha*
surfer il surfista *surfista*	**tack (v)** bordeggiare *mudar de rumo*	**wave** l'onda *onda*	**rapids** le rapide *correnteza*	**rudder** il timone *leme*	**capsize (v)** capovolgersi *virar*

horse riding • l'equitazione • *equitação*

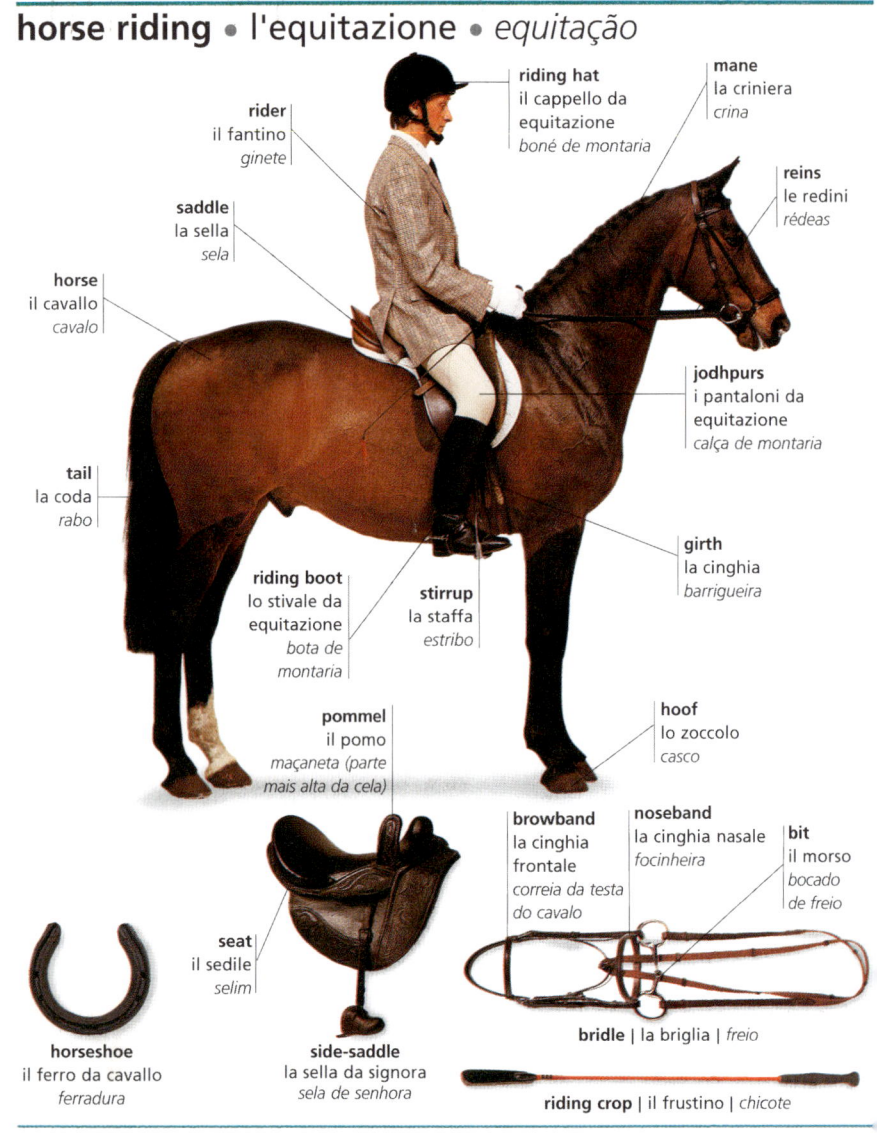

rider
il fantino
ginete

riding hat
il cappello da
equitazione
boné de montaria

mane
la criniera
crina

reins
le redini
rédeas

saddle
la sella
sela

horse
il cavallo
cavalo

jodhpurs
i pantaloni da
equitazione
calça de montaria

tail
la coda
rabo

girth
la cinghia
barrigueira

riding boot
lo stivale da
equitazione
*bota de
montaria*

stirrup
la staffa
estribo

hoof
lo zoccolo
casco

pommel
il pomo
*maçaneta (parte
mais alta da cela)*

browband
la cinghia
frontale
*correia da testa
do cavalo*

noseband
la cinghia nasale
focinheira

bit
il morso
*bocado
de freio*

seat
il sedile
selim

bridle | la briglia | *freio*

horseshoe
il ferro da cavallo
ferradura

side-saddle
la sella da signora
sela de senhora

riding crop | il frustino | *chicote*

events • le corse • eventos

racehorse
il cavallo da corsa
cavalo de corrida

fence
l'ostacolo
obstáculo de vala

horse race | la corsa di cavalli
corrida de cavalos

steeplechase | la corsa a ostacoli
corrida com obstáculos

harness race | la corsa al trotto
corrida de trote

rodeo | il rodeo
rodeio

showjumping | il concorso ippico
hipismo

carriage race | la corsa di carrozze
corrida de carruagens

trekking | l'escursione a cavallo
passeio a cavalo

dressage | il dressage
adestramento

polo | il polo
polo

vocabulary • vocabolario • vocabulário

walk il passo *passo*	**canter** il piccolo galoppo *meio galope*	**jump** il salto *salto*	**halter** la cavezza *cabresto*	**paddock** il recinto *cercado*	**flat race** la corsa in piano *corrida sem obstáculos*
trot il trotto *trote*	**gallop** il galoppo *galope*	**groom** il palafreniere *cavalariço*	**stable** la stalla *estábulo*	**arena** l'arena *arena*	**racecourse** l'ippodromo *hipódromo*

fishing • la pesca • *pesca*

weight | il peso
chumbo

barb
l'uncino
farpa

eye
l'occhiello
olho

fishhook
l'amo
anzol

bait | l'esca | *ceva*

float
il galleggiante
boia

lure
l'esca
isca

fly
la mosca
mosca

landing net
la retina
camaroeiro

keep net
la rete da pesca
rede de captura

waders
gli stivaloni
di gomma
*botas altas e
impermeáveis*

tackle box
la scatola portaesche
caixa de equipamentos

fishing rod |
la canna da pesca
vara de pesca

reel |
il mulinello
molinete

line |
la lenza
linha

angler | il pescatore | *pescador*

types of fishing • i tipi di pesca • *tipos de pesca*

freshwater fishing
la pesca in acqua dolce
pesca em água doce

fly fishing
la pesca con la mosca
pesca com mosca

sport fishing
la pesca sportiva
pesca esportiva

deep sea fishing
la pesca in alto mare
pesca em alto-mar

surfcasting
la pesca dalla riva
pesca na orla

activities • le attività • *ações*

cast (v)
lanciare
lançar

catch (v)
prendere
fisgar

reel in (v)
tirare con il mulinello
recolher

net (v)
pescare con la rete
recolher a rede

release (v)
rilasciare
soltar

---

vocabulary • vocabolario • *vocabulário*

bait (v)	**tackle**	**waterproofs**	**fishing permit**	**creel**
fornire di esca	l'attrezzatura	i sovrapantaloni	la licenza di pesca	la nassa
cevar	*equipamentos*	*roupa impermeável*	*licença de pesca*	*cesto para peixes*
bite (v)	**spool**	**fishing pole**	**marine fishing**	**spearfishing**
abboccare	la bobina	la canna da pesca	la pesca in mare	la pesca con la fiocina
morder a isca	*carretel*	*vara comprida*	*pesca em alto-mar*	*pesca com arpão*

---

skiing • lo sci • *esqui*

ski slope
la pista da sci
pista

chairlift
la seggiovia
cadeira de teleférico

cable car
la funivia
cabina de teleférico

ski suit
la tuta da sci
traje para esquiar

ski pole
il bastone da sci
bastão

glove
il guanto
luva

ski run
la pista da sci
pista para esquiar

ski boot
lo scarpone da sci
botina para esquiar

safety barrier
la transenna di sicurezza
barreira de segurança

ski
lo sci
esqui

edge
la lama
quina

skier
la sciatrice
esquiadora

tip
la punta
ponta

events • le gare • *eventos*

downhill skiing
la discesa
descida

gate
la porta
estaca divisória

slalom
lo slalom
corrida de esquis

ski jump
il salto
salto de esqui

cross-country skiing
lo sci di fondo
esqui cross-country

winter sports • gli sport invernali • *esportes de inverno*

ice climbing
l'arrampicata su ghiaccio
alpinismo no gelo

ice-skating
il pattinaggio su ghiaccio
patinação sobre gelo

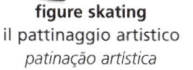

goggles
gli occhiali
óculos

skate
il pattino
patim

figure skating
il pattinaggio artistico
patinação artística

snowboarding
lo snowboard
snowboarding

bobsleigh
il bob
trenó de corrida

luge
lo slittino
tobogã

snowmobile
la motoslitta
moto para neve

sledding
la corsa su slitta
deslizar de trenó

vocabulary • vocabolario • *vocabulário*

alpine skiing lo sci alpino *esqui alpino*	**dog sledding** la corsa su slitta trainata da cani *trenó puxado por cães*
giant slalom lo slalom gigante *slalom gigante*	**speed skating** il pattinaggio di velocità *patinação de velocidade*
off-piste fuoripista *fora da pista*	
curling il curling *curling*	**biathlon** il biathlon *duatlo*
	avalanche la valanga *avalanche*

other sports • gli altri sport • *outros esportes*

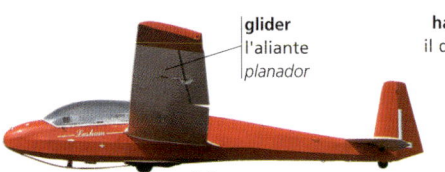

glider
l'aliante
planador

hang-glider
il deltaplano
asa delta

gliding
il volo a vela
voo com planador

parachute
il paracadute
paraquedas

hang-gliding
il volo in deltaplano
voo de asa delta

rope
la corda
corda

rock climbing
l'alpinismo in parete
alpinismo

parachuting
il paracadutismo
paraquedismo

paragliding
il parapendio
parapente

skydiving
il paracadutismo libero
paraquedismo em queda livre

abseiling
la cordata
rapel

bungee jumping
il bungee jumping
bungee jumping

rally driving
il rally
rali

racing driver
il pilota da corsa
piloto de corrida

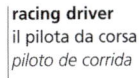

motor racing
l'automobilismo
automobilismo

motorcross
il motocross
motocross

motorbike racing
il motociclismo
motociclismo

skateboard
la tavola da
skateboard
skate

rollerskate
il pattino a rotelle
patim de rodas

stick
la mazza
bastão

mask
la maschera
máscara

foil
il fioretto
florete

skateboarding
lo skate board
andar de skate

roller skating
il pattinaggio a rotelle
patinação

lacrosse
il lacrosse
lacrosse

fencing
la scherma
esgrima

pin
il birillo
pino de boliche

bow
l'arco
arco

target
il bersaglio
alvo

arrow
la freccia
flecha

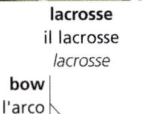

quiver
la faretra
aljava

archery
il tiro con l'arco
arco e flecha

target shooting
il tiro al bersaglio
tiro ao alvo

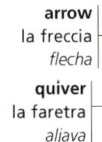

bowling ball
la palla da
bowling
bola de boliche

pool
il biliardo
bilhar

snooker
lo snooker
sinuca

bowling
il bowling
boliche

fitness • il fitness • *forma física*

exercise bike
la cyclette
bicicleta ergométrica

gym machine
la macchina per esercizi
aparelho para exercícios

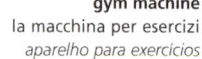

bench
la panca
bancada

free weights
i manubri
pesos

bar
la sbarra
barra

gym
la palestra
academia

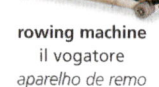

rowing machine
il vogatore
aparelho de remo

treadmill
il treadmill
esteira de correr

cross trainer
il cross trainer
esteira ergométrica

personal trainer
l'istruttore individuale
treinador(a) pessoal

step machine
la macchina per step
aparelho de step

swimming pool
la piscina
piscina

sauna
la sauna
sauna

exercises • gli esercizi • *exercícios*

stretch
lo stretching
alongamento

lunge
lo stiramento
flexão com alongamento

tights
il collant
meia-calça

press-up
le flessioni
flexão

dumb bell
il manubrio
peso

squat
lo squat
agachamento

sit-up
gli addominali
exercício abdominal

biceps curl
le alzate con il manubrio
desenvolvimento do bíceps

leg press
la pressa per le gambe
exercícios com as pernas

trainers
gli scarponcini
tênis

weight bar
il bilanciere
barra com pesos

vest
la maglietta
camiseta

chest press
la pressa per pettorali
exercícios peitorais

weight training
l'addestramento ai pesi
levantamento de peso

jogging
il footing
caminhada

aerobics
la ginnastica aerobica
aeróbica

---

vocabulary • vocabolario • *vocabulário*

train (v) allenarsi *treinar*	**jog on the spot (v)** correre sul posto *correr na esteira*	**extend (v)** stendere *alongar*	**Pilates** il Pilates *pilates*	**circuit training** l'allenamento a circuito *quadra de ginástica*
warm up (v) riscaldarsi *aquecer*	**flex (v)** flettere *flexionar*	**pull up (v)** sollevare *levantar peso*	**boxercise** la ginnastica prepugilistica *ginástica de boxe*	**skipping** saltare con la corda *pular corda*

leisure
il tempo libero
lazer

theatre • il teatro • *teatro*

curtain
il sipario
cortina

wings
le quinte
bastidores

set
la scenografia
cenografia

audience
il pubblico
público

orchestra
l'orchestra
orquestra

stage | il palcoscenico | *palco*

seat
la poltrona
poltrona

upper circle
la seconda galleria
galeria alta

row
la fila
fileira

box
il palco
camarote

circle
la galleria
galeria

balcony
la alconata
balcão

aisle
il corridoio
corredor

stalls
le oltrone
di platea
plateia

seating | le poltrone | *poltronas*

costume
il costume
traje

concert
il concerto
concerto

musical
il musical
musical

ballet
il balletto
balé

vocabulary • vocabolario • *vocabulário*

usher
la maschera
lanterninha

classical music
la musica classica
música clássica

musical score
la partitura musicale
partitura

soundtrack
la colonna sonora
trilha sonora

applaud (v)
applaudire
aplaudir

encore
il bis
pedir bis

What time does it start?
A che ora inizia?
A que horas começa?

I'd like two tickets for tonight's performance.
Vorrei due biglietti per lo spettacolo di stasera.
Gostaria de duas entradas para esta noite.

opera
l'opera
ópera

cinema • il cinema • *cinema*

popcorn
l popcorn
pipoca

poster
il poster
pôster

box office
la biglietteria
bilheteria

lobby
l'atrio
aguão

vocabulary • vocabolario • *vocabulário*

comedy
la commedia
comédia

thriller
il thriller
filme de suspense

horror film
il film di orrore
filme de terror

western
il western
filme de faroeste

romance
il film d'amore
filme romântico

science fiction film
il film di fantascienza
filme de ficção científica

adventure
il film di avventura
filme de ação

animated film
il film di animazione
filme de animação

cinema hall
il cinema
cinema

screen
lo schermo
tela

orchestra • l'orchestra • *orquestra*
strings • le corde • *cordas*

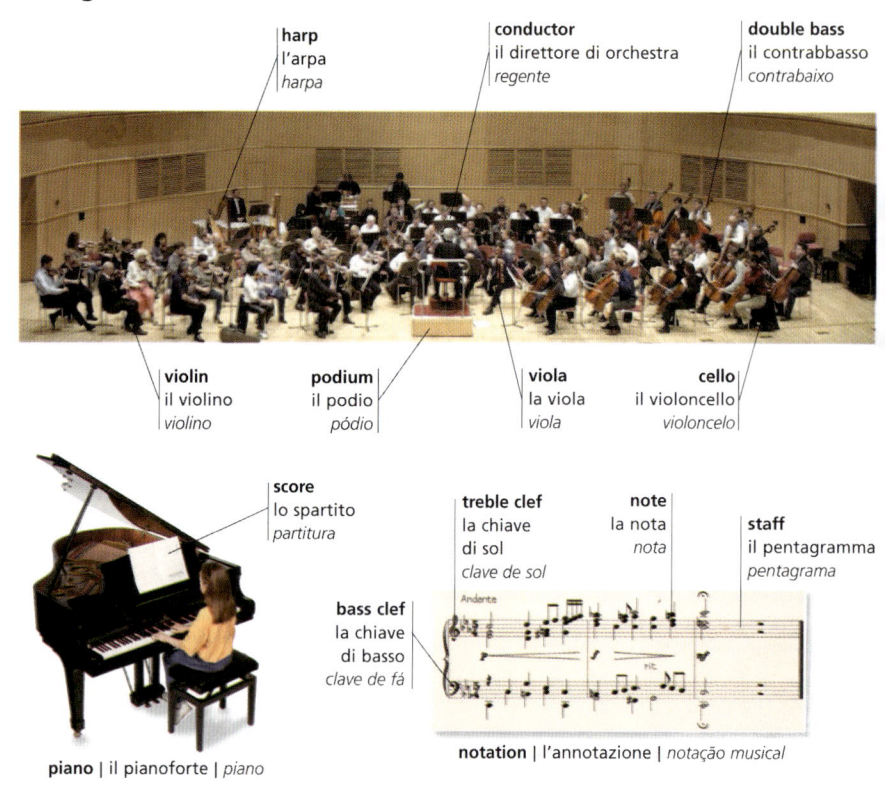

harp
l'arpa
harpa

conductor
il direttore di orchestra
regente

double bass
il contrabbasso
contrabaixo

violin
il violino
violino

podium
il podio
pódio

viola
la viola
viola

cello
il violoncello
violoncelo

score
lo spartito
partitura

treble clef
la chiave
di sol
clave de sol

note
la nota
nota

staff
il pentagramma
pentagrama

bass clef
la chiave
di basso
clave de fá

piano | il pianoforte | *piano*

notation | l'annotazione | *notação musical*

vocabulary • vocabolario • *vocabulário*

overture l'ouverture *introdução*	**sonata** la sonata *sonata*	**rest** la pausa *pausa*	**sharp** il diesis *sustenido*	**bar** la battuta *compasso*	**scale** la scala *escala*
symphony la sinfonia *sinfonia*	**instruments** gli strumenti *instrumentos*	**pitch** il tono *tom*	**flat** il bemolle *bemol*	**natural** naturale *natural*	**baton** la bacchetta *batuta*

woodwind • gli strumenti a fiato • *instrumentos de sopro*

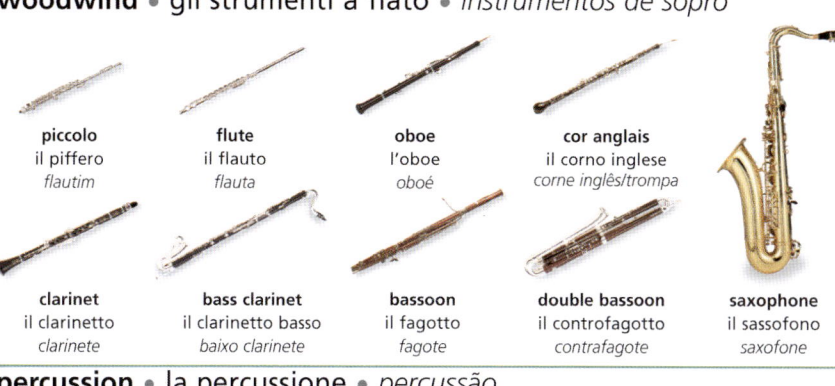

piccolo il piffero *flautim*	**flute** il flauto *flauta*	**oboe** l'oboe *oboé*	**cor anglais** il corno inglese *corne inglês/trompa*	
clarinet il clarinetto *clarinete*	**bass clarinet** il clarinetto basso *baixo clarinete*	**bassoon** il fagotto *fagote*	**double bassoon** il controfagotto *contrafagote*	**saxophone** il sassofono *saxofone*

percussion • la percussione • *percussão*

kettledrum
il timpano
timbale

gong
il gong
gongo

bongos
i bongo
bongôs

snare drum
il tamburo militare
tamborim

cymbals
i cembali
pratos

tambourine
il tamburino
pandeiro

vibraphone
il vibrafono
vibrafone

triangle
il triangolo
triângulo

maracas
i maracas
maracas

brass • gli ottoni • *instrumentos de sopro*

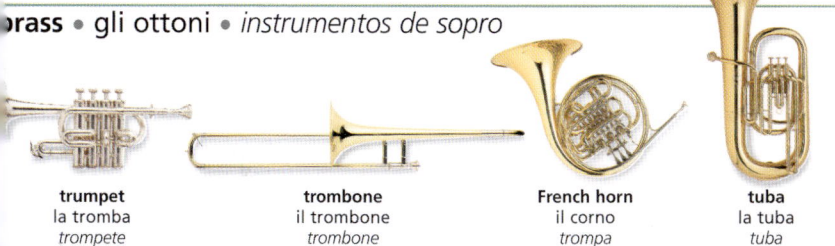

trumpet la tromba *trompete*	**trombone** il trombone *trombone*	**French horn** il corno *trompa*	**tuba** la tuba *tuba*

concert • il concerto • *show*

lead singer
il cantante
cantor

microphone
il microfono
microfone

drummer
il batterista
bateria

guitarist
il chitarrista
guitarrista

fans
i fans
fãs

bass guitarist
il bassista
baixista

speaker
l'altoparlante
alto-falante

rock concert | il concerto rock | *show de rock*

instruments • gli strumenti • *instrumentos*

pickup
il riproduttore acustico
captador

neck
il manico
braço

fret
il tasto
traste

tuning peg
la meccanica
tarracha

string
la corda
corda

bridge
il ponte
ponte

drum
il tamburo
tambor

bass guitar
il basso
contrabaixo

keyboard
la tastiera
teclado

electric guitar
la chitarra elettrica
guitarra elétrica

drum kit
la batteria
bateria

musical styles • gli stili musicali • *estilos musicais*

jazz | il jazz | *jazz*

blues | il blues | *blues*

punk | il punk | *punk*

folk music | la musica folk
música folk

pop | il pop | *pop*

dance | la musica da ballo | *dance*

rap | il rap | *rap*

heavy metal | l'heavy metal
heavy metal

classical music | la musica classica
música clássica

vocabulary • vocabolario • *vocabulário*

song	lyrics	melody	beat	reggae	country	spotlight
la canzone	il testo	la melodia	il ritmo	il reggae	il country	il proiettore
música	*letra*	*melodia*	*ritmo*	*reggae*	*música country*	*holofote*

sightseeing • il turismo • *turismo*

tourist
il turista
turista

tourist attraction | il luogo d'interesse turistico
atração turística

itinerary
l'itinerario
itinerário

open-top
scoperto
ônibus aberto

tour bus | il pullman turistico | *ônibus turístico*

tour guide
la guida turistica
guia turística

guided tour
la visita guidata
visita guiada

statuette
la statuina
estatueta

souvenirs
i ricordi
lembranças

---

vocabulary • vocabolario • *vocabulário*

open aperto *aberto*	**film** la pellicola *filme*	**camcorder** la videocamera *câmera de vídeo*	**left** a sinistra *à esquerda*	**Where is...?** Dov'è...? *Onde está...?*
closed chiuso *fechado*	**batteries** le batterie *pilhas*	**camera** la macchina fotografica *máquina fotográfica*	**right** a destra *à direita*	**I'm lost.** Mi sono perso. *Estou perdido.*
entrance fee la tariffa d'ingresso *preço da entrada*	**guide book** la guida *guia de viagem*	**directions** le indicazioni *indicações*	**straight on** dritto *reto*	**Can you tell me the way to....?** Mi può dire come si arriva a...? *Pode me dizer como chegar a...?*

attractions • i luoghi d'interesse • *atrações*

painting
il quadro
quadro

exhibit
l'oggetto
mostra

exhibition
l'esposizione
exposição

famous ruin
la rovina famosa
ruína famosa

art gallery
la galleria d'arte
galeria de arte

monument
il monumento
monumento

museum
il museo
museu

historic building
l'edificio storico
edificio histórico

casino
il casinò
cassino

gardens
i giardini
jardins

national park
il parco nazionale
parque nacional

information • l'informazione • *informação*

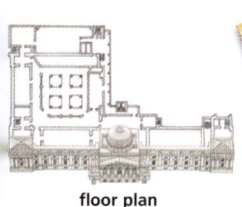

times
gli orari
horas

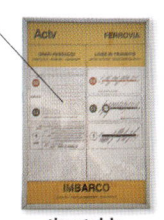

floor plan
la pianta del piano
planta de construção

map
la mappa
mapa

timetable
l'orario
horário

tourist information
l'ufficio informazioni
turistiche
informação turística

outdoor activities • le attività all'aria aperta • *atividades ao ar livre*

footpath
il sentiero
trilha

sundial
la meridiana
relógio solar

café
il caffè
café

park | il parco | *parque*

grass
il prato
grama

bench
la panchina
banco

formal gardens
il giardino all'italiana
jardins clássicos

roller coaster
le montagne russe
montanha russa

fairground
il luna park
parque de diversões

theme park
il parco a tema
parque temático

safari park
lo zoosafari
zoo safári

zoo
lo zoo
zoológico

activities • le attività • *atividades*

cycling
il ciclismo
ciclismo

jogging
il footing
corrida

skateboarding
lo skateboard
andar de skate

rollerblading
il pattinaggio | *patinação*

bridle path
il sentiero per cavalli
trilha para cavalos

hamper
la cesta
cesta

bird watching
l'ornitologia
ornitologia

horse riding
l'equitazione
equitação

hiking
l'escursionismo
caminhada

picnic
il picnic
piquenique

playground • il parco giochi • *playground*

sandpit
la fossa di sabbia
tanque de areia

paddling pool
la piscina gonfiabile
piscina de plástico

swings
l'altalena
balanço

seesaw | il bilanciere | *gangorra*

slide
lo scivolo
escorregador

climbing frame
la struttura per arrampicarsi
trepa-trepa

beach • la spiaggia • *praia*

hotel
l'albergo
hotel

beach umbrella
l'ombrellone
guarda-sol

beach hut
la cabina
barraca de praia

sand
la sabbia
areia

wave
l'onda
onda

sea
il mare
mar

beach bag
la borsa
da spiaggia
sacola de praia

bikini
il bikini
biquíni

sunbathe (v) | prendere il sole | *tomar sol*

english • italiano • *portuguê*

lifeguard
il bagnino
salva-vidas

lifeguard tower
la torre di sorveglianza
torre de vigilância

windbreak
il paravento
barreira contra o vento

promenade
il lungomare
calçadão

deck chair
la sedia a sdraio
cadeira de praia

sunglasses
gli occhiali da sole
óculos de sol

sun hat
il cappello da spiaggia
chapéu de sol

suntan lotion
la crema abbronzante
bronzeador

sunblock
la crema protettiva
protetor solar

beach ball
il pallone da spiaggia
bola de praia

rubber ring
la ciambella
boia

swimsuit
il costume da bagno
maiô

bucket
il secchiello
balde

spade
la paletta
pá

sandcastle
il castello di sabbia
castelo de areia

beach towel
l'asciugamano da spiaggia
toalha de praia

shell
la conchiglia
concha

camping • il campeggio • *acampamento*

toilets | **waste disposal**
i bagni | i rifiuti
sanitários | *depósito de lixo*

shower block | **electric hook-up**
le docce | la presa di corrente
chuveiros | *ponto elétrico*

flysheet | **tent peg** | **guy rope** | **caravan**
il telo protettivo | il piolo | la corda tirante | la roulotte
cobertura dupla | *cravo* | *corda* | *trailer*

campsite | il campeggio | *acampamento*

vocabulary • vocabolario • *vocabulário*

camp (v)
campeggiare
acampar

pitch
il posteggio
praça

picnic bench
la tavola da picnic
mesa de piquenique

charcoal
la carbonella
carvão vegetal

site manager's office
l'ufficio del direttore
escritório do gerente

pitch a tent (v)
piantare una tenda
montar a barraca

hammock
l'amaca
rede

firelighter
l'esca per il fuoco
acendedor de fogueira

pitches available
le piazzole disponibili
vagas disponíveis

tent pole
il palo
suporte da barraca

camper van
il camper
perua de acampar

light a fire (v)
accendere un fuoco
acender uma fogueira

full
completo
lotado

camp bed
il lettino da campeggio
cama de acampamento

trailer
il rimorchio
trailer

campfire
il fuoco
fogueira

frame
la struttura
estrutura

ground sheet
il telo isolante
isolante do chão

backpack
lo zaino
mochila

vacuum flask
il thermos
garrafa térmica

water bottle
la borraccia
cantil

tent | la tenda | *barraca*

insect repellent
l'insettifugo
repelente

torch
la torcia
lanterna

mosquito net
la zanzariera
mosquiteiro

thermals
gli indumenti termici
roupa termoisolante

walking boots
le scarpe da escursionismo
calçado de caminhada

waterproofs
gli indumenti impermeabili
roupa impermeável

sleeping bag
il sacco a pelo
saco de dormir

sleeping mat
il materassino
esteira

camping stove
il fornelletto da campeggio
fogão de acampamento

barbecue
la griglia per barbecue
churrasqueira

air mattress | il materassino ad aria | *colchonete*

english • italiano • *português*

home entertainment • gli intrattenimenti in casa
• *entretenimento no lar*

personal CD player
il lettore di CD portatile
discman

mini disk recorder
il lettore di mini disk
gravador de CD

MP3 player
il lettore di MP3
aparelho de MP3

DVD disk
il disco DVD
disco de DVD

DVD player
il lettore di DVD
aparelho de DVD

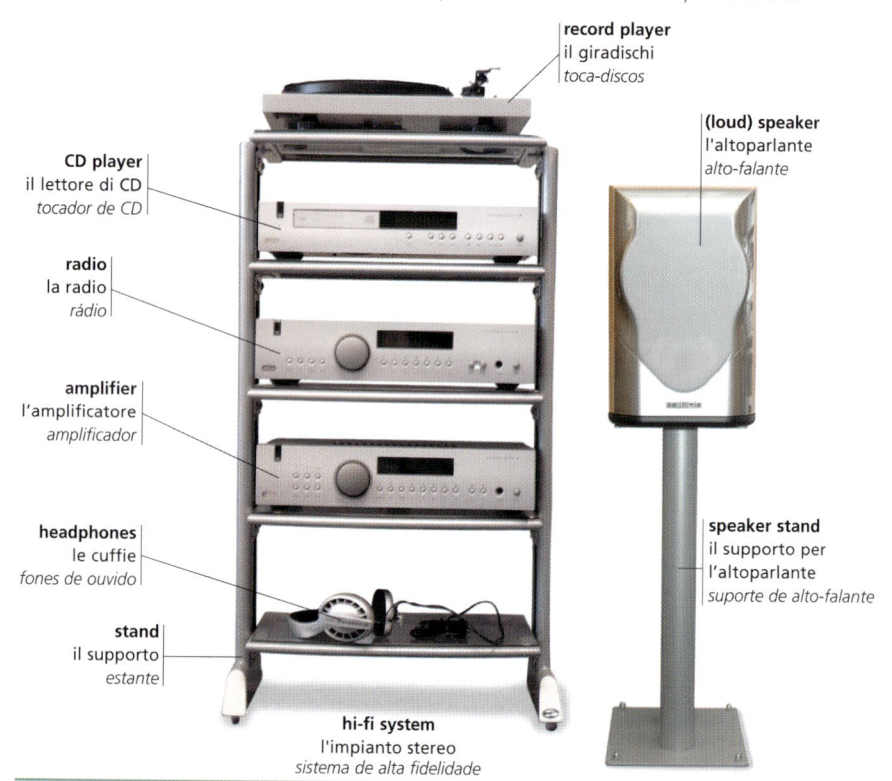

record player
il giradischi
toca-discos

(loud) speaker
l'altoparlante
alto-falante

CD player
il lettore di CD
tocador de CD

radio
la radio
rádio

amplifier
l'amplificatore
amplificador

headphones
le cuffie
fones de ouvido

stand
il supporto
estante

speaker stand
il supporto per
l'altoparlante
suporte de alto-falante

hi-fi system
l'impianto stereo
sistema de alta fidelidade

english • italiano • *português*

video tape
la videocassetta
fita de vídeo

screen
lo schermo
tela

eyecup
l'oculare
lente ocular

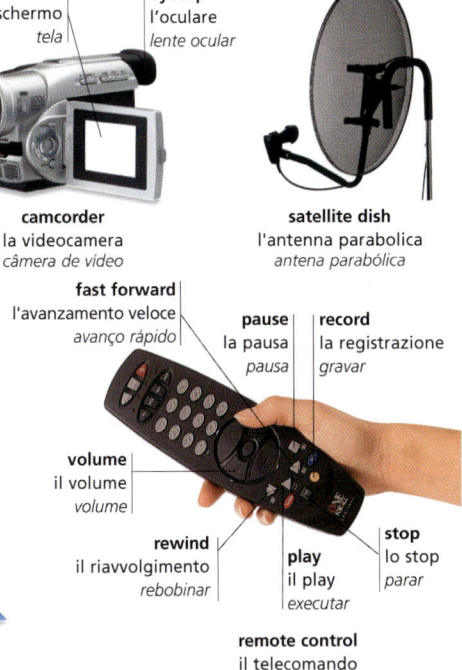

video recorder
il videoregistratore
aparelho de vídeo

camcorder
la videocamera
câmera de vídeo

satellite dish
l'antenna parabolica
antena parabólica

widescreen television
il televisore a schermo largo
televisão de tela panorâmica

console
la console
console

fast forward
l'avanzamento veloce
avanço rápido

pause
la pausa
pausa

record
la registrazione
gravar

volume
il volume
volume

rewind
il riavvolgimento
rebobinar

play
il play
executar

stop
lo stop
parar

controller
il comando
controles

video game | il videogioco | *videogame*

remote control
il telecomando
controle remoto

---

vocabulary • vocabolario • *vocabulário*

compact disc il compact disc *CD*	**feature film** il lungometraggio *longa-metragem*	**programme** il programma *programa*	**pay per view channel** il canale a pagamento *canal pago*	**watch television (v)** guardare la televisione *assistir à televisão*
cassette tape l'audiocassetta *fita cassete*	**advertisement** la pubblicità *publicidade*	stereo stereo *estéreo*	**change channel (v)** cambiare canale *trocar de canal*	**turn the television off (v)** spegnere la televisione *desligar a televisão*
cassette player il mangianastri *gravador de cassete*	**digital** digitale *digital*	**cable television** la televisione via cavo *televisão a cabo*	**turn the television on (v)** accendere la televisione *ligar a televisão*	**tune the radio (v)** sintonizzare la radio *sintonizar a rádio*

---

photography • la fotografia • *fotografia*

frame counter
il contafotogrammi
contador de fotos

flash
il flash
flash

aperture dial
il regolatore di
esposizione
*regulador do
diafragma*

filter
il filtro
filtro

shutter release
il pulsante
di scatto
disparador

lens caps
il copriobiettivo
tampa da objetiva

shutter-speed dial
il regolatore del
tampo di esposizione
regulador de velocidade

lens
l'obiettivo
lente

SLR camera | la macchina fotografica SLR | *câmera reflex*

flash gun
il flash
flash eletrônico

lightmeter
l'esposimetro
fotômetro

zoom lens
lo zoom
objetiva

tripod
il treppiede
tripé

types of camera • i tipi di macchina fotografica • *tipos de câmera*

digital camera
la macchina fotografica
digitale
câmera digital

APS camera
la macchina
fotografica APS
câmera APS

instant camera
la macchina fotografica
istantanea
câmera instantânea

disposable camera
la macchina fotografica
usa e getta
câmera descartável

photograph (v) • fotografare • *fotografar*

film spool
il rullino
rolo de filme

film
la pellicola
filme

focus (v)
mettere a fuoco
focar

develop (v)
sviluppare
revelar

negative
il negativo
negativo

landscape
orizzontale
paisagem

portrait
verticale
retrato

photograph | la fotografia | *fotografia*

photo album
l'album fotografico
álbum de fotos

photo frame
la cornice
porta-retratos

problems • i difetti • *problemas*

underexposed
sottoesposto
subexposto

overexposed
sovraesposto
superexposto/estourado

out of focus
sfocato
desfocado

red eye
l'occhio rosso
olhos vermelhos

vocabulary • vocabolario • *vocabulário*

viewfinder il mirino *visor*	**print** la fotografia (sviluppata) *cópia*
camera case la custodia *estojo da câmera*	**mat** opaco *fosco*
exposure l'esposizione *exposição*	**gloss** lucido *brilho*
darkroom la camera oscura *quarto escuro*	**enlargement** l'ingrandimento *ampliação*

I'd like this film processed.
Vorrei far sviluppare questo rullino.
Gostaria de revelar este filme.

games • i giochi • *jogos*

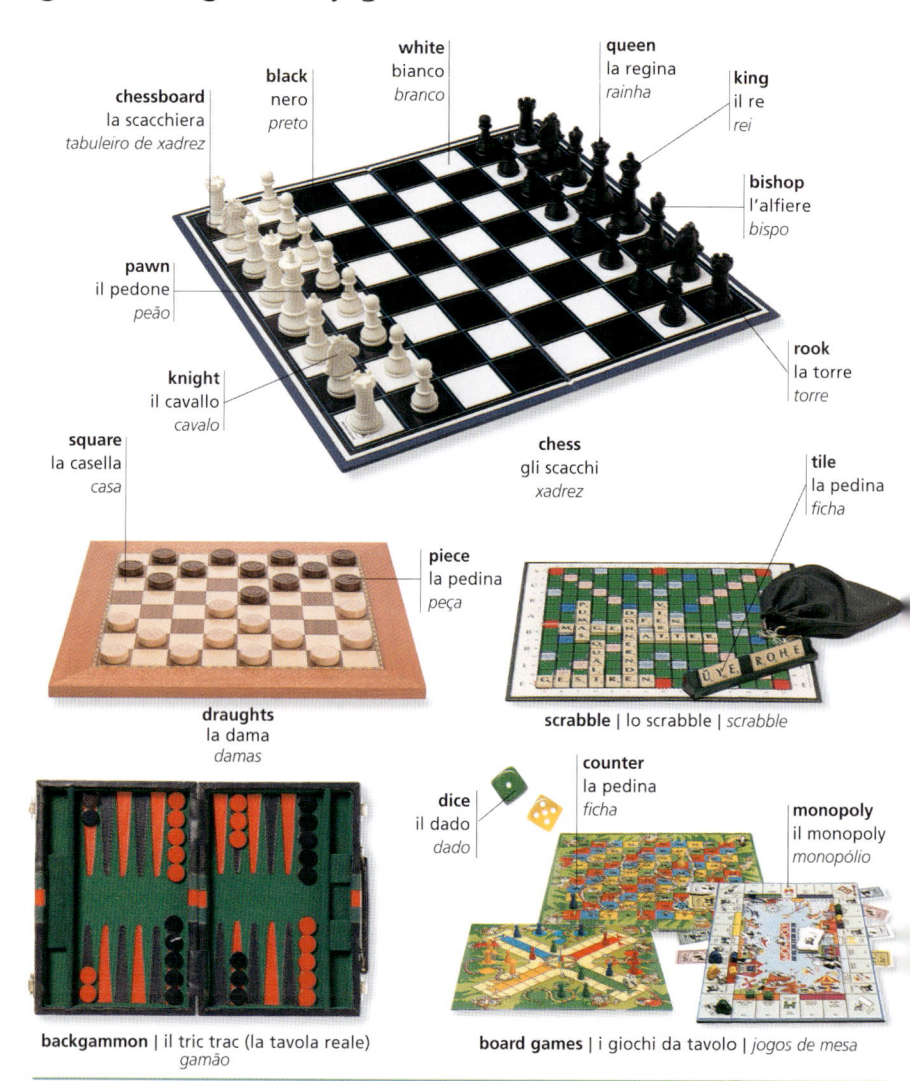

white
bianco
branco

queen
la regina
rainha

king
il re
rei

black
nero
preto

chessboard
la scacchiera
tabuleiro de xadrez

bishop
l'alfiere
bispo

pawn
il pedone
peão

rook
la torre
torre

knight
il cavallo
cavalo

square
la casella
casa

chess
gli scacchi
xadrez

tile
la pedina
ficha

piece
la pedina
peça

draughts
la dama
damas

scrabble | lo scrabble | *scrabble*

counter
la pedina
ficha

dice
il dado
dado

monopoly
il monopoly
monopólio

backgammon | il tric trac (la tavola reale)
gamão

board games | i giochi da tavolo | *jogos de mesa*

dartboard
il bersaglio
alvo

bullseye
il centro
centro

stamp collecting
la filatelia
filatelia

jigsaw puzzle
il puzzle
quebra-cabeça

dominoes
il domino
dominó

darts
le freccette
dardos

joker
il jolly
curinga

jack
il fante
valete

queen
la regina
dama

king
il re
rei

ace
l'asso
ás

cards
le carte
cartas

diamond
il quadro
ouros

spade
la picca
espadas

heart
il cuore
copas

club
il fiore
paus

shuffle (v) | mescolare
embaralhar

deal (v) | distribuire
distribuir/dar

vocabulary • vocabolario • *vocabulário*

move	**win (v)**	**loser**	**point**	**bridge**	**Roll the dice.**
la mossa	vincere	il perdente	il punto	il bridge	Tira i dadi.
lance	*ganhar*	*perdedor*	*ponto*	*bridge*	*Jogue os dados.*
play (v)	**winner**	**game**	**score**	**pack of cards**	**Whose turn is it?**
giocare	il vincitore	il gioco	il punteggio	il mazzo di carte	A chi tocca?
jogar	*ganhador*	*partida*	*pontuação*	*baralho*	*De quem é a vez?*
player	**lose (v)**	**bet**	**poker**	**suit**	**It's your move.**
il giocatore	perdere	la scommessa	il poker	il colore	Tocca a te.
jogador	*perder*	*aposta*	*pôquer*	*naipe*	*É sua vez.*

arts and crafts 1 • arte e artigianato 1 • *trabalhos manuais 1*

artist
l'artista
artista

painting
il quadro
pintura

easel
il cavalletto
cavalete

canvas
la tela
tela

brush
il pennello
pincel

palette
la tavolozza
paleta

painting | la pittura | *pintura*

paints • la vernice • *tintas*

oil paints
i colori ad olio
tinta a óleo

watercolour paint
gli acquarelli
aquarela

pastels
i pastelli
giz pastel

acrylic paint
i colori acrilici
tinta acrilica

poster paint
la tempera
tinta guache

colours • i colori • *cores*

red | rosso
vermelho

blue | blu
azul

yellow | giallo
amarelo

green | verde
verde

orange | arancione
laranja

purple | viola
roxo

white | bianco
branco

black | nero
preto

grey | grigio
cinza

pink | rosa
rosa

brown | marrone
marrom

indigo | indaco
azul anil

other crafts • altri lavori artigianali • *outros trabalhos manuais*

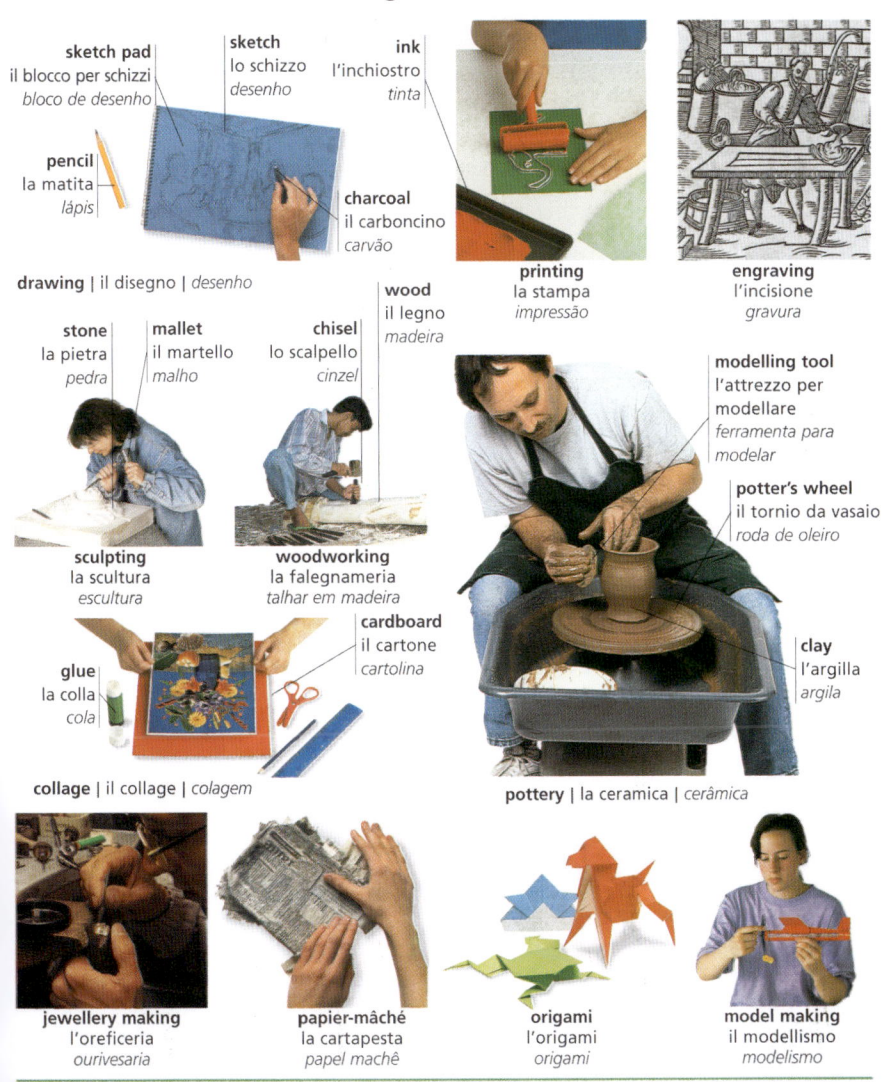

sketch pad
il blocco per schizzi
bloco de desenho

sketch
lo schizzo
desenho

ink
l'inchiostro
tinta

pencil
la matita
lápis

charcoal
il carboncino
carvão

drawing | il disegno | *desenho*

printing
la stampa
impressão

engraving
l'incisione
gravura

stone
la pietra
pedra

mallet
il martello
malho

chisel
lo scalpello
cinzel

wood
il legno
madeira

modelling tool
l'attrezzo per
modellare
*ferramenta para
modelar*

potter's wheel
il tornio da vasaio
roda de oleiro

sculpting
la scultura
escultura

woodworking
la falegnameria
talhar em madeira

cardboard
il cartone
cartolina

clay
l'argilla
argila

glue
la colla
cola

collage | il collage | *colagem*

pottery | la ceramica | *cerâmica*

jewellery making
l'oreficeria
ourivesaria

papier-mâché
la cartapesta
papel machê

origami
l'origami
origami

model making
il modellismo
modelismo

arts and crafts 2 • arte e artigianato 2 • *trabalhos manuais 2*

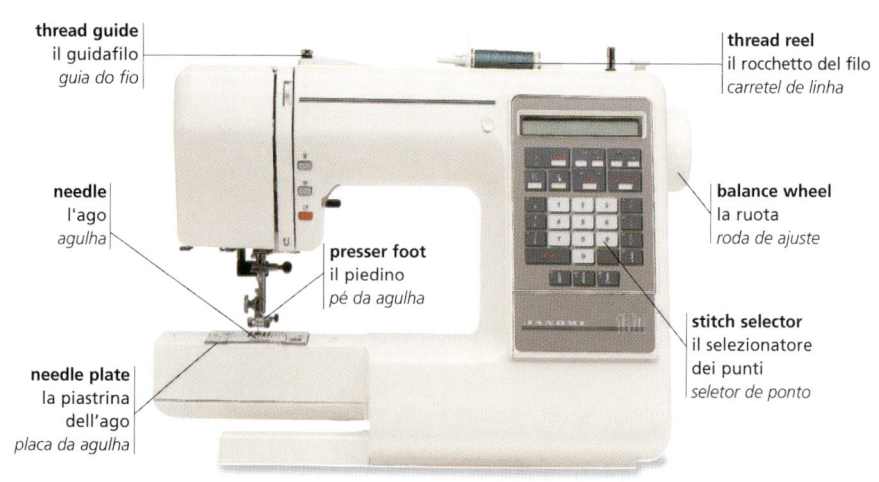

thread guide
il guidafilo
guia do fio

thread reel
il rocchetto del filo
carretel de linha

needle
l'ago
agulha

balance wheel
la ruota
roda de ajuste

presser foot
il piedino
pé da agulha

stitch selector
il selezionatore
dei punti
seletor de ponto

needle plate
la piastrina
dell'ago
placa da agulha

sewing machine | la macchina da cucire | *máquina de costura*

scissors
le forbici
tesoura

pattern
il modello
molde

pincushion
il puntaspilli
alfineteiro

tape measure
il metro
fita métrica

material | la stoffa | *pano*

pin
lo spillo
alfinete

sewing basket | la cesta del cucito
cesta de costura

thread
il filo
linha

eye
l'occhiello
olho

bobbin
la bobina
bobina

hook
il gancio
colchete

thimble
il ditale
dedal

tailor's chalk
il gesso
giz de alfaiate

tailor's dummy
il manichino
manequim

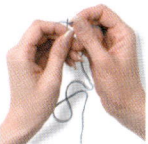

thread (v)
infilare
enfiar a linha

stitch
il punto
ponto

sew (v)
cucire
coser

darn (v)
rammendare
cerzir

tack (v)
imbastire
alinhavar

cut (v)
tagliare
cortar

needlepoint
il mezzopunto
ponto de agulha

embroidery
il ricamo
bordado

crochet hook
l'uncinetto
agulha de crochê

crochet
il lavoro all'uncinetto
crochê

macramé
il macramè
macramê

patchwork
il patchwork
costura de retalhos

quilting
il trapunto
acolchoado

lace bobbin
la spoletta
bilro

lace-making
la fabbricazione
dei merletti
rendado

loom
il telaio
tear

weaving
la tessitura
tecer

knitting needle
il ferro da calza
agulha de tricô

wool
la lana
lã

knitting | il lavoro a maglia | *tricô*

skein | la matassa | *novelo*

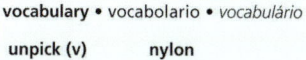
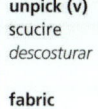

vocabulary • vocabolario • *vocabulário*

unpick (v) scucire *descosturar*	**nylon** il nailon *náilon*
fabric il tessuto *tecido*	**silk** la seta *seda*
cotton il cotone *algodão*	**designer** lo stilista *designer*
linen il lino *linho*	**fashion** la moda *moda*
polyester il poliestere *poliéster*	**zip** la chiusura lampo *zíper*

environment
l'ambiente
meio ambiente

space • lo spazio • *espaço*

Mars
Marte
Marte

Jupiter
Giove
Júpiter

Uranus
Uranio
Urano

Neptune
Nettuno
Netuno

Pluto
Plutone
Plutão

Mercury
Mercurio
Mercúrio

Earth
la Terra
Terra

Venus
Venere
Vênus

Moon
la luna
Lua

Sun
il sole
Sol

Saturn
Saturno
Saturno

solar system | il sistema solare | *sistema solar*

tail
la coda
cauda

star
la stella
estrela

galaxy
la galassia
galáxia

nebula
la nebulosa
nebulosa

asteroid
l'asteroide
asteroide

comet
la cometa
cometa

vocabulary • vocabolario • *vocabulário*

universe	**black hole**	**full moon**
l'universo	il buco nero	la luna piena
universo	*buraco negro*	*lua cheia*
orbit	**planet**	**new moon**
l'orbita	il pianeta	la luna nuova
órbita	*planeta*	*lua nova*
gravity	**meteor**	**crescent moon**
la gravità	la meteora	la mezzaluna
gravidade	*meteorito*	*lua crescente*

eclipse | l'eclisse | *eclipse*

space exploration • l'esplorazione dello spazio
• exploração espacial

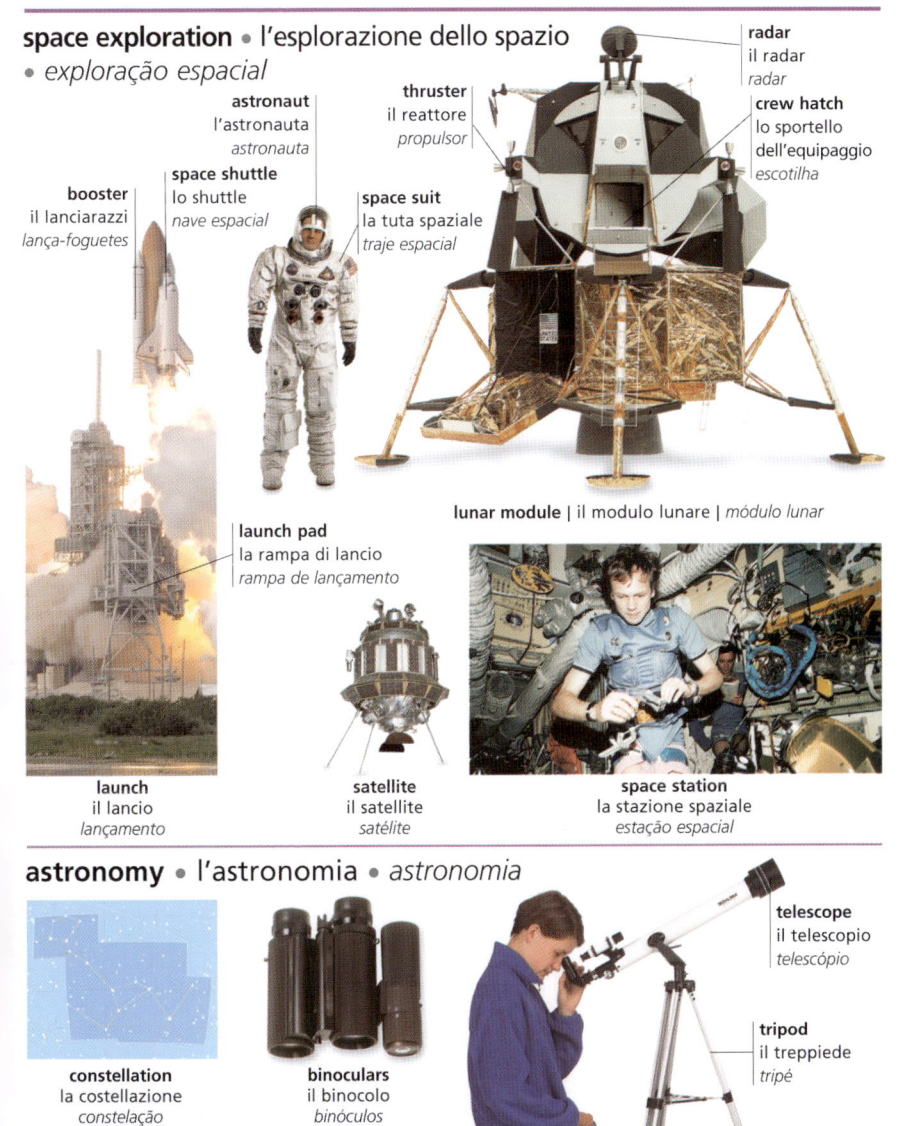

radar
il radar
radar

astronaut
l'astronauta
astronauta

thruster
il reattore
propulsor

crew hatch
lo sportello
dell'equipaggio
escotilha

space shuttle
lo shuttle
nave espacial

booster
il lanciarazzi
lança-foguetes

space suit
la tuta spaziale
traje espacial

launch pad
la rampa di lancio
rampa de lançamento

lunar module | il modulo lunare | *módulo lunar*

launch
il lancio
lançamento

satellite
il satellite
satélite

space station
la stazione spaziale
estação espacial

astronomy • l'astronomia • astronomia

constellation
la costellazione
constelação

binoculars
il binocolo
binóculos

telescope
il telescopio
telescópio

tripod
il treppiede
tripé

Earth • la Terra • *Terra*

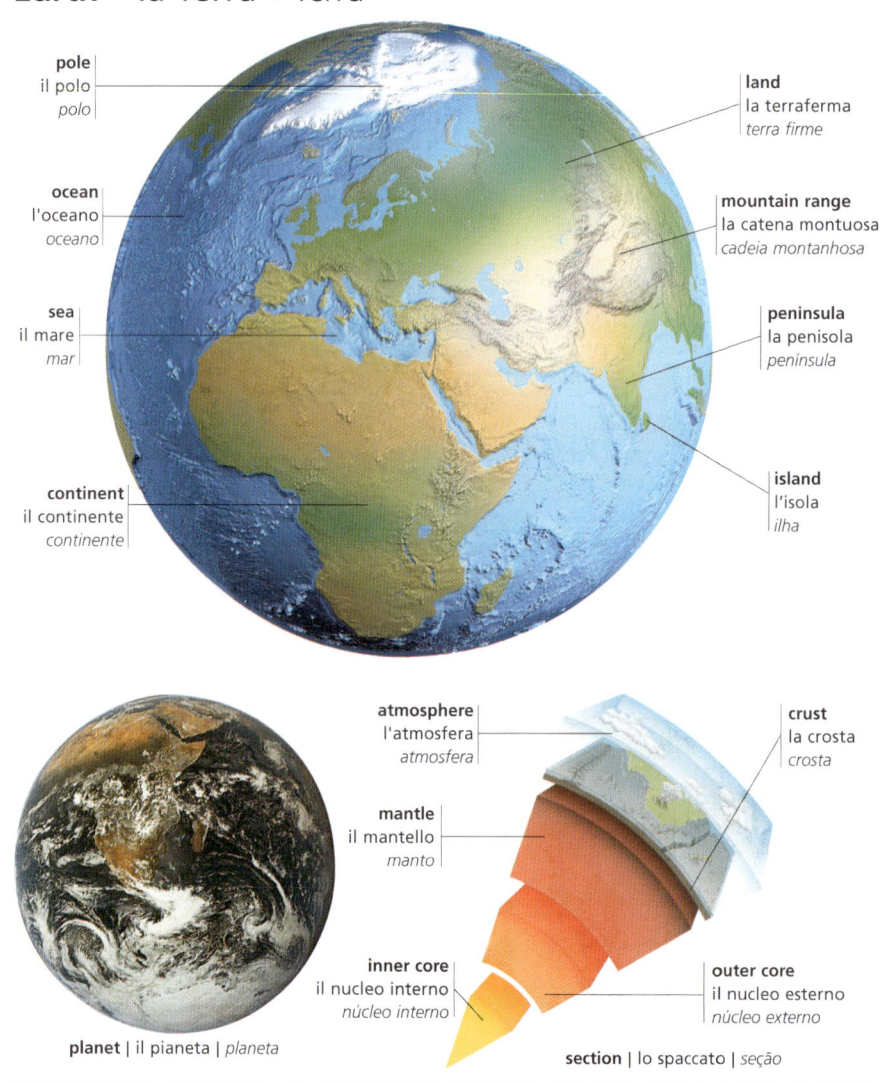

pole
il polo
polo

ocean
l'oceano
oceano

sea
il mare
mar

continent
il continente
continente

land
la terraferma
terra firme

mountain range
la catena montuosa
cadeia montanhosa

peninsula
la penisola
peninsula

island
l'isola
ilha

atmosphere
l'atmosfera
atmosfera

crust
la crosta
crosta

mantle
il mantello
manto

inner core
il nucleo interno
núcleo interno

outer core
il nucleo esterno
núcleo externo

planet | il pianeta | *planeta*

section | lo spaccato | *seção*

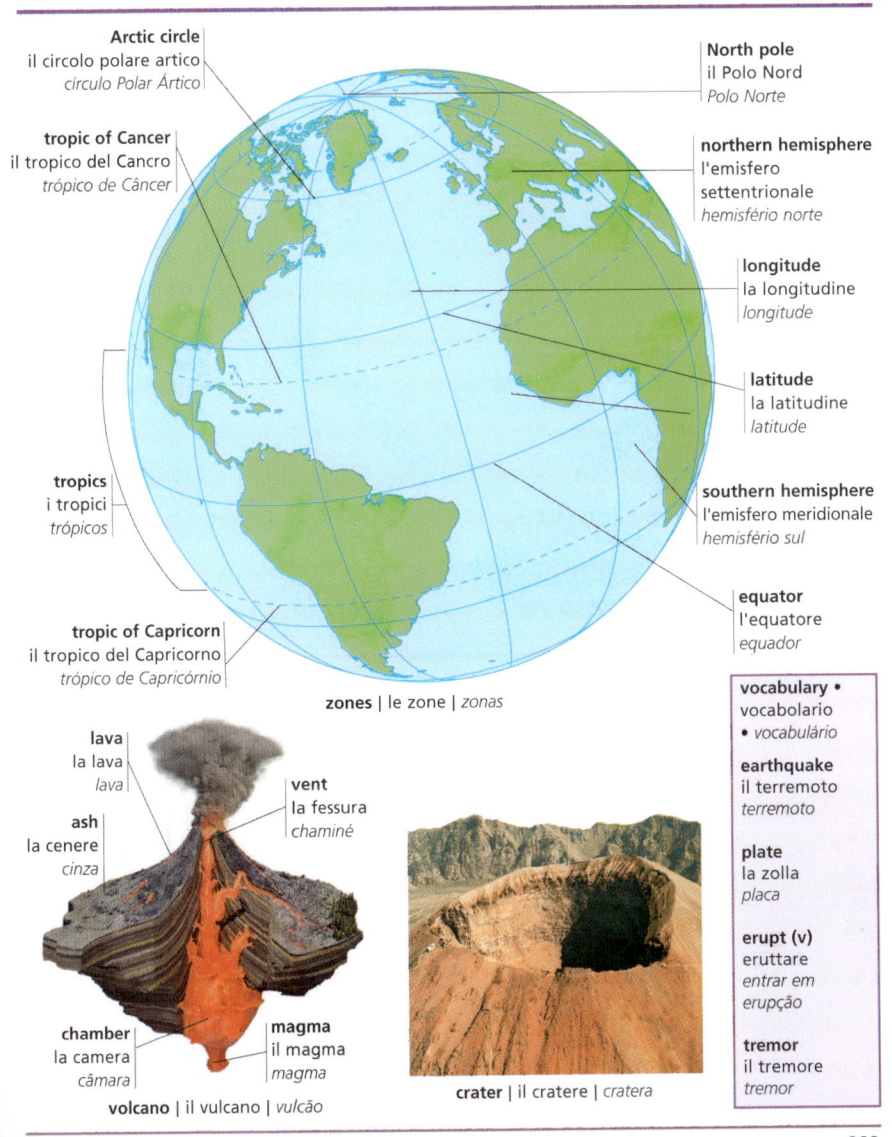

Arctic circle
il circolo polare artico
circolo Polar Ártico

North pole
il Polo Nord
Polo Norte

tropic of Cancer
il tropico del Cancro
trópico de Câncer

northern hemisphere
l'emisfero
settentrionale
hemisfério norte

longitude
la longitudine
longitude

latitude
la latitudine
latitude

tropics
i tropici
trópicos

southern hemisphere
l'emisfero meridionale
hemisfério sul

tropic of Capricorn
il tropico del Capricorno
trópico de Capricórnio

equator
l'equatore
equador

zones | le zone | *zonas*

lava
la lava
lava

vent
la fessura
chaminé

ash
la cenere
cinza

chamber
la camera
câmara

magma
il magma
magma

volcano | il vulcano | *vulcão*

crater | il cratere | *cratera*

vocabulary •
vocabolario
• vocabulário

earthquake
il terremoto
terremoto

plate
la zolla
placa

erupt (v)
eruttare
entrar em erupção

tremor
il tremore
tremor

landscape • il paesaggio • *paisagem*

mountain
la montagna
montanha

slope
la pendice
ladeira

bank
la riva
margem

river
il fiume
rio

rapids
le rapide
corredeiras

rocks
le rocce
rochas

glacier
il ghiacciaio
geleira

valley | la valle | *vale*

hill
la collina
colina

plateau
l'altipiano
platô

gorge
la gola
desfiladeiro

cave
la caverna
caverna

plain | la pianura
planície

desert | il deserto
deserto

forest | la foresta
floresta

wood | il bosco
bosque

rainforest
la foresta pluviale
floresta tropical

swamp
la palude
pântano

meadow
il pascolo
prado

grassland
la prateria
pradaria

waterfall
la cascata
cachoeira

stream
il torrente
correnteza

lake
il lago
lago

geyser
il geyser
gêiser

coast
la costa
costa

cliff
la scogliera
precipício

coral reef
la barriera corallina
recife de corais

estuary
l'estuario
estuário

weather • il tempo • *tempo*

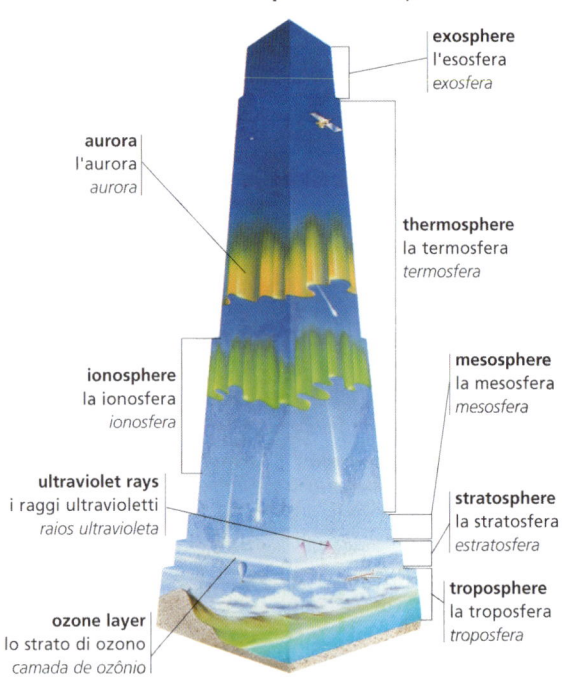

exosphere
l'esosfera
exosfera

aurora
l'aurora
aurora

thermosphere
la termosfera
termosfera

ionosphere
la ionosfera
ionosfera

mesosphere
la mesosfera
mesosfera

ultraviolet rays
i raggi ultravioletti
raios ultravioleta

stratosphere
la stratosfera
estratosfera

troposphere
la troposfera
troposfera

ozone layer
lo strato di ozono
camada de ozônio

atmosphere | l'atmosfera | *atmosfera*

sunshine | la luce del sole | *sol*

wind | il vento | *vento*

vocabulary • vocabolario • *vocabulário*

sleet	**shower**	**hot**	**dry**	**windy**	**I'm hot/cold.**
il nevischio	il rovescio	caldo	secco	ventoso	Ho caldo/freddo.
neve com chuva	*aguaceiro*	*calor*	*seco*	*ventania*	*Estou com calor/frio.*
hail	**sunny**	**cold**	**wet**	**gale**	**It's raining.**
la grandine	soleggiato	freddo	piovoso	la bufera	Sta piovendo.
granizo	*ensolarado*	*frio*	*chuvoso*	*tempestade*	*Está chovendo*
thunder	**cloudy**	**warm**	**humid**	**temperature**	**It's... degrees.**
il tuono	nuvoloso	tiepido	umido	la temperatura	Fa ... gradi.
trovão	*nublado*	*morno*	*úmido*	*temperatura*	*Faz... graus.*

cloud | la nuvola | *nuvem*

rain | la pioggia | *chuva*

lightning | il fulmine | *relâmpago*

storm | la tempesta | *tempestade*

mist | la foschia | *névoa*

fog | la nebbia | *neblina*

rainbow | l'arcobaleno
arco-íris

snow | la neve
neve

frost | il gelo | *geada*

ice | il ghiaccio | *gelo*

icicle
il ghiacciolo
gelo

freeze | la gelata
congelamento

hurricane | l'uragano
furação

tornado | il tornado
tornado

monsoon | il monsone
monção

flood | l'inondazione
inundação

rocks • le rocce • *rochas*

igneous • igneo • *ígneo*

granite
il granito
granito

obsidian
l'ossidiana
obsidiana

basalt
il basalto
basalto

pumice
la pomice
pedra-pomes

sedimentary • sedimentario • *sedimentar*

sandstone
l'arenaria
arenito

limestone
il calcare
pedra calcárea

chalk
il gesso
giz

flint
la selce
quartzo

conglomerate
il conglomerato
conglomerado

coal
il carbone
carvão

metamorphic • metamorfico • *metamórfico*

slate
l'ardesia
ardósia

schist
lo scisto
xisto

gneiss
lo gneiss
gnaisse

marble
il marmo
mármore

gems • le gemme • *pedras precisosas*

ruby
il rubino
rubi

aquamarine
l'acquamarina
água marinha

amethyst
l'ametista
ametista

diamond
il diamante
diamante

jade
la giada
jade

emerald
lo smeraldo
esmeralda

jet
il giaietto
azeviche

sapphire
lo zaffiro
safira

opal
l'opale
opala

moonstone
la lunaria
pedra lunar

garnet
il granato
granada

topaz
il topazio
topázio

tourmaline
la tormalina
turmalina

minerals • i minerali • *minerais*

quartz	**mica**	**sulphur**	**hematite**	**calcite**
il quarzo	la mica	lo zolfo	l'ematite	la calcite
quartzo	*mica*	*enxofre*	*hematita*	*calcita*

malachite	**turquoise**	**onyx**	**agate**	**graphite**
la malachite	il turchese	l'onice	l'agata	la grafite
malaquita	*turquesa*	*ônix*	*ágata*	*grafite*

metals • i metalli • *metais*

gold	**silver**	**platinum**	**nickel**	**iron**
l'oro	l'argento	il platino	il nichel	il ferro
ouro	*prata*	*platina*	*níquel*	*ferro*

copper	**tin**	**aluminium**	**mercury**	**zinc**
il rame	lo stagno	l'alluminio	il mercurio	lo zinco
cobre	*estanho*	*alumínio*	*mercúrio*	*zinco*

animals 1 • gli animali 1 • *animais 1*
mammals • i mammiferi • *mamíferos*

whiskers
i baffi
bigode

tail
la coda
rabo

rabbit
il coniglio
coelho

hamster
il criceto
hamster

mouse
il topo
camundongo

rat
il ratto
rato

hedgehog
il riccio
ouriço

squirrel
lo scoiattolo
esquilo

bat
il pipistrello
morcego

raccoon
il procione
guaxinim

fox
la volpe
raposa

wolf
il lupo
lobo

puppy
il cucciolo
cachorrinho

kitten
il gattino
gatinho

pup
il cucciolo
filhote

dog
il cane
cachorro

cat
il gatto
gato

otter
la lontra
lontra

seal
la foca
foca

flipper
la pinna
nadadeira

blowhole
lo sfiatatoio
respiradouro

sea lion
il leone marino
leão-marinho

walrus
il tricheco
morsa

whale
la balena
baleia

dolphin
il delfino
golfinho

english • italiano • *português*

antler
le corna
chifre

mane
la criniera
crina

hoof
lo zoccolo
casco

hump
la gobba
corcova

deer
il cervo
cervo

zebra
la zebra
zebra

giraffe
la giraffa
girafa

camel
il cammello
dromedário

trunk
la proboscide
tromba

tusk
la zanna
marfim

horn
il corno
corno

hippopotamus
l'ippopotamo
hipopótamo

elephant
l'elefante
elefante

rhinoceros
il rinoceronte
rinoceronte

tiger
la tigre
tigre

mane
la criniera
juba

lion
il leone
leão

monkey
la scimmia
macaco

gorilla
il gorilla
gorila

koala
il koala
coala

pouch
marsupio
bolsa

panda
il panda
urso panda

kangaroo
il canguro
canguru

bear
l'orso
urso

claw
l'artiglio
garra

polar bear
l'orso polare
urso polar

animals 2 • gli animali 2 • *animais 2*

birds • gli uccelli • *aves*

tail
la coda
rabo

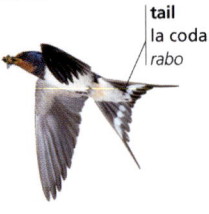

canary
il canarino
canário

sparrow
il passero
pardal

hummingbird
il colibrì
beija-flor

swallow
la rondine
andorinha

crow
la cornacchia
corvo

pigeon
il piccione
pomba

woodpecker
il picchio
pica-pau

falcon
il falco
falcão

owl
il gufo
coruja

gull
il gabbiano
gaivota

eagle
l'aquila
águia

pelican
il pellicano
pelicano

flamingo
il fenicottero
flamingo

stork
la cicogna
cegonha

crane
la gru
grou

penguin
il pinguino
pinguim

ostrich
lo struzzo
avestruz

reptiles • i rettili • *répteis*

goose | l'oca | *ganso*

swan
il cigno
cisne

peacock
il pavone
pavão

pheasant
il fagiano
faisão

turkey
il tacchino
peru

bill
il becco
bico

feather
la piuma
pena

wing
l'ala
asa

cockatoo
il cacatoa
cacatua

claw
l'artiglio
garra

parrot
il pappagallo
papagaio

scales
le scaglie
escamas

alligator
l'alligatore
jacaré

lizard
la lucertola
lagarto

iguana
l'iguana
iguana

shell
il guscio
carapaça

turtle
la testuggine
tartaruga marinha

tortoise
la tartaruga
cágado

snake
il serpente
serpente/cobra

snout
il muso
focinho

crocodile
il coccodrillo
crocodilo

animals 3 • gli animali 3 • *animais 3*

amphibians • gli anfibi • *anfíbios*

frog
la rana
rã

toad
il rospo
sapo

tadpole
il girino
girino

salamander
la salamandra
salamandra

fish • i pesci • *peixes*

eel
l'anguilla
enguia

shark
lo squalo
tubarão

sea horse
il cavalluccio
marino
cavalo-marinho

skate
la razza
arraia

ray
il trigone
arraia

goldfish
il pesce rosso
peixe-dourado

tail
la coda
cauda

dorsal fin
la pinna dorsale
nadadeira dorsal

pectoral fin
la pinna pettorale
nadadeira peitoral

scale
la scaglia
escama

gill
la branchia
guelra

swordfish
il pesce spada
peixe-espada

koi carp | la carpa koi | *carpa koi*

invertebrates • gli invertebrati • *invertebrados*

ant
la formica
formiga

termite
la termite
cupim

bee
l'ape
abelha

wasp
la vespa
vespa

beetle
lo scarafaggio
besouro

cockroach
la blatta
barata

moth
la falena
mariposa

antenna
l'antenna
antena

butterfly
la farfalla
borboleta

cocoon
il bozzolo | *casulo*

caterpillar
il bruco
lagarta

cricket
il grillo
grilo

grasshopper
la cavalletta
gafanhoto

praying mantis
la mantide
religiosa
louva-a-deus

sting
il pungiglione
ferrão

scorpion
lo scorpione
escorpião

centipede
il millepiedi
centopeia

dragonfly
la libellula
libélula

fly
la mosca
mosca

mosquito
la zanzara
mosquito

ladybird
la coccinella
joaninha

spider
il ragno
aranha

slug
la lumaca
lesma

snail
la chiocciola
caracol

worm
il verme
minhoca

starfish
la stella di mare
estrela-do-mar

mussel
la cozza
mexilhão

crab
il granchio
caranguejo

lobster
l'aragosta
lagosta

octopus
la piovra
polvo

squid
il calamaro
lula

jellyfish
la medusa
água-viva

plants • le piante • *plantas*

tree • l'albero • *árvore*

branch
il ramo
galho

leaf
la foglia
folha

twig
il ramoscello
ramo

bark
la corteccia
casca

root
la radice
raiz

trunk
il tronco
tronco

oak | la quercia | *carvalho*

willow
il salice
salgueiro

poplar
il pioppo
álamo

eucalyptus
l'eucalipto
eucalipto

larch
il larice
lariço

beech
il faggio
faia

birch
la betulla
bétula

pine
il pino
pinheiro

cedar
il cedro
cedro

maple
l'acero
bordo

elm
l'olmo
olmo

lime
il tiglio
tília

berry
la bacca
baga

holly
l'agrifoglio
azevinho

palm
la palma
palmeira

flowering plant • la pianta da fiori
• *floríferas*

flower
il fiore
flor

stamen
lo stame
estame

petal
il petalo
pétala

calyx
il calice
cálice

stalk
lo stelo
caule

bud
il bocciolo
botão

stem
il gambo
talo

buttercup
il ranuncolo
botão-de-ouro

daisy
la margherita
margarida

thistle
il cardo
cardo

dandelion
il dente di leone
dente-de-leão

heather
l'erica
urze

poppy
il papavero
papoula

foxglove
la digitale
dedaleira

honeysuckle
il caprifoglio
madressilva

sunflower
il girasole
girassol

clover
il trifoglio
trevo

bluebells
i giacinti di bosco
narciso

primrose
la primula
prímula

lupins
i lupini
tremoço

nettle
l'ortica
urtiga

town • la città • *cidade*

street
la strada
rua

kerb
il ciglio
meio-fio

street corner
l'angolo della strada
esquina

shop
il negozio
loja

intersection
il crocevia
cruzamento

one-way system
il senso unico
rua de sentido único

pavement
il marciapied
calçada

office block
il complesso di uffici
prédio de escritórios

apartment block
il caseggiato
prédio de apartamentos

alley
il vicolo
beco

car park
il parcheggio
estacionamento

street sign
il segnale stradale
placa de rua

bollard
la colonnina
baliza

street light
il lampione
poste de iluminação

buildings • gli edifici • *edifícios*

town hall
il municipio
prefeitura

library
la biblioteca
biblioteca

cinema
il cinema
cinema

theatre
il teatro
teatro

university
l'università
universidade

skyscraper
il grattacielo
arranha-céu

areas • le zone • *áreas*

industrial estate
la zona industriale
zona industrial

city
la città
cidade

school
la scuola
escola

suburb
la periferia
periferia

village
il villaggio
povoado

---

vocabulary • vocabolario • *vocabulário*

pedestrian zone la zona pedonale *área de pedestre*	**side street** la via laterale *rua lateral*	**manhole** il tombino *boca de lobo*	**gutter** la cunetta *sarjeta*	**church** la chiesa *igreja*
avenue il viale *avenida*	**square** la piazza *praça*	**bus stop** la fermata dell'autobus *parada de ônibus*	**factory** la fabbrica *fábrica*	**drain** il canale di scolo *ralo*

architecture • l'archittettura • *arquitetura*

buildings and structures • edifici e strutture
• *edifícios e estruturas*

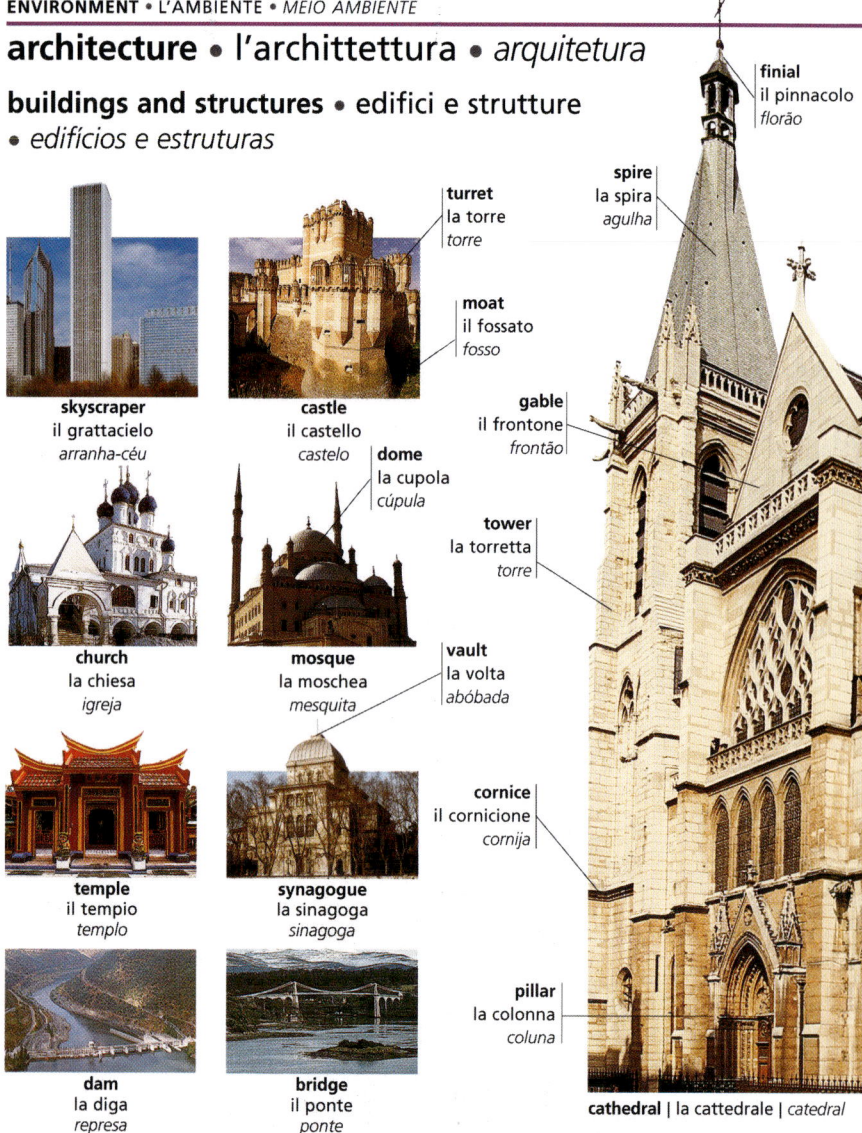

finial
il pinnacolo
florão

spire
la spira
agulha

turret
la torre
torre

moat
il fossato
fosso

gable
il frontone
frontão

dome
la cupola
cúpula

tower
la torretta
torre

vault
la volta
abóbada

cornice
il cornicione
cornija

pillar
la colonna
coluna

skyscraper
il grattacielo
arranha-céu

castle
il castello
castelo

church
la chiesa
igreja

mosque
la moschea
mesquita

temple
il tempio
templo

synagogue
la sinagoga
sinagoga

dam
la diga
represa

bridge
il ponte
ponte

cathedral | la cattedrale | *catedral*

styles • gli stili • estilos

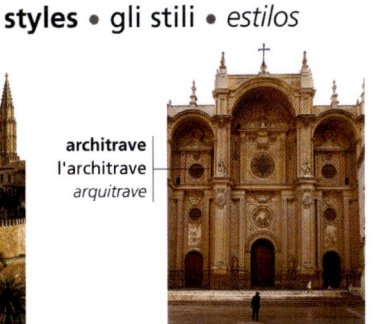

architrave
l'architrave
arquitrave

baroque | barocco | *barroco*

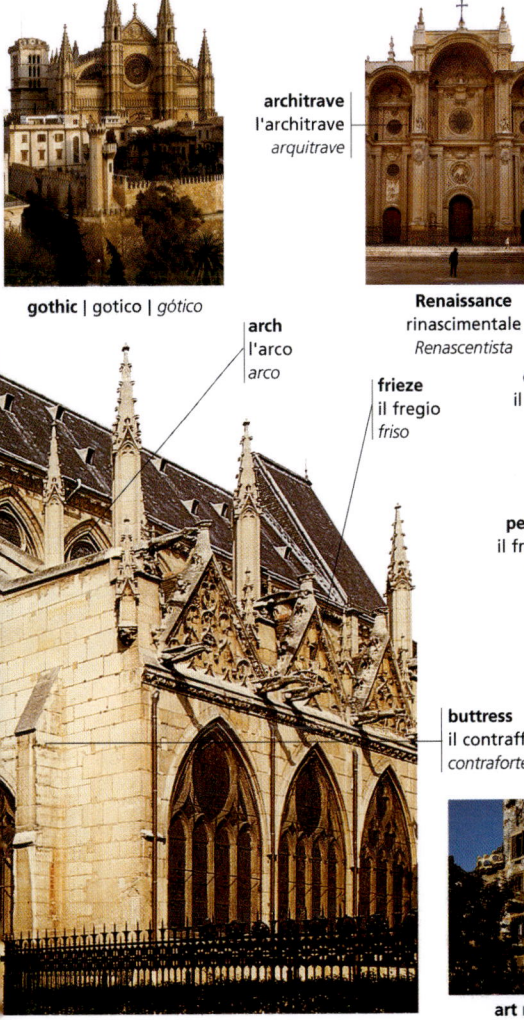

gothic | gotico | *gótico*

Renaissance
rinascimentale
Renascentista

arch
l'arco
arco

frieze
il fregio
friso

choir
il coro
coro

rococo | rococò | *rococó*

pediment
il frontone
frontão

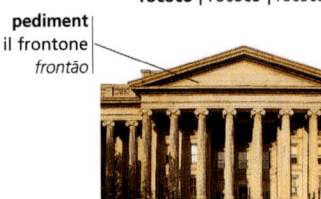

neoclassical | neoclassico
neoclássico

buttress
il contrafforte
contraforte

art nouveau
l'art nouveau
art noveau

art deco
art déco
art déco

reference
i dati
referências

time • l'ora • *hora*

minute hand
la lancetta
dei minuti
ponteiro de minutos

hour hand
la lancetta delle ore
ponteiro de horas

clock | l'orologio | *relógio*

 **five past one**
l'una e cinque
uma e cinco

 **ten past one**
l'una e dieci
uma e dez

 **quarter past one**
l'una e un quarto
uma e quinze

 **twenty past one**
l'una e venti
uma e vinte

second hand
la lancetta
dei secondi
ponteiro de segundos

 **twenty five past one**
l'una e venticinque
uma e vinte e cinco

 **one thirty**
l'una e trenta
uma e meia

 **twenty five to two**
le due meno venticinque
vinte e cinco para as duas

 **twenty to two**
le due meno venti
vinte para as duas

 **quarter to two**
le due meno un quarto
quinze para as duas

 **ten to two**
le due meno dieci
dez para as duas

 **five to two**
le due meno cinque
cinco para as duas

 **two o'clock**
le due
duas horas

night and day • la notte e il giorno • *noite e dia*

midnight
la mezzanotte
meia-noite

sunrise
il sorgere del sole
nascer do sol

dawn
l'alba
amanhecer/aurora

morning
il mattino
manhã

sunset
il tramonto
pôr do sol

dusk | l'imbrunire
anoitecer

evening | la sera | *noite*

midday
il mezzogiorno
meio-dia

afternoon | il pomeriggio
tarde

---

vocabulary • vocabolario • *vocabulário*

early presto *cedo*	**You're early.** Sei in anticipo. *Você chegou cedo.*	**Please be on time.** Per favore, vieni in orario. *Por favor, seja pontual.*	**What time does it finish?** A che ora finisce? *A que horas termina?*
on time in orario *pontual*	**You're late.** Sei in ritardo. *Você está atrasado.*	**I'll see you later.** A più tardi. *Até logo.*	**It's getting late.** Si sta facendo tardi. *Está ficando tarde.*
late tardi *tarde*	**I'll be there soon.** Arrivo subito. *Chegarei em breve.*	**What time does it start?** A che ora inizia? *A que horas começa?*	**How long will it last?** Quanto durerà? *Quanto tempo demora?*

---

calendar • il calendario • *calendário*

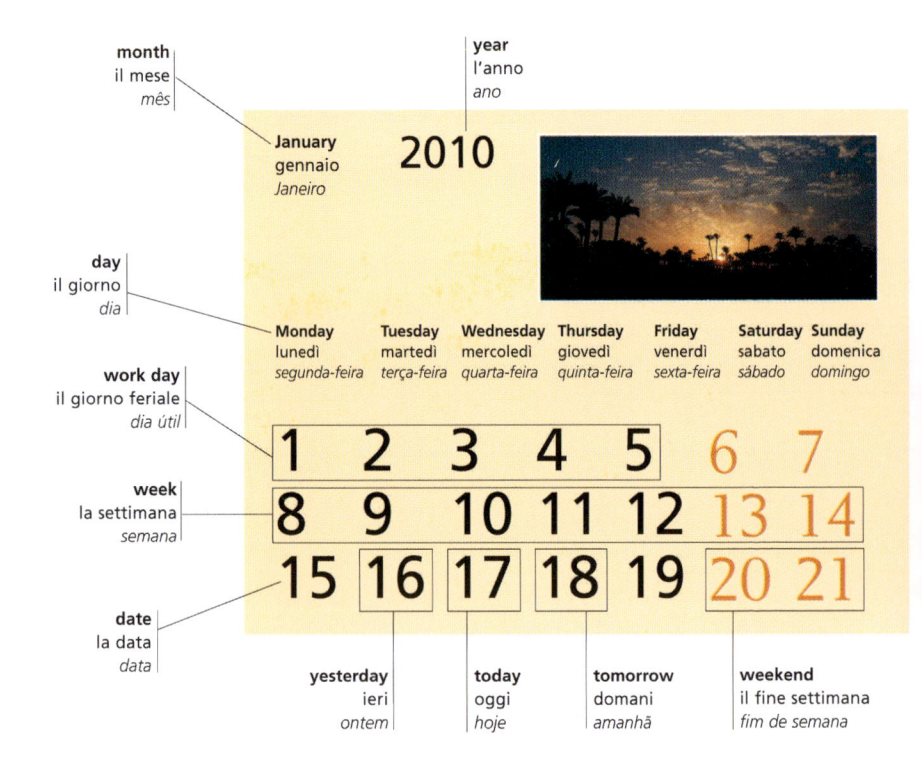

month
il mese
mês

year
l'anno
ano

January
gennaio
Janeiro

2010

day
il giorno
dia

work day
il giorno feriale
dia útil

week
la settimana
semana

date
la data
data

Monday	**Tuesday**	**Wednesday**	**Thursday**	**Friday**	**Saturday**	**Sunday**
lunedì	martedì	mercoledì	giovedì	venerdì	sabato	domenica
segunda-feira	*terça-feira*	*quarta-feira*	*quinta-feira*	*sexta-feira*	*sábado*	*domingo*
1	2	3	4	5	6	7
8	9	10	11	12	13	14
15	16	17	18	19	20	21

yesterday
ieri
ontem

today
oggi
hoje

tomorrow
domani
amanhã

weekend
il fine settimana
fim de semana

vocabulary • vocabolario • *vocabulário*

January	**March**	**May**	**July**	**September**	**November**
gennaio	marzo	maggio	luglio	settembre	novembre
janeiro	*março*	*maio*	*julho*	*setembro*	*novembro*
February	**April**	**June**	**August**	**October**	**December**
febbraio	aprile	giugno	agosto	ottobre	dicembre
fevereiro	*abril*	*junho*	*agosto*	*outubro*	*dezembro*

years • gli anni • *anos*

1900   **nineteen hundred** • millenovecento • *mil e novecentos*

1901   **nineteen hundred and one** • millenovecentouno • *mil novecentos e um*

1910   **nineteen ten** • millenovecentodieci • *mil novecentos e dez*

2000   **two thousand** • duemila • *dois mil*

2001   **two thousand and one** • duemilauno • *dois mil e um*

seasons • le stagioni • *estações*

spring	**summer**	**autumn**	**winter**
la primavera	l'estate	l'autunno	l'inverno
primavera	*verão*	*outono*	*inverno*

vocabulary • vocabolario • *vocabulário*

century il secolo *século*	**last week** la settimana scorsa *semana passada*	**monthly** mensile *mensal*	**the day after tomorrow** il dopodomani *depois de amanhã*	**What's the date today?** Oggi che giorno è? *Que dia é hoje?*
decade la decade *década*	**next week** la settimana prossima *próxima semana*	**annual** annuo *anual*	**weekly** settimanale *semanalmente*	**It's February seventh, two thousand and two.** È il sette febbraio, duemiladue. *Sete de fevereiro de dois mil e dois.*
millennium il millennio *milênio*	**the day before yesterday** l'altroieri *anteontem*	**fortnight** quindici giorni *quinzena*	**this week** questa settimana *esta semana*	

numbers • i numeri • *números*

0	**zero** • zero • *zero*	20	**twenty** • venti • *vinte*
1	**one** • uno • *um*	21	**twenty-one** • ventuno • *vinte e um*
2	**two** • due • *dois*	22	**twenty-two** • ventidue • *vinte e dois*
3	**three** • tre • *três*	30	**thirty** • trenta • *trinta*
4	**four** • quattro • *quatro*	40	**forty** • quaranta • *quarenta*
5	**five** • cinque • *cinco*	50	**fifty** • cinquanta • *cinquenta*
6	**six** • sei • *seis*	60	**sixty** • sessanta • *sessenta*
7	**seven** • sette • *sete*	70	**seventy** • settanta • *setenta*
8	**eight** • otto • *oito*	80	**eighty** • ottanta • *oitenta*
9	**nine** • nove • *nove*	90	**ninety** • novanta • *noventa*
10	**ten** • dieci • *dez*	100	**one hundred** • cento • *cem*
11	**eleven** • undici • *onze*	110	**one hundred and ten** • centodieci • *cento e dez*
12	**twelve** • dodici • *doze*	200	**two hundred** • duecento • *duzentos*
13	**thirteen** • tredici • *treze*	300	**three hundred** • trecento • *trezentos*
14	**fourteen** • quattordici • *quatorze*	400	**four hundred** • quattrocento • *quatrocentos*
15	**fifteen** • quindici • *quinze*	500	**five hundred** • cinquecento • *quinhentos*
16	**sixteen** • sedici • *dezesseis*	600	**six hundred** • seicento • *seiscentos*
17	**seventeen** • diciassette • *dezessete*	700	**seven hundred** • settecento • *setecentos*
18	**eighteen** • diciotto • *dezoito*	800	**eight hundred** • ottocento • *oitocentos*
19	**nineteen** • diciannove • *dezenove*	900	**nine hundred** • novecento • *novecentos*

english • italiano • *portuguê*

1 000	**one thousand** • mille • *mil*
10 000	**ten thousand** • diecimila • *dez mil*
20 000	**twenty thousand** • ventimila • *vinte mil*
50 000	**fifty thousand** • cinquantamila • *cinquenta mil*
55 500	**fifty-five thousand five hundred** • cinquantacinquemilacinquecento • *cinquenta e cinco mil e quinhentos*
100 000	**one hundred thousand** • centomila • *cem mil*
1 000 000	**one million** • un milione • *um milhão*
1 000 000 000	**one billion** • un miliardo • *um bilhão*

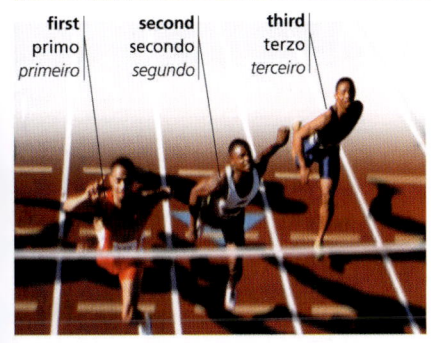

first • primo • *primeiro*

second • secondo • *segundo*

third • terzo • *terceiro*

fourth • quarto • *quarto*

fifth • quinto • *quinto*

sixth • sesto • *sexto*

seventh • settimo • *sétimo*

eighth • ottavo • *oitavo*

ninth • nono • *nono*

tenth • decimo • *décimo*

eleventh • undicesimo • *décimo primeiro*

twelfth • dodicesimo • *décimo segundo*

thirteenth • tredicesimo • *décimo terceiro*

fourteenth • quattordicesimo • *décimo quarto*

fifteenth • quindicesimo • *décimo quinto*

sixteenth • sedicesimo • *décimo sexto*

seventeenth • diciassettesimo • *décimo sétimo*

eighteenth • diciottesimo • *décimo oitavo*

nineteenth • diciannovesimo • *décimo nono*

twentieth • ventesimo • *vigésimo*

twenty-first • ventunesimo • *vigésimo primeiro*

twenty-second • ventiduesimo • *vigésimo segundo*

twenty-third • ventitreesimo • *vigésimo terceiro*

thirtieth • trentesimo • *trigésimo*

fortieth • quarantesimo • *quadragésimo*

fiftieth • cinquantesimo • *quinquagésimo*

sixtieth • sessantesimo • *sexagésimo*

seventieth • settantesimo • *septuagésimo*

eightieth • ottantesimo • *octogésimo*

ninetieth • novantesimo • *nonagésimo*

hundredth • centesimo • *centésimo*

weights and measures • i pesi e le misure
• *pesos e medidas*

area • la superficie
• *área*

square foot | **square metre**
il piede quadro | il metro quadro
pé quadrado | *metro quadrado*

distance • la distanza
• *distância*

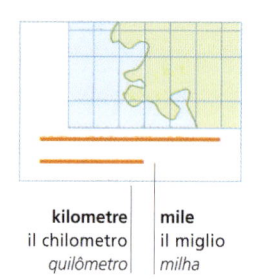

kilometre | **mile**
il chilometro | il miglio
quilômetro | *milha*

pan
il piatto
prato

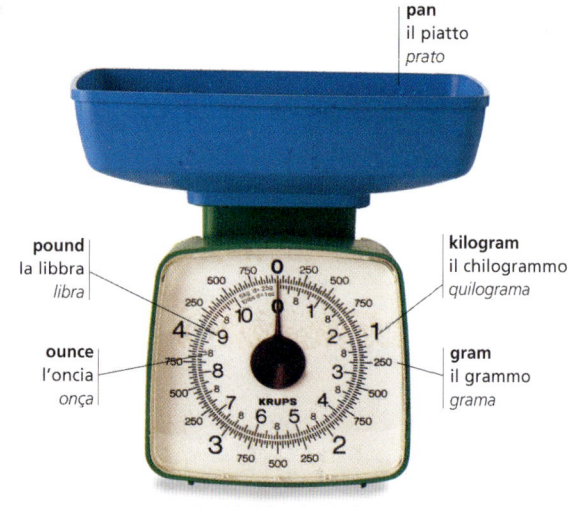

pound
la libbra
libra

ounce
l'oncia
onça

kilogram
il chilogrammo
quilograma

gram
il grammo
grama

scales | la bilancia | *balança*

vocabulary • vocabolario • *vocabulário*

yard	**tonne**	**measure (v)**
la iarda	la tonnellata	misurare
jarda	*tonelada*	*medir*
metre	**milligram**	**weigh (v)**
il metro	il milligrammo	pesare
metro	*miligrama*	*pesar*

length • la lunghezza • *comprimento*

foot
il piede
pé

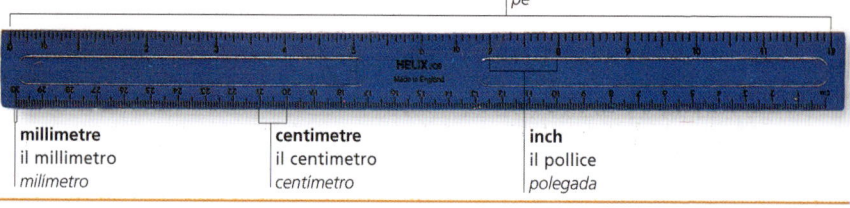

millimetre | **centimetre** | **inch**
il millimetro | il centimetro | il pollice
milímetro | *centímetro* | *polegada*

capacity • la capacità • *capacidade*

half-litre
il mezzo litro
meio litro

pint
la pinta
graduação

volume
il volume
volume

millilitre
il millilitro
mililitro

vocabulary •
vocabolario
• *vocabulário*

gallon
il gallone
galão

quart
il quarto di gallone
um quarto

litre
il litro
litro

measuring jug | la brocca graduata
jarra graduada

liquid measure | la misura di
liquido | *medida de liquido*

container • il contenitore • *recipiente*

bag
il sacchetto
saco

carton | il cartone
caixa de papelão

packet | il pacchetto
pacote

bottle | la bottiglia
garrafa

can
la lattina
lata

tub | la vaschetta | *terrina*

jar | il barattolo |
jarro

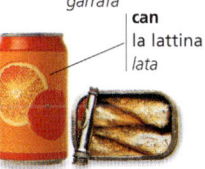

tin | la scatoletta | *lata*

liquid dispenser
il nebulizzatore
pulverizador

bar
la saponetta
barra

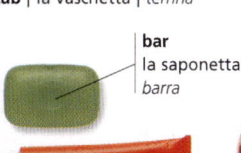

tube
il tubetto
tubo

roll
il rotolo
rolo

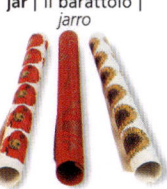

pack
il pacchetto
pacote

spray can
la bomboletta spray
spray

world map • il mappamondo • *mapa-múndi*

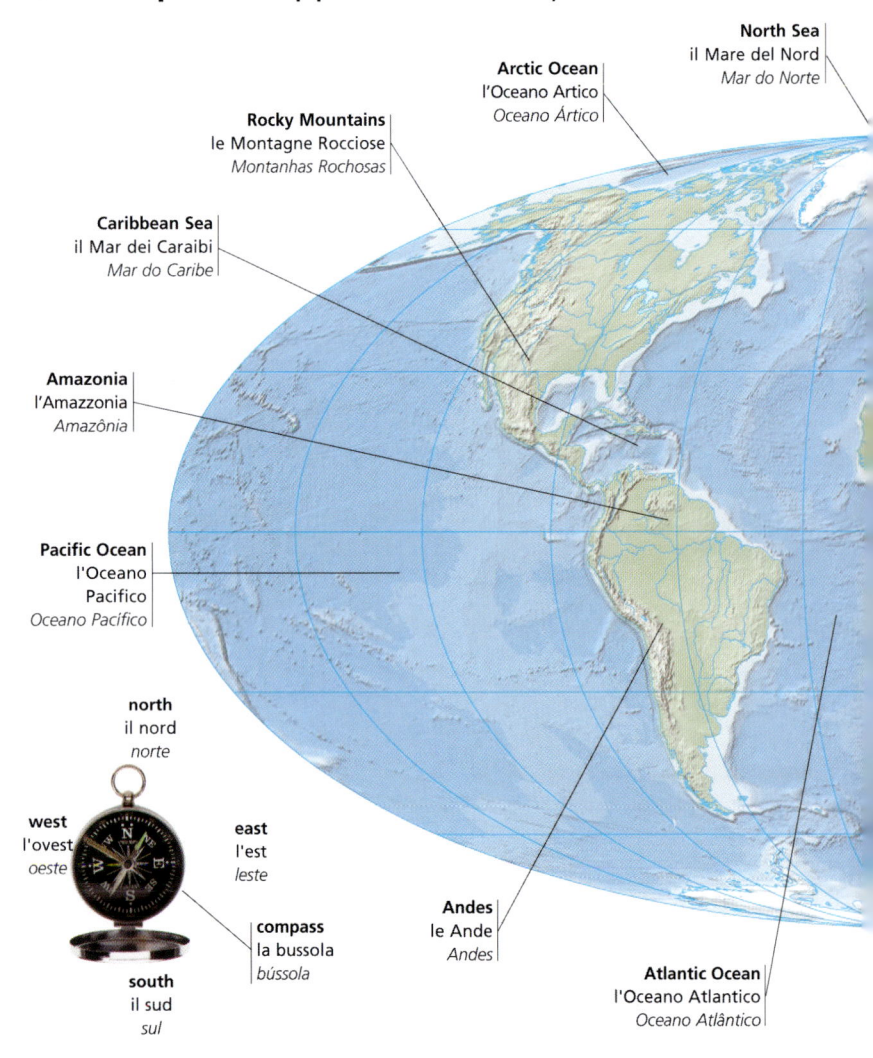

North Sea
il Mare del Nord
Mar do Norte

Arctic Ocean
l'Oceano Artico
Oceano Ártico

Rocky Mountains
le Montagne Rocciose
Montanhas Rochosas

Caribbean Sea
il Mar dei Caraibi
Mar do Caribe

Amazonia
l'Amazzonia
Amazônia

Pacific Ocean
l'Oceano
Pacifico
Oceano Pacífico

north
il nord
norte

west
l'ovest
oeste

east
l'est
leste

compass
la bussola
bússola

south
il sud
sul

Andes
le Ande
Andes

Atlantic Ocean
l'Oceano Atlantico
Oceano Atlântico

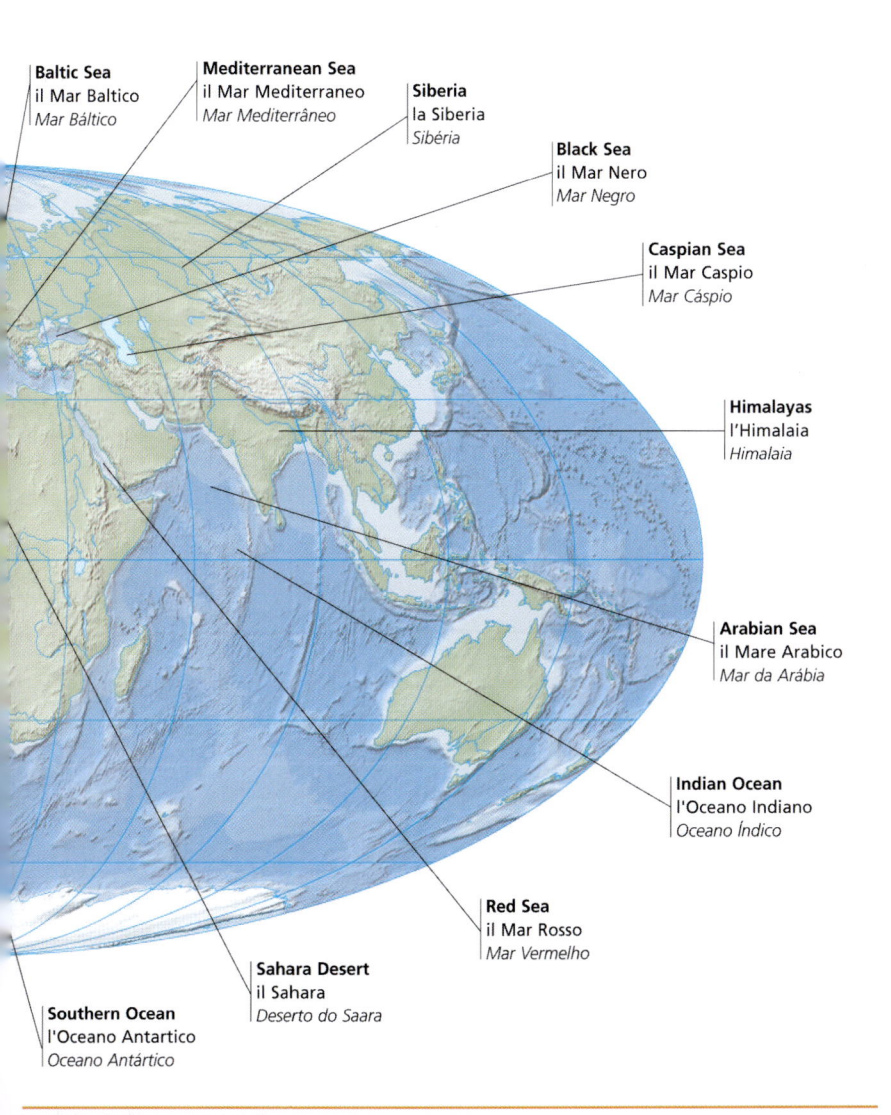

Baltic Sea
il Mar Baltico
Mar Báltico

Mediterranean Sea
il Mar Mediterraneo
Mar Mediterrâneo

Siberia
la Siberia
Sibéria

Black Sea
il Mar Nero
Mar Negro

Caspian Sea
il Mar Caspio
Mar Cáspio

Himalayas
l'Himalaia
Himalaia

Arabian Sea
il Mare Arabico
Mar da Arábia

Indian Ocean
l'Oceano Indiano
Oceano Índico

Red Sea
il Mar Rosso
Mar Vermelho

Sahara Desert
il Sahara
Deserto do Saara

Southern Ocean
l'Oceano Antartico
Oceano Antártico

North and Central America • l'America del Nord e Centrale • *América do Norte e Central*

Hawaii
le Hawaii
Havaí

1 **Alaska** • l'Alaska • *Alasca*
2 **Canada** • il Canada • *Canadá*
3 **Greenland** • la Groenlandia • *Groenlândia*
4 **United States of America**
 • gli Stati Uniti d'America
 • *Estados Unidos da América*
5 **Mexico** • il Messico • *México*
6 **Guatemala** • il Guatemala • *Guatemala*
7 **Belize** • il Belize • *Belize*
8 **El Salvador** • l'El Salvador • *El Salvador*
9 **Honduras** • l'Honduras • *Honduras*
10 **Nicaragua** • il Nicaragua • *Nicarágua*
11 **Costa Rica** • il Costa Rica • *Costa Rica*
12 **Panama** • il Panama • *Panamá*
13 **Cuba** • Cuba • *Cuba*
14 **Bahamas** • le Bahamas • *Bahamas*
15 **Jamaica** • la Giamaica • *Jamaica*
16 **Haiti** • Haiti • *Haiti*
17 **Dominican Republic** • la Repubblica Dominicana
 • *República Dominicana*
18 **Puerto Rico** • Puerto Rico • *Porto Rico*
19 **Barbados** • Barbados • *Barbados*
20 **Trinidad and Tobago** • Trinidad e Tobago
 • *Trinidad e Tobago*
21 **St. Kitts and Nevis** • Saint Kitts-Nevis
 • *São Cristóvão e Névis*
22 **Antigua and Barbuda** • Antigua e Barbuda
 • *Antígua e Barbuda*

23 **Dominica** • Dominica • *Dominica*
24 **St. Lucia** • Saint Lucia • *Santa Lúcia*
25 **St. Vincent and The Grenadines**
 • Saint Vincent e Grenadine
 • *São Vicente e Granadinas*
26 **Grenada** • Grenada • *Granada*

South America • l'America del Sud • *América do Sul*

1 **Venezuela** • il Venezuela • *Venezuela*
2 **Colombia** • la Colombia • *Colômbia*
3 **Ecuador** • l'Ecuador • *Equador*
4 **Peru** • il Perù • *Peru*
5 **Galapagos Islands**
   • le Isole Galapagos
   • *Ilhas Galápagos*
6 **Guyana** • la Guyana • *Guiana*
7 **Suriname** • il Suriname
   • *Suriname*
8 **French Guiana**
   • la Guyana Francese
   • *Guiana Francesa*
9 **Brazil** • il Brasile • *Brasil*
10 **Bolivia** • la Bolivia • *Bolívia*
11 **Chile** • il Cile • *Chile*
12 **Argentina** • l'Argentina • *Argentina*
13 **Paraguay** • il Paraguay • *Paraguai*
14 **Uruguay** • l'Uruguay • *Uruguai*
15 **Falkland Islands** • le Isole Falkland
   • *Ilhas Malvinas*

vocabulary • vocabolario • *vocabulário*		
country il paese *pais*	**province** la provincia *província*	**zone** la zona *zona*
nation la nazione *nação*	**territory** il territorio *território*	**district** il distretto *distrito*
state lo stato *estado*	**colony** la colonia *colônia*	**region** la regione *região*
continent il continente *continente*	**principality** il principato *principado*	**capital** la capitale *capital*

english • italiano • *português*   315

Europe • l'Europa • *Europa*

1 **Ireland** • l'Irlanda • *Irlanda*

2 **United Kingdom**
 • il Regno Unito
 • *Reino Unido*

3 **Portugal** • il Portogallo • *Portugal*

4 **Spain** • la Spagna • *Espanha*

5 **Balearic Islands**
 • le Isole Baleari
 • *Ilhas Baleares*

6 **Andorra** • Andorra • *Andorra*

7 **France** • la Francia • *França*

8 **Belgium** • il Belgio • *Bélgica*

9 **Netherlands**
 • i Paesi Bassi
 • *Holanda*

10 **Luxembourg** • il Lussemburgo
 • *Luxemburgo*

11 **Germany** • la Germania
 • *Alemanha*

12 **Denmark** • la Danimarca
 • *Dinamarca*

13 **Norway** • la Norvegia • *Noruega*

14 **Sweden** • la Svezia • *Suécia*

15 **Finland** • la Finlandia • *Finlândia*

16 **Estonia** • l'Estonia • *Estônia*

17 **Latvia** • la Lettonia • *Letônia*

18 **Lithuania**
 • la Lituania
 • *Lituânia*

19 **Kaliningrad**
 • Kaliningrad
 • *Kaliningrado*

20 **Poland** • la Polonia
 • *Polônia*

21 **Czech Republic**
 • la Repubblica Ceca
 • *República Tcheca*

22 **Austria** • l'Austria
 • *Áustria*

23 **Liechtenstein**
 • il Liechtenstein
 • *Liechtenstein*

24 **Switzerland**
 • la Svizzera
 • *Suíça*

25 **Italy** • l'Italia
 • *Itália*

26 **Monaco** • Monaco • *Mônaco*

27 **Corsica** • la Corsica • *Córsega*

28 **Sardinia** • la Sardegna • *Sardenha*

29 **San Marino** • San Marino
 • *San Marino*

30 **Vatican City**
 • la Città del Vaticano
 • *Cidade do Vaticano*

31 **Sicily** • la Sicilia • *Sicília*

32 **Malta** • Malta • *Malta*

33 **Slovenia** • la Slovenia • *Eslovênia*

34 **Croatia** • la Croazia • *Croácia*

35 **Hungary** • l'Ungheria • *Hungria*

36 **Slovakia** • la Slovacchia
 • *Eslováquia*

37 **Ukraine** • l'Ucraina • *Ucrânia*

38 **Belarus** • la Bielorussia
 • *Bielorrússia*

39 **Moldova** • la Moldavia • *Moldávia*

40 **Romania** • la Romania • *Romênia*

41 **Serbia** • la Serbia • *Sérvia*

42 **Bosnia and Herzogovina**
 • la Bosnia ed Erzegovina
 • *Bósnia-Herzegovina*

43 **Albania** • l'Albania • *Albânia*

44 **Macedonia** • la Macedonia
 • *Macedônia*

45 **Bulgaria** • la Bulgaria • *Bulgária*

46 **Greece** • la Grecia • *Grécia*

47 **Kosovo** • il Kosovo • *Kosovo*

48 **Montenegro** • Montenegro
 • *Montenegro*

Africa • l'Africa • África

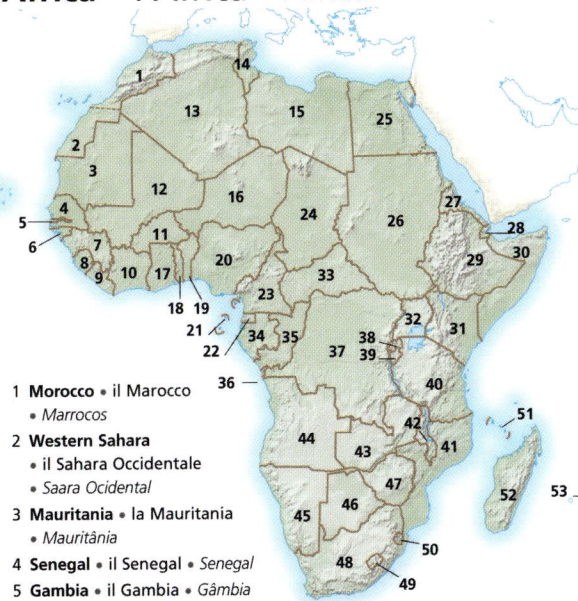

1 **Morocco** • il Marocco
  • *Marrocos*

2 **Western Sahara**
  • il Sahara Occidentale
  • *Saara Ocidental*

3 **Mauritania** • la Mauritania
  • *Mauritânia*

4 **Senegal** • il Senegal • *Senegal*

5 **Gambia** • il Gambia • *Gâmbia*

6 **Guinea-Bissau** • la Guinea-Bissau
  • *Guiné-Bissau*

7 **Guinea** • la Guinea • *Guiné*

8 **Sierra Leone** • Sierra Leone
  • *Serra Leoa*

9 **Liberia** • la Liberia • *Libéria*

10 **Ivory Coast** • la Costa d'Avorio
  • *Costa do Marfim*

11 **Burquina Faso** • il Burkina Faso
  • *Burkina Faso*

12 **Mali** • il Mali • *Mali*

13 **Algeria** • l'Algeria • *Argélia*

14 **Tunisia** • la Tunisia • *Tunísia*

15 **Libya** • la Libia • *Líbia*

16 **Niger** • il Niger • *Níger*

17 **Ghana** • il Ghana • *Gana*

18 **Togo** • il Togo • *Togo*

19 **Benin** • il Benin • *Benin*

20 **Nigeria** • la Nigeria • *Nigéria*

21 **São Tomé and Principe**
  • São Tomé e Príncipe
  • *São Tomé e Príncipe*

22 **Equatorial Guinea**
  • la Guinea Equatoriale
  • *Guiné Equatorial*

23 **Cameroon** • il Camerun • *Camarões*

24 **Chad** • il Ciad • *Chade*

25 **Egypt** • l'Egitto • *Egito*

26 **Sudan** • il Sudan • *Sudão*

27 **Eritrea** • l'Eritrea • *Eritreia*

28 **Djibouti** • Gibuti • *Djibuti*

29 **Ethiopia** • l'Etiopia • *Etiópia*

30 **Somalia** • la Somalia • *Somália*

31 **Kenya** • il Kenya • *Quênia*

32 **Uganda** • l'Uganda • *Uganda*

33 **Central African Republic**
  • la Repubblica Centrafricana
  • *República Centroafricana*

34 **Gabon** • il Gabon • *Gabão*

35 **Congo** • il Congo • *Congo*

36 **Cabinda** • Cabinda (Angola)
  • *Cabinda*

37 **Democratic Republic of the Congo** • la Repubblica Democratica del Congo
  • *República Democrática do Congo*

38 **Rwanda** • il Ruanda • *Ruanda*

39 **Burundi** • il Burundi • *Burundi*

40 **Tanzania** • la Tanzania • *Tanzânia*

41 **Mozambique** • il Mozambico
  • *Moçambique*

42 **Malawi** • il Malawi • *Malaui*

43 **Zambia** • lo Zambia • *Zâmbia*

44 **Angola** • l'Angola • *Angola*

45 **Namibia** • la Namibia • *Namíbia*

46 **Botswana** • il Botswana • *Botsuana*

47 **Zimbabwe** • lo Zimbabwe
  • *Zimbábue*

48 **South Africa** • il Sud Africa
  • *África do Sul*

49 **Lesotho** • il Lesotho • *Lesoto*

50 **Swaziland** • lo Swaziland
  • *Suazilândia*

51 **Comoros** • le Comore
  • *Comores*

52 **Madagascar** • il Madagascar
  • *Madagascar*

53 **Mauritius** • Mauritius • *Maurício*

Asia • l'Asia • *Ásia*

1 **Turkey** • la Turchia • *Turquia*

2 **Cyprus** • Cipro • *Chipre*

3 **Russian Federation** • la Federazione Russa
• *Federação Russa*

4 **Georgia** • la Georgia • *Geórgia*

5 **Armenia** • l'Armenia • *Armênia*

6 **Azerbaijan** • l'Azerbaigian • *Azerbaijão*

7 **Iran** • l'Iran • *Irã*

8 **Iraq** • l'Iraq • *Iraque*

9 **Syria** • la Siria • *Síria*

10 **Lebanon** • il Libano • *Líbano*

11 **Israel** • l'Israele • *Israel*

12 **Jordan** • la Giordania • *Jordânia*

13 **Saudi Arabia** • l'Arabia Saudita
• *Arábia Saudita*

14 **Kuwait** • il Kuwait • *Kuait*

15 **Bahrain** • il Bahrain • *Barein*

16 **Qatar** • il Qatar • *Qatar*

17 **United Arab Emirates**
• gli Emirati Arabi Uniti
• *Emirados Árabes Unidos*

18 **Oman** • l'Oman • *Omã*

19 **Yemen** • lo Yemen • *Iêmen*

20 **Kazakhstan** • il Kazakistan
• *Cazaquistão*

21 **Uzbekistan** • l'Uzbekistan
• *Uzbequistão*

22 **Turkmenistan** • il Turkmenistan
• *Turcomenistão*

23 **Afghanistan** • l'Afghanistan • *Afeganistão*

24 **Tajikistan** • il Tagikistan • *Tadjiquistão*

25 **Kyrgyzstan** • il Kirghizistan • *Quirguistão*

26 **Pakistan** • il Pakistan • *Paquistão*

27 **India** • l'India • *Índia*

28 **Maldives** • le Maldive • *Maldivas*

29 **Sri Lanka** • lo Sri Lanka • *Sri Lanka*

30 **China** • la Cina • *China*

31 **Mongolia** • la Mongolia • *Mongólia*

32 **North Korea** • la Corea del Nord • *Coreia do Norte*

33 **South Korea** • la Corea del Sud • *Coreia do Sul*

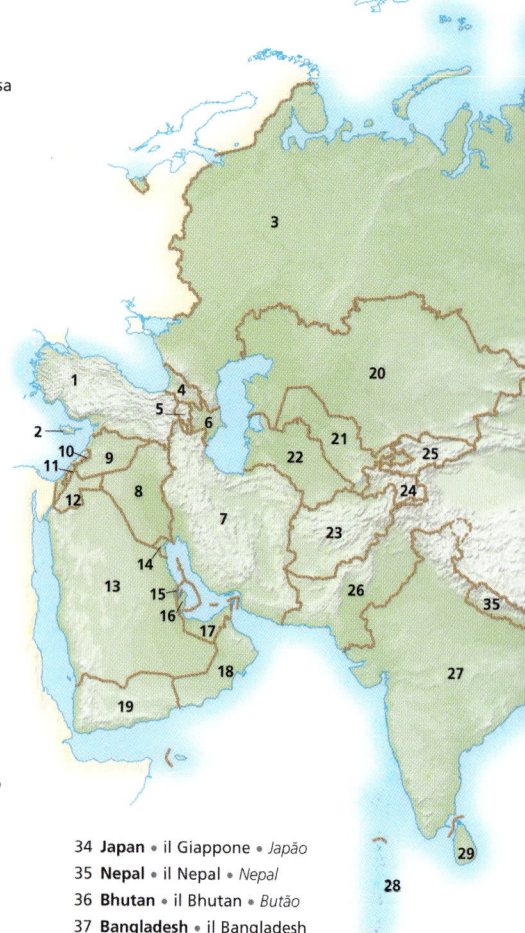

34 **Japan** • il Giappone • *Japão*

35 **Nepal** • il Nepal • *Nepal*

36 **Bhutan** • il Bhutan • *Butão*

37 **Bangladesh** • il Bangladesh
• *Bangladesh*

38 **Burma (Myanmar)** • la Birmania
(il Myanmar) • *Birmânia (Mianmar)*

39 **Thailand** • la Tailandia • *Tailândia*

40 **Laos** • il Laos • *Laos*

Australasia • l'Oceania • *Oceania*

1 **Australia** • l'Australia • *Austrália*
2 **Tasmania** • la Tasmania • *Tasmânia*
3 **New Zealand** • la Nuova Zelanda • *Nova Zelândia*

41 **Viet Nam** • il Vietnam • *Vietnã*
42 **Cambodia** • la Cambogia • *Camboja*
43 **Malaysia** • la Malaysia • *Malásia*
44 **Singapore** • Singapore • *Cingapura*
45 **Indonesia** • l'Indonesia • *Indonésia*
46 **Brunei** • Brunei • *Brunei*
47 **Philippines** • le Filippine • *Filipinas*
48 **East Timor** • Timor Est • *Timor Leste*
49 **Papua New Guinea** • la Papua Nuova Guinea • *Papua-Nova Guiné*
50 **Solomon Islands** • le Isole Salomone • *Ilhas Salomão*
51 **Vanuatu** • Vanuatu • *Vanuatu*
52 **Fiji** • Figi • *Fiji*

particles and antonyms • particelle e antonimi
• *partículas e antônimos*

to a *a, até*	**from** da *de, desde*	**for** per *para*	**towards** verso *em direção a*
over sopra *em cima de*	**under** sotto *debaixo de*	**along** lungo *ao longo de*	**across** attraverso *através de*
in front of davanti *diante de*	**behind** dietro *atrás de*	**with** con *com*	**without** senza *sem*
onto sopra *sobre*	**into** dentro *dentro de*	**before** prima *antes*	**after** dopo *depois*
in dentro *em*	**out** fuori *fora*	**by** entro *por*	**until** fino *até*
above sopra *sobre, acima*	**below** sotto *abaixo*	**early** di buon'ora *cedo*	**late** in ritardo *tarde*
inside all'interno *dentro*	**outside** all'esterno *fora*	**now** adesso *agora*	**later** più tardi *mais tarde*
up su *acima*	**down** giù *abaixo*	**always** sempre *sempre*	**never** mai *nunca*
at a *em*	**beyond** oltre *além de*	**often** sovente *frequentemente*	**rarely** raramente *raramente*
through attraverso *através de*	**around** attorno *ao redor de*	**yesterday** ieri *ontem*	**tomorrow** domani *amanhã*
on top of in cima *em cima de*	**beside** accanto *ao lado de*	**first** primo *primeiro*	**last** ultimo *último*
between tra *entre*	**opposite** di fronte *em frente de*	**every** tutti *cada*	**some** alcuni *alguns*
near vicino *perto*	**far** lontano *longe*	**about** circa *sobre*	**exactly** esattamente *exatamente*
here qui *aqui*	**there** là *ali, lá*	**a little** un poco *um pouco*	**a lot** molto *muito*

large grande *grande*	**small** piccolo *pequeno*	**hot** caldo *calor*	**cold** freddo *frio*
wide largo *largo*	**narrow** stretto *estreito*	**open** aperto *aberto*	**closed** chiuso *fechado*
tall alto *alto*	**short** basso *curto*	**full** pieno *cheio*	**empty** vuoto *vazio*
high alto *alto*	**low** basso *baixo*	**new** nuovo *novo*	**old** vecchio *velho*
thick spesso *grosso*	**thin** sottile *fino*	**light** chiaro *claro*	**dark** scuro *escuro*
light leggero *leve*	**heavy** pesante *pesado*	**easy** facile *fácil*	**difficult** difficile *difícil*
hard duro *duro*	**soft** morbido *macio*	**free** libero *livre*	**occupied** occupato *ocupado*
wet bagnato *molhado*	**dry** asciutto *seco*	**strong** forte *forte*	**weak** debole *fraco*
good buono *bom*	**bad** cattivo *mau*	**fat** grasso *gordo*	**thin** magro *magro*
fast veloce *rápido*	**slow** lento *devagar*	**young** giovane *jovem*	**old** vecchio *velho*
correct giusto *certo*	**wrong** sbagliato *errado*	**better** migliore *melhor*	**worse** peggiore *pior*
clean pulito *limpo*	**dirty** sporco *sujo*	**black** nero *preto*	**white** bianco *branco*
beautiful bellissimo *bonito*	**ugly** brutto *feio*	**interesting** interessante *interessante*	**boring** noioso *aborrecido*
expensive caro *caro*	**cheap** a buon prezzo *barato*	**sick** malato *doente*	**well** bene *bem*
quiet silenzioso *silencioso*	**noisy** rumoroso *ruidoso*	**beginning** l'inizio *princípio*	**end** la fine *final*

useful phrases • frasi utili • *frases úteis*

essential phrases
• frasi essenziali
• *frases essenciais*

Yes
Sì
Sim

No
No
Não

Maybe
Forse
Talvez

Please
Per favore
Por favor

Thank you
Grazie
Obrigado(a)

You're welcome
Prego
De nada

Excuse me
Mi scusi
Perdoe-me, com licença

I'm sorry
Mi dispiace
Lamento

Don't
No
Não

OK
D'accordo
OK

That's fine
Vabbene
Está bem

That's correct
È giusto
Está certo

That's wrong
È sbagliato
Está errado

greetings
• saluti
• *saudações*

Hello
Buongiorno
Olá

Goodbye
Arrivederci
Adeus

Good morning
Buongiorno
Bom-dia

Good afternoon
Buon pomeriggio
Boa-tarde

Good evening
Buona sera
Boa-noite

Good night
Buona notte
Boa-noite

How are you?
Come sta?
Como vai?

My name is...
Mi chiamo...
Meu nome é...

What is your name?
Come si chiama?
Qual é o seu nome?

What is his/her name?
Come si chiama lui/lei?
Qual é o nome dele/dela?

May I introduce...
Le presento...
Queria apresentar...

This is...
Questo è...
Este é...

Pleased to meet you
Piacere di conoscerla
Prazer em conhecê-lo

See you later
A più tardi
Até logo

signs • insegne • *avisos*

Tourist information
Ufficio informazioni turistiche
Informações turísticas

Entrance
Entrata
Entrada

Exit
Uscita
Saída

Emergency exit
Uscita di emergenza
Saída de emergência

Push
Spingere
Empurre

Danger
Pericolo
Perigo

No smoking
Vietato fumare
Proibido fumar

Out of order
Guasto
Fora de serviço

Opening times
Orario di apertura
Horário de abertura

Free admission
Ingresso libero
Entrada livre

Knock before entering
Bussare prima di entrare
Bata antes de entrar

Reduced
Ridotto
Com desconto

Sale
Saldi
Liquidação

Keep off the grass
Non calpestare l'erba
Proibido pisar na grama

help • aiuto • *ajuda*

Can you help me?
Mi può aiutare?
Pode me ajudar?

I don't understand
Non capisco
Eu não entendo

I don't know
Non lo so
Eu não sei

Do you speak English, French...?
Parla inglese, francese...?
Você fala inglês, francês...?

I speak English, Spanish...
Parlo inglese, spagnolo...
Eu falo inglês, espanhol...

Please speak more slowly
Parli più lentamente
Por favor, fale mais devagar

Please write it down for me
Me lo scriva, per favore
Por favor, escreva para mim

I have lost...
Ho perso...
Eu perdi...

directions
• indicazioni
• *indicações*

I am lost
Mi sono perso/a
Estou perdido

Where is the...?
Dov'è il/la...?
Onde é...?

Where is the nearest...?
Dov'è il/la ... più vicino/a?
Onde é o mais próximo...?

Where are the toilets?
Dov'è il bagno?
Onde ficam os toaletes?

How do I get to...?
Come si arriva a...?
Com posso ir a...?

To the right
A destra
À direita

To the left
A sinistra
À esquerda

Straight ahead
Sempre dritto
Sempre em frente

How far is...?
Quant'è lontano...?
A que distância está...?

road signs
• i cartelli stradali
• *sinais de trânsito*

Caution
Attenzione
Cuidado

No entry
Ingresso vietato
Proibida a entrada

Slow down
Rallentare
Diminuir a velocidade

Diversion
Deviazione
Desvio

Keep to the right
Giri a destra
Manter a direita

Motorway
Autostrada
Estrada

No parking
Sosta vietata
Proibido estacionar

No through road
Divieto di transito
Beco sem saída

One-way
Senso unico
Sentido único

Roadworks
Lavori in corso
Obras na pista

Dangerous bend
Incrocio pericoloso
Curva perigosa

accommodation •
alloggio • *alojamento*

I have a reservation
Ho una prenotazione
Tenho uma reserva

What time is breakfast?
A che ora è la colazione?
Que horas é o café da manhã?

I'll be back at... o'clock
Tornerò alle...
Voltarei à(s)... hora(s)

Where is the dining room?
Dov'è la sala da pranzo?
Onde é a sala de jantar?

I'm leaving tomorrow
Parto domani
Vou embora amanhã

eating and drinking
• cibo e bevande
• *comida e bebida*

Cheers!
Salute!
Saúde!

It's delicious/awful
È buonissimo/ disgustoso
Está delicioso/péssimo

I don't drink/smoke
Non bevo/fumo
Eu não bebo/fumo

I don't eat meat
Non mangio la carne
Eu não como carne

No more for me, thank you
Per me basta, grazie
Basta, obrigado(a)

May I have some more?
Posso prenderne ancora?
Posso repetir?

May we have the bill?
Il conto, per favore.
Poderia nos trazer a conta?

Can I have a receipt?
Mi dà una ricevuta?
Pode me dar um recibo?

No-smoking area
Area riservata ai fumatori
Área de não fumantes

health • la salute
• *saúde*

I don't feel well
Non mi sento bene
Não me sinto bem

I feel sick
Ho la nausea
Estou com enjoo

It hurts here
Mi fa male qui
Dói-me aqui

I have a temperature
Ho la febbre
Estou com febre

I'm... months pregnant
Sono incinta di ... mesi
Estou grávida de... meses

I need a prescription for...
Avrei bisogno di una ricetta per ...
Preciso de uma receita para...

I normally take...
Generalmente prendo ...
Geralmente tomo...

I'm allergic to...
Sono allergico a ...
Sou alérgico a...

Will he/she be all right?
Starà bene?
Ele/ela ficará bem?

English index • indice inglese • *índice inglês*

english

english

english

english

english

english

mica 289
microlight 211
microphone 179, 258
microscope 167
microwave oven 66
midday 305
middle finger 15
middle lane 194
midnight 305
midwife 53
migraine 44
mile 310
milk 136, 156
milk v 183
milk carton 136
milk chocolate 113
milkshake 137
millennium 307
millet 130
milligram 310
millilitre 311
millimetre 310
mince 119
mineral 144
minerals 289
mini bar 101
mini disc recorder 268
minibus 197
mini-dress 34
mint 113, 133
mint tea 149
minus 165
minute 304
minute hand 304
minutes 174
mirror 40, 63, 71, 167
miscarriage 52
Miss 23
missile 211
mist 287
mitre block 81
mitt 228
mittens 30
mix v 67, 138
mixed salad 158
mixing bowl 66, 69
mixing desk 179
moat 300
mobile 74
mobile phone 99
model 169, 190
model making 275
modelling tool 275
modem 176
moisturizer 41
molar 50
Moldova 316
mole 14
Monaco 316
Monday 306
money 97

Mongolia 318
monitor 172, 176
monitor 53
monkey 291
monkfish 120
monopoly 272
monorail 208
monsoon 287
Montenegro 316
month 306
monthly 307
monument 261
Moon 280
moonstone 288
moor v 217
mooring 217
mop 77
morning 305
Morocco 317
mortar 68, 167, 187
mortgage 96
moses basket 74
mosque 300
mosquito 295
mosquito net 267
moth 295
mother 22
mother-in-law 23
motor 88
motor racing 249
motorbike 204
motorbike racing 249
motorcross 249
motorway 194
moulding 63
mountain 284
mountain bike 206
mountain range 282
mouse 176, 290
mousse 141
mouth 14
mouth guard 237
mouthwash 72
move 273
mow v 90
Mozambique 317
mozzarella 142
MP3 player 268
Mr 23
Mrs 23
mudguard 205
muffin 140
muffin tray 69
mug 65
mulch v 91
multiply v 165
multivitamin tablets 109
mumps 44
mung beans 131
muscles 16
museum 261

mushroom 125
music 162
music school 169
musical 255
musical score 255
musical styles 259
musician 191
mussel 121, 295
mustard 155
mustard seed 131
Myanmar 318

N

naan bread 139
nail 15, 80
nail clippers 41
nail file 41
nail scissors 41
nail varnish 41
nail varnish remover 41
Namibia 317
nape 13
napkin 65, 152
napkin ring 65
nappy 75
nappy rash cream 74
narrow 321
nation 315
national park 261
natural 256
natural fibre 31
naturopathy 55
nausea 44
navel 12
navigate v 240
near 320
nebula 280
neck 12, 258
neck brace 46
necklace 36
neckline 34
nectarine 126
needle 109, 276
needle plate 276
needle-nose pliers 80
needlepoint 277
negative 271
negative electrode 167
negligée 35
neighbour 24
neoclassical 301
Nepal 318
nephew 23
Neptune 280
nerve 19, 50
nervous 19, 25
net 217, 222, 226, 227, 231
net v 245
net curtain 63
Netherlands 316

nettle 297
network 176
neurology 49
neutral 60
neutral zone 224
new 321
new moon 280
new potato 124
New Year 27
New Zealand 319
newborn baby 53
news 178
newsagent 112
newspaper 112
newsreader 179, 191
next week 306
nib 163
Nicaragua 314
nickel 289
niece 23
Niger 317
Nigeria 317
night 305
nightdress 35
nightie 31
nightwear 31
nine 308
nine hundred 308
nineteen 308
nineteen hundred 307
nineteen hundred and one 307
nineteen ten 307
nineteenth 309
ninetieth 309
ninety 308
ninth 309
nipple 12
no 322
no entry 195
no right turn 195
no stopping 195
non-smoking section 152
non-stick 69
noodles 158
normal 39
north 312
North and Central America 314
North Korea 318
North pole 283
North Sea 312
northern hemisphere 283
Norway 316
nose 14, 210
nose clip 238
noseband 242
nosebleed 44
nosewheel 210

nostril 14
notation 256
note 97, 256
note pad 173
notebook 163, 172
notes 175, 191
notice board 173
nougat 113
November 306
now 304, 320
nozzle 89
number 226
numbers 308
numerator 165
nurse 45, 48, 52, 189
nursery 74
nursing 53
nursing bra 53
nut 80
nutmeg 132
nuts 151
nuts and dried fruit 129
nylon 277

O

oak 296
oar 241
oats 130
objective lens 167
oboe 257
obsidian 288
obstetrician 52
occupied 321
ocean 282
octagon 164
October 306
octopus 121, 295
odometer 201
oesophagus 19
off licence 115
offal 118
offers 106
office 24, 172, 174
office block 298
office equipment 172
office supplies 173
off-piste 247
off-side 223
oil 142, 199
oil paints 274
oil tank 204
oil tanker 215
oils 134
oily 41
ointment 47, 109
okra 122
old 321
olive oil 134
olives 151
Oman 318
omelette 158

english

english

english

Italian index • indice italiano • *índice italiano*

italiano

italiano

italiano

irrigare 183
irrigatore *m* 89
isola *f* 282
Isole Falkland 315
Isole Galapagos 315
isolamento *m* 61
Isole Baleari 316
Isole Salomone 319
Israele 318
istruttore individuale *m* 250
istruzioni *f* 109
Italia 316
itinerario *m* 260

J

jazz *m* 259
jeans *m* 31
jolly *m* 273
judo *m* 236
Jugoslavia 316

K

k.o. *m* 237
Kaliningrad 316
karate *m* 236
kayak *m* 241
Kazakistan 318
kendo *m* 236
Kenya 317
ketchup *m* 135
kickboxing *m* 236
Kirghizistan 318
kit per riparazioni *m* 207
kiwi *m* 128
koala *m* 291
kung-fu *m* 236
Kuwait 318

L

labbra *f* 20
labbro *m* 14
laboratorio *m* 78, 166
lacca *f* 38, 79
laccio *m* 37
lacrima *f* 51
lacrosse *m* 249
laghetto *m* 85
lago *m* 285
lama *f* 60, 66, 78, 89, 246
lama rotante *f* 211
lametta *f* 73
lampada *f* 50, 62, 178
lampadina *f* 60
lampone *m* 127
lana *f* 277
lana d'acciaio *f* 81
lancetta dei minuti *f* 304
lancetta dei secondi *f* 304
lancetta delle ore *f* 304
lancia di salvataggio *f* 214
lanciarazzi *m* 281
lanciare 225, 229, 245
lanciatore *m* 225
lancio *m* 281

lancio del disco *m* 234
lancio del giavellotto *m* 234
lancio del peso *m* 234
Laos 318
laptop *m* 175
larghezza *f* 165
largo 321
larice *m* 296
laringe *f* 19
lassativo *m* 109
lastrina *f* 167
latitudine *f* 283
lato *m* 164
latte *m* 136, 156
latte condensato *m* 136
latte detergente *m* 41
latte di capra *m* 136
latte di mucca *m* 136
latte di pecora *m* 137
latte in polvere *m* 137
latte intero *m* 136
latte parzialmente scremato *m* 136
latte scremato *m* 136
latticini *m* 107, 136
lattina *f* 145, 311
lattosio *m* 137
lattuga *f* 123
laurea *f* 169
laurearsi 26
laureata *f* 169
lava *f* 283
lavagna *f* 162
lavagna a fogli mobili *f* 174
lavagna luminosa *f* 163, 174
lavanderia *f* 76, 115
lavandino *m* 38, 66, 72
lavare 38, 77
lavasciuga *f* 76
lavasecco *m* 115
lavastoviglie *f* 66
lavatrice *f* 76
lavori stradali *m* 187, 195
lavoro *m* 172
lavoro all'uncinetto *m* 277
lavoro a maglia *m* 277
lecca lecca *m* 113
lega per saldatura *f* 79, 81
legamento *m* 17
legare a un tutore 91
legge *f* 180
leggere 162
leggero 321
legno *m* 79, 187, 275
legno dolce *m* 79
legno duro *m* 79
legumi secchi *m* 130
lenti a contatto *f* 51
lenticchie marroni *f* 131
lenticchie rosse *f* 131
lentiggine *f* 15
lento 321

lenza *f* 244
lenzuolo *m* 71, 74
leone *m* 291
leone marino *m* 290
Lesotho 317
lettera *f* 98, 272
lettera per posta aerea *f* 98
letteratura *f* 162, 169
lettiga *f* 48
lettino *m* 74
lettino da campeggio *m* 266
lettino solare *m* 41
letto *m* 70
letto matrimoniale *m* 71
letto singolo *m* 71
Lettonia 316
lettore di cd *m* 268
lettore di cd portatile *m* 269
lettore di dvd *m* 268
lettore di mini disk *m* 268
lettore di MP3 *m* 268
lettore ottico *m* 106
leva *f* 61, 150
leva del cambio *f* 201, 207
leva del freno *f* 207
leva di emergenza *f* 209
leva per il pneumatico *f* 207
lezione *f* 163
Libano 318
libbra *f* 310
libellula *f* 295
Liberia 317
libero 321
libertà condizionale *f* 181
Libia 317
libreria *f* 63, 115
libretto degli assegni *m* 96
libro *m* 168
libro di testo *m* 163
libro paga *m* 175
licenza di pesca *f* 245
Liechtenstein 316
lievitare 139
lievito *m* 138
lima *f* 81
limetta *f* 41, 126
limite *m* 225
limite di velocità *m* 195
limo *m* 85
limonata *f* 144
limone *m* 126
limousine *f* 199
linea *f* 225
linea dei tre punti *f* 226
linea del gol *f* 220
linea della porta *f* 224
linea di centrocampo *f* 226
linea di fallo *f* 229
linea di fondo *f* 223, 226, 230

linea di gioco *f* 233
linea di palla morta *f* 221
linea di partenza *f* 234
linea di servizio *f* 230
linea di tiro libero *f* 226
linea di touch *f* 221
linea divisoria *f* 194
linea laterale *f* 220, 226, 230
linee *f* 165
linfatico *m* 19
lingua *f* 19, 37, 118, 162
lino *m* 184, 277
liquido 77
liquido amniotico *m* 52
liquirizia *f* 113
liquore *m* 145
lisci 39
lista dei libri *f* 168
lista dei vini *f* 152
listino *m* 154
litchi *m* 128
litro *m* 311
Lituania 316
livella *f* 80, 187
livello *m* 163
livido *m* 46
locomotiva *f* 208
lombo *m* 121
longitudine *f* 283
lontano 320
lontra *f* 290
lotta greco-romana *f* 236
lozione *f* 109
lozione per il corpo *f* 73
lozione tonificante *f* 41
lucchetto *m* 207
luce *f* 217
luce del portico *f* 58
luce del sole *f* 286
luce di lettura *f* 210
lucertola *f* 293
luci *f* 94
luci intermittenti *f* 201
lucidalabbra *m* 40
lucidare 77
lucidatore *m* 78
lucido 83, 271
luffa *f* 73
luglio 306
lumaca *f* 295
luna *f* 280
luna nuova *f* 280
luna park *m* 262
luna piena *f* 280
lunaria *f* 288
lunedì 306
lunghezza *f* 165, 310
lunghezza d'onda *f* 179
lungo 32, 320
lungomare *m* 265
lungometraggio *m* 269
luoghi d'interesse *m* 261
lupino *m* 297
lupo *m* 290
Lussemburgo 316

M

macchina da cucire *f* 276
macchina del caffè *f* 148, 150
macchina fotografica *f* 260
macchina fotografica APS *f* 270
macchina fotografica digitale *f* 270
macchina fotografica istantanea *f* 270
macchina fotografica usa e getta *f* 270
macchina per esercizi *f* 250
macchina per step *f* 250
macchinari *m* 187
Macedonia 316
macellaio *m* 118, 188
macelleria *f* 114
macinato 132, 144
macinatore di rifiuti *m* 61
macis *m* 132
macramè *m* 277
Madagascar 317
madre *f* 22
magazzino *m* 216
maggio 306
maggiorana *f* 133
maglia *f* 36
maglietta *f* 30, 33, 251
maglione *m* 33
magma *m* 283
magnesio *m* 109
magro 321
maiale *m* 118, 185
maialino *m* 185
maionese *f* 135
mal di denti *m* 50
mal di stomaco *m* 44
mal di testa *m* 44
malachite *f* 288
malattia *f* 44
malattia sessualmente trasmessa *f* 20
Malawi 317
Malaysia 318
Maldive 318
Mali 317
Malta 316
malta *f* 83, 187
mammiferi *m* 290
manchego *m* 142
mandare da uno specialista 49
mandarino *m* 126
mandato *m* 180
mandibola *f* 14, 17
mandorla *f* 129, 151
mandorla brasiliana *f* 129
mandria *f* 183
mandrino *m* 78
manette *f* 94
manganello *m* 94
mangianastri *m* 268, 269
mangiare 64

italiano

italiano

italiano

italiano

italiano

italiano

italiano

Portuguese index • indice portoghese • *índice português*

português

português

português

português

português

português

português

português

português

português

português

português

português

acknowledgments • ringraziamenti • *agradecimentos*

DORLING KINDERSLEY would like to thank Tracey Miles and Christine Lacey for design assistance, Georgina Garner for editorial and administrative help, Sonia Gavira, Polly Boyd, and Cathy Meeus for editorial help, and Claire Bowers for compiling the DK picture credits.

The publisher would like to thank the following for their kind permission to reproduce their photographs:
Abbreviations key:
t=top, b=bottom, r=right, l=left, c=centre

Abode: 62; **Action Plus:** 224bc; **alamy.com:** 154t; A.T. Willett 287bcl; Michael Foyle 184bl; Stock Connection 287bcr; **Allsport/Getty Images:** 238cl; **Alvey and Towers:** 209 acr, 215bcl, 215bcr, 241cr; **Peter Anderson:** 188cbr, 271br. **Anthony Blake Photo Library:** Charlie Stebbings 114cl; John Sims 114tcl; **Andyalte:** 98tl; **apple mac computers:** 268cr; **Arcaid:** John Edward Linden 301bl; Martine Hamilton Knight, Architects: Chapman Taylor Partners, 213cl; Richard Bryant 301br; **Argos:** 41tcl, 66cbl, 66cl, 66br, 66bcl, 69cl, 70bcl, 71t, 77tl, 269tc, 270tl; **Axiom:** Eitan Simanor 105bcr; Ian Cumming 104; Vicki Couchman 148cr; **Beken Of Cowes Ltd:** 215cbc; **Bosch:** 76tcr, 76tc, 76tcl; **Camera Press:** 27c, 38tr, 256t, 257cr; Barry J. Holmes 148tr; Jane Hanger 159cr; Mary Germanou 259bc; **Corbis:** 78b; Anna Clopet 247tr; Bettmann 181tl, 181tr; Bo Zauders 156t;
Bob Rowan 152bl; Bob Winsett 247cbl; Brian Bailey 247br; Carl and Ann Purcell 162l; Chris Rainer 247ctl; ChromoSohm Inc. 179tr; Craig Aurness 215bl; David H.Wells 249cbr; Dennis Marsico 274bl; Dimitri Lundt 236bc; Duomo 211tl; Gail Mooney 277ctcr; George Lepp 248c; Gunter Marx 248cr; Jack Fields 210b; Jack Hollingsworth 231bl; Jacqui Hurst 277cbr; James L. Amos 247bl, 191ctr, 220bcr; Jan Butchofsky 277cbc; Johnathan Blair 243cr; Jon Feingersh 153tr; Jose F. Poblete 191br; Jose Luis Pelaez.Inc 153tc, 175tl; Karl Weatherly 220bl, 247tcr; Kelly Mooney Photography 299tl; Kevin Fleming 249bc; Kevin R. Morris 105tr, 243tl, 243tc; Kim Sayer 249tcr; Lynn Goldsmith 258t; Macduff Everton 231bcl; Mark Gibson 249bl; Mark L. Stephenson 249tcl; Michael Pole 115tr; Michael S. Yamashita 247ctcl; Mike King 247cbl; Neil Rabinowitz 214br; Owen Franken 112t; Pablo Corral 115bc; Paul A.

Sounders 169br, 249ctcl; Paul J. Sutton 224c, 224br; Peter Turnley 105tcr; Phil Schermeister 227b, 248tr; R. W Jones 309; R.W. Jones 175tr; Richard Hutchings 168b; Rick Doyle 241cctr; Robert Holmes 97br, 277ctc; Roger Ressmeyer 169tr; Russ Schleipman 229; Steve Raymer 168cr; The Purcell Team 211ctr; Tim Wright 178; Vince Streano 194t; Wally McNamee 220br, 220bcl, 224bl; Yann Arhus-Bertrand 249tl; **Demetrio Carrasco / Dorling Kindersley (c) Herge / Les Editions Casterman:** 112ccl; **Dixons:** 270cl, 270cr, 270bl, 270bcl, 270bcr, 270ccr; **Education Photos:** John Walmsley 26tl; **Empics Ltd:** Adam Day 236br; Andy Heading 243c; Steve White 249cbc; **Getty Images:** 48bcl, 100t, 114bcr, 154bl, 287tr; 94tr; **Dennis Gilbert:** 106tc; **Hulsta:** 70t; **Ideal Standard Ltd:** 72r; **The Image Bank/Getty Images:** 58; **Impact Photos:** Eliza Armstrong 115cr; John Arthur 190tl; Philip Achache 246t; **The Interior Archive:** Henry Wilson, Alfie's Market 114bl; Luke White, Architect: David Mikhail, 59tl; Simon Upton, Architect: Phillippe Starck, St Martins Lane Hotel 100bcr, 100br; **Jason Hawkes Aerial Photography** 216t; **Dan Johnson:** 26cbl, 35r; **Kos Pictures Source:** 215cbl, 240tc, 240tr; David Williams 216b; **Lebrecht Collection:** Kate Mount 169bc; **MP Visual.com:** Mark Swallow 202t; **NASA:** 280cr, 280cl, 281tl; **P&O Princess Cruises:** 214bl; **P A Photos:** 181br;
The Photographers' Library: 186bl, 186bc, 186t; **Plain and Simple Kitchens:** 66t; **Powerstock Photolibrary:** 169tl, 256t, 287tc; **Rail Images:** 208c, 208 cbl, 209br; **Red Consultancy:** Odeon cinemas 257bcr; **Redferns:** 259br; Nigel Crane 259c; **Rex Features:** 106br, 259tc, 259tr, 259bl, 280b; Charles Ommaney 114tcr; J.F.F Whitehead 243cl; Patrick Barth 101tl; Patrick Frilet 189cbl; Scott Wiseman 287bl; **Royalty Free Images:** Getty Images/Eyewire 154bl; **Science & Society Picture Library:** Science Museum 202b; **Skyscan:** 168t, 182c, 298; Quick UK Ltd 212; **Sony:** 268bc; **Robert Streeter:** 259br; **Neil Sutherland:** 82tr, 83tl, 90t, 118, 188ctr, 196tl, 196tr, 299cl, 299bl; **The Travel Library:** Stuart Black 264t; **Travelex:** 97cl; **Vauxhall:** Technik 198t, 199tl, 199tr, 199cr, 199cctcl, 199ctcr, 199tcl, 199tcr, 200;
View Pictures: Dennis Gilbert, Architects: ACDP Consulting, 106t; Dennis Gilbert, Chris Wilkinson Architects, 209tr; Peter Cook,

Architects: Nicholas Crimshaw and partners, 208t; **Betty Walton:** 185br;
Colin Walton: 2, 4, 7, 9, 10, 28, 42, 56, 92, 95c, 99tl, 99tcl, 102, 116, 120t, 138t, 146, 150t, 160, 170, 191ctcl, 192, 218, 252, 260br, 260l, 261tr, 261c, 261cr, 271cbl, 271cbr, 271ctl, 278, 287br, 302, 401.

DK PICTURE LIBRARY:
Akhil Bahkshi; Patrick Baldwin; Geoff Brightling; British Museum; John Bulmer; Andrew Butler; Joe Cornish; Brian Cosgrove; Andy Crawford and Kit Hougton; Philip Dowell; Alistair Duncan; Gables; Bob Gathany; Norman Hollands; Kew Gardens; Peter James Kindersley; Vladimir Kozlik; Sam Lloyd; London Northern Bus Company Ltd; Tracy Morgan; David Murray and Jules Selmes; Musée Vivant du Cheval, France; Museum of Broadcast Communications; Museum of Natural History; NASA; National History Museum; Norfolk Rural Life Museum; Stephen Oliver; RNLI; Royal Ballet School; Guy Ryecart; Science Museum; Neil Setchfield; Ross Simms and the Winchcombe Folk Picture Museum; Singapore Symphony Orchestra; Smart Museum of Art; Tony Souter; Erik Svensson and Jeppe Wikstrom; Sam Tree of Keygrove Marketing Ltd; Barrie Watts; Alan Williams; Jerry Young.

Additional Photography by Colin Walton.

Colin Walton would like to thank:
A&A News, Uckfield; Abbey Music, Tunbridge Wells; Arena Mens Clothing, Tunbridge Wells; Burrells of Tunbridge Wells; Gary at Di Marco's; Jeremy's Home Store, Tunbridge Wells; Noakes of Tunbridge Wells; Ottakar's, Tunbridge Wells; Selby's of Uckfield; Sevenoaks Sound and Vision; Westfield, Royal Victoria Place, Tunbridge Wells.

All other images are Dorling Kindersley copyright. For further information see www.dkimages.com